国家出版基金项目
NATIONAL PUBLICATION FOUNDATION

"十三五"国家重点图书出版物出版规划项目

面向未来的交通出版工程·政策与规划系列

# 新能源汽车推广策略与应用

叶建红　陈小鸿　著

图书在版编目(CIP)数据

新能源汽车推广策略与应用/叶建红,陈小鸿著.--上海:同济大学出版社,2017.9
(面向未来的交通出版工程·政策与规划系列/汪光焘主编)
"十三五"国家重点图书出版物出版规划项目
ISBN 978-7-5608-7451-7

Ⅰ.①新… Ⅱ.①叶… ②陈… Ⅲ.①新能源—汽车—推广应用—研究—中国 Ⅳ.①U469.7

中国版本图书馆 CIP 数据核字(2017)第 256548 号

面向未来的交通出版工程·政策与规划系列

## 新能源汽车推广策略与应用

叶建红　陈小鸿　著

出 品 人：华春荣
策　　划：高晓辉　陆克丽霞
责任编辑：高晓辉
助理编辑：宋　立
责任校对：徐春莲
装帧设计：陈益平

出版发行　同济大学出版社　www.tongjipress.com.cn
　　　　　(上海市四平路1239号　邮编:200092　电话:021-65985622)
经　　销　全国各地新华书店、建筑书店、网络书店
排版制作　南京新翰博图文制作有限公司
印　　刷　上海安兴汇东纸业有限公司
开　　本　787mm×1092mm　1/16
印　　张　12.25
字　　数　306 000
版　　次　2017年9月第1版　2017年9月第1次印刷
书　　号　ISBN 978-7-5608-7451-7
定　　价　62.00元

版权所有　侵权必究　印装问题　负责调换

# 内 容 提 要

本书总结了新能源车辆技术发展与应用模式,从交通系统节能减排视角,评估推广应用新能源汽车为交通能源结构优化和污染物减排带来的效益,提出适合中国城市场景的能源供给模式和充电设施建设策略。针对新能源车辆的两类典型应用场景——新能源公交车和新能源小客车,分别阐述新能源公交车电池使用性能、新能源小客车分时租赁对用户拥车与出行行为影响等热点问题。以上海崇明国际生态岛为例,建立基于新能源汽车的低(零)排放交通体系规划设计框架和方案。

本书可用作交通运输工程有关专业学生、研究人员、工程技术人员及行业管理者的专业参考书和相关课程的教学参考书。

# 第一作者简介

叶建红,同济大学交通运输工程学院副教授,博士生导师。主要研究方向为交通环境、新型交通服务。围绕共享出行(包括自行车共享、小汽车共享、大巴共享)领域,重点开展互联网与信息环境下交通出行行为理论与需求预测方法研究。结合大数据分析与行为意愿调查,探索基于多智能体的出行行为分析范式,评估交通经济与政策效果。主持国家自然科学基金项目2项,上海市浦江人才计划项目1项,中央高校基本科研业务费专项资金3项。入选同济大学青年英才计划、上海市浦江人才计划。获中国公路学会科学技术三等奖(排名第三)1项。

## 《面向未来的交通出版工程·政策与规划系列》编委会

**学术顾问**
邹德慈　中国工程院院士
郭重庆　中国工程院院士
郑时龄　中国科学院院士

**主任**
汪光焘

**副主任**
杨东援

**编委**（以姓氏笔画为序）
马　林　方守恩　叶建红　朱　洪　关志超　杨　飞
杨　轸　杨　涛　杨　超　李　健　李　锋　吴　兵
宋小冬　张晓春　陈小鸿　邵　丹　林　群　赵鸿铎
段征宇　倪桂明　徐瑞华　海德俊　惠　英　潘晓东
潘海啸　薛美根

# 总 序
PREFACE

伴随城镇化和机动化进程，交通的发展目标、关注问题和对策方法等也在发生着巨大的变化。未来的交通运输工程将是工程科学、人文科学等交叉学科融合发展又具有独立特色的领域，目前在这一领域中相关理论与技术正处于挑战、探索和机遇并存的重要发展阶段。

中国快速城镇化、机动化带来的前所未有的压力，由于受到资源和环境的制约，已经不可能单纯依靠交通基础设施建设来加以化解，需要构建适合中国国情的战略—政策—规划—建设有机融合的城市交通一体化对策理论体系；城市交通进入建设与管理并重的转型发展阶段，如何将社会管理与交通技术系统建设有机融合，通过理性供给和动态调控，引导城市交通模式进入可持续发展的轨道，是理论研究者、管理者和工程技术人员苦苦思考与探索的命题。

近年来相关技术领域的快速发展，促使交通领域中的许多技术概念正在发生巨大的变化。信息技术与控制技术的融合，促成了车联网的孕育与发展；对交通安全的社会关注，促进了车辆与交通技术设施两方面主动与被动安全技术的应用；"互联网＋服务""互联网＋交通"催生了共享单车、分时租赁、网约车等新型交通服务模式；新型有轨电车、个人城市交通（PRT）等交通方式正在逐渐走进我们的生活；交通信息系统建设以及大数据理论的发展，为针对具有复杂适应特征的城市交通系统监测和战略调控创造了条件。

在此背景下，无论是交通工程研究者、工程技术人员还是行业管理者，都深感原有知识和经验面临挑战，需要重新认识我们所面对的问题，适应需求和技术环境变化，进行理论创新与技术变革。

《面向未来的交通出版工程》这套丛书正是为了适应这种需求而编纂。面对一个快速变化和发展的领域，本丛书采用滚动组织编写的方式，力求更快地反映出相关理论研究成果和实践经验。

在本丛书的出版选题中，强调如下三个基本原则。

(1) 适应发展阶段需求的理论针对性

我国交通进入转型发展的新阶段,对生态环境和城市人居环境的关注,要求在可持续发展理念指导下,研究绿色交通和新能源车辆推广的对策问题;在城市规划进入用地总量控制内涵式发展的背景下,需要正确处理土地再开发引发建成区交通需求增长与交通基础设施难以大规模扩展的矛盾;城镇化进入城市群发展阶段,要求从城市群视野整合综合交通体系,调整中心城交通模式,以适应功能布局的演化。

(2) 符合国际交通理论发展趋势的科学技术原创性

在交通网络流分析和交通行为分析等传统领域的研究日益深化;大数据和复杂性理论的交融对交通理论变革产生了重要的推动作用;城市规划理论关注点从"位空间"转向"流空间",地理学的关系转型和对空间中行为研究等方面提供了丰硕的成果借鉴。整个学科体系正在出现变革的趋势。

(3) 适合中国国情特点的实践探索性

城市交通战略、政策和规划并非单纯的技术问题,而是一种科学发展观和公共政策的体现。正因为如此,在特定管理制度架构下的实践探索,具有理论和技术研究所不可替代的作用。

中国交通的快速发展急切需要与之适应的理论与技术支持,中国交通的实践又为相关理论与技术的变革提供了成长的"土壤"。面对发展与变革,不必苛求体系的完美。研究和实践中的百花齐放,必然带来中国交通科学与技术领域的万紫千红。

2016 年 4 月

# 前 言
## FOREWORD

《中国制造2025》明确指出,低碳化、信息化、智能化是未来汽车产业的发展目标。节能汽车、新能源汽车、智能网联汽车的技术研发与推广应用不仅将为中国制造业整体转型升级注入强大动力,也为日益严峻的能源短缺与环境污染状况提供解决途径,成为世界各国汽车产业发展和交通行业发展的重要战略。在一系列国家与地方政策扶持下,我国新能源汽车产业已逐步由市场导入期进入快速成长期,形成重点应用领域并发展出一系列新的应用模式,汽车产销量大幅增长,跃居全球第一。可以预见,新能源汽车在汽车保有量中所占的份额将继续增加。

载运工具的技术变革一直是推动城市与交通发展的重要驱动力量。新能源汽车一般指不完全依赖化石能源的纯电动汽车、插电式混合动力汽车、燃料电池汽车等。汽车能源结构及供能模式的变化,不仅会影响汽车和能源等相关产业,也将深刻影响城市与交通系统的规划、设计和管理。相比传统能源汽车的应用环境,新能源汽车在优势应用领域及使用场景方面都具有自身特点,其广泛应用需要通过一段时间的实践经验积累,科学评估其对于交通节能和减排等经济社会效益方面的贡献,以制定相应的交通策略和管理政策,并重点解决新能源汽车充电设施布局规划、建设与营运模式,甚至改造既有交通设施。尤其是新能源乘用车相比传统小汽车,既有节能减排的正向效益,又有对道路等公共资源的非集约化使用的一面,成为城市交通研究和政策制定的新课题。国内外交通政策、规划、管理既有的理论与方法,都不足以分析、应对车辆能源结构变化导致的交通系统变革需求,亟需建立一套涵盖新能源车辆用户需求与行为分析,车辆技术及应用模式创新前景研判,基础设施(充电设施、维修保养设施等)规划设计,能源、环境与成本效益评估,政策制定与预期效果研判等,旨在有效推动新能源汽车应用的研究体系。

新能源汽车的推广,不仅仅将对客货运输车辆的能源消耗、环境影响带来显著改变,还会引发车辆使用与服务组织的变革。除广泛应用的新能源公交车,当前国内许多城市在新能源汽车鼓励政策支持下快速发展的汽车分时租赁,借助移动互联网技术和智能手机应用,用户自助服务、按使用时间或里程计价、便利用车、站点充能的商业模式,成为城市机动性提供和交通服务多样化的重要体现。作为新技术综合运用的新兴交通服务业态,电动汽车分时租赁的用户特征与用车行为、取还车与充电站点布局、车辆调度,以及电动汽车分时租赁对既有城市交通体系的影响、对用户购车意愿和家庭小汽车保有量的影响、对交通能耗与环境污染的影响等,成为制定城市综合交通系统规划和交通发展战略不可忽视的内容。

本书作者及研究团队主导完成的上海2010世博会园区交通规划,是新能源汽车大规模示范应用的成功案例,实现了园区交通零排放。延续世博清洁交通系统范式,从2009年开始,我们围绕新能源汽车的供能策略与充电设施布局、新能源公交车运营特性分析与充电站规划设计、电动汽车分时租赁运行特征、新能源汽车推广的节能减排效益评价、基于新能源汽车的低(零)排放交通体系设计与政策选择等,持续开展了近10年研究,构成了本书的主要内容。

本书共有9章。第1章分析了能源与环境约束下交通转型发展的趋势和要求,说明新能源汽车发展的内在动力和必然性。第2章根据近年新能源汽车技术的发展方向和市场应用,归纳介绍新能源汽车技术类型与典型新能源汽车的技术特性。第3章针对应用较为广泛的典型新能源车辆,评估新能源汽车推广能够为交通能源结构优化和污染物减排带来的效益,以及节能、减排不同目标选择的车辆能源替代策略。第4章梳理了新能源汽车推广面临的问题和争议,从研究层面提出发展新能源车辆必须达成的共识及研究要点。第5章针对电动汽车应用所依赖的能源供给设施布局,提出适合中国城市场景的能源供给模式和充电设施建设策略。第6章介绍了7个国内外城市新能源车辆推广应用案例,归纳不同条件下的典型商业模式,提出电动汽车推广应用策略。第7章和第8章分别针对新能源车辆的典型应用场景——新能源公交车和新能源小客车,分析系统运行特征和效益,以及公交车电池使用性能、分时租赁对用户行为影响等热点问题。第9章提出了面向新能源汽车应用的低(零)排放交通体系规划设计方法,以上海崇明国际生态岛为例,给出低(零)排放交通体系规划设计方案。

新能源汽车对于使用者是新的体验和选择,对于城市管理者是新的挑战,对于研究者则是一个崭新的问题和领域,涉及交通、汽车、能源、环境、经济等诸多学科。本书内容尚不能囊括所有相关问题,通过观察、探索、实践、总结、分析,试图剖析典型案例,研判重点问题,探索分析方法,建立理论架构,为新能源车辆推广应用的政策研究、系统规划、运行关系"抛砖引玉",也为相关领域的科研人员及在校学生提供尽可能综合的基础知识、较为系统的分析视野、结合实际案例的研究参考。

本书是作者及研究团队的共同成果,包括朱超博士关于电动公交车基础设施规划与行车优化研究,吕颖硕士关于纯电动公交车充电性能及充电站规划研究,施莉娟博士开展的新能源汽车商业模式调研,成嘉琪博士开展的电动汽车分时租赁运行特征研究等,他们的研究成果是本书相关章节内容的重要基础。同时,感谢韩舒博士、单肖年博士在本书成稿过程为资料收集、整理、补充等所付出的努力与辛勤工作。

陈小鸿　叶建红<br>
2017年9月于同济大学

# 目录
## CONTENTS

总序
前言

**1 绪论** ............................................................. 1
  1.1 交通运输能耗与环境污染 ........................................ 2
    1.1.1 交通运输能耗特征 ........................................ 2
    1.1.2 交通运输污染物排放特征 .................................. 3
  1.2 节能减排对交通运输转型发展要求 ................................ 6
    1.2.1 国家节能与减排政策概况 .................................. 6
    1.2.2 节能减排政策对交通转型发展的要求 ........................ 7
  1.3 交通运输节能减排体系框架与发展动向 ............................ 8
    1.3.1 交通系统节能减排政策框架 ................................ 8
    1.3.2 交通运输节能减排发展动向 ............................... 10
  参考文献 ......................................................... 12

**2 新能源汽车技术类型与特性** ...................................... 13
  2.1 新能源汽车技术类型与发展规划 ................................. 14
    2.1.1 新能源汽车界定 ......................................... 14
    2.1.2 新能源汽车发展规划 ..................................... 15
  2.2 典型新能源汽车技术特性 ....................................... 18
    2.2.1 混合动力汽车 ........................................... 18
    2.2.2 纯电动汽车 ............................................. 19
    2.2.3 燃料电池汽车 ........................................... 21
  2.3 新能源汽车发展趋势 ........................................... 22
    2.3.1 发展方向 ............................................... 22
    2.3.2 技术创新与整合 ......................................... 22
  参考文献 ......................................................... 24

## 3 汽车能源结构优化与新能源车推广效益 ... 25
### 3.1 全国汽车保有量与构成 ... 26
#### 3.1.1 车辆分类 ... 26
#### 3.1.2 汽车保有量增长及特征 ... 27
### 3.2 汽车能耗与排放现状 ... 28
#### 3.2.1 汽车能耗与排放测算方法 ... 28
#### 3.2.2 全国汽车排放物的结构特征 ... 31
### 3.3 新能源汽车推广效益分析 ... 36
#### 3.3.1 上海汽车能源消耗现状 ... 36
#### 3.3.2 汽车能源结构优化的可行路径 ... 44
#### 3.3.3 推广新能源汽车的效益分析 ... 45
### 参考文献 ... 57

## 4 新能源汽车推广进展与面临的关键问题 ... 59
### 4.1 新能源汽车推广进展 ... 60
#### 4.1.1 新能源汽车市场推广规模 ... 60
#### 4.1.2 中国新能源汽车应用现状 ... 60
#### 4.1.3 美、日、欧新能源汽车应用现状 ... 68
#### 4.1.4 新能源汽车应用展望 ... 70
### 4.2 新能源汽车推广应用的若干争议 ... 70
#### 4.2.1 争议一：电动汽车在中国是否为低碳绿色交通 ... 71
#### 4.2.2 争议二：充电设施建设是否符合能源供给策略 ... 72
#### 4.2.3 争议三：新能源汽车推广应用是否会恶化城市交通运行 ... 73
### 4.3 应对新能源汽车推广争议的研究重点 ... 74
#### 4.3.1 制定全面分析电动汽车节能减排效益的规程 ... 74
#### 4.3.2 制定适合国情的电动汽车能源供给策略 ... 76
#### 4.3.3 依托新能源汽车培育适度、有节制的用车行为 ... 76
### 4.4 本章小结 ... 77
### 参考文献 ... 78

## 5 电动汽车能源供给策略与充电设施建设 ... 81
### 5.1 能源供给策略的规划要素 ... 82
#### 5.1.1 电网运行特征 ... 82
#### 5.1.2 电池性能与充电技术 ... 83

|  |  |  |
|---|---|---|
| | 5.1.3 电动汽车交通功能定位 | 84 |
| | 5.1.4 土地资源约束 | 85 |
| 5.2 | 中国电动汽车能源供给策略 | 86 |
| | 5.2.1 总体供能模式 | 86 |
| | 5.2.2 供能设施服务定位与布局 | 87 |
| 5.3 | 本章小结 | 87 |
| 参考文献 | | 88 |

# 6 电动汽车应用策略与商业模式 … 89

- 6.1 国外典型城市新能源汽车应用策略与实施路径 … 90
  - 6.1.1 伦敦：由易到难的推广策略 … 90
  - 6.1.2 纽约：多车型组合推广策略 … 96
- 6.2 国内主要城市新能源汽车应用模式 … 100
  - 6.2.1 新能源车产业化发展的"深圳模式" … 100
  - 6.2.2 纯电动公交换电的"青岛模式" … 105
  - 6.2.3 纯电动出租车的"太原模式" … 107
  - 6.2.4 乘用车定向购买的"合肥模式" … 111
  - 6.2.5 电动汽车分时租赁的"上海模式" … 112
- 参考文献 … 115

# 7 新能源公交车运行特性 … 117

- 7.1 电动公交车发展关键技术 … 118
  - 7.1.1 电动公交车技术发展 … 118
  - 7.1.2 电动汽车充电站设施容量 … 122
  - 7.1.3 电动公交行车计划优化 … 125
- 7.2 电动公交整车运行特征分析 … 126
  - 7.2.1 世博新能源车应用示范 … 126
  - 7.2.2 车辆续驶里程分析 … 129
  - 7.2.3 车辆可靠性分析 … 131
  - 7.2.4 运营成本分析 … 132
- 7.3 电池组充放电特征分析 … 134
  - 7.3.1 电池组充电过程分析 … 134
  - 7.3.2 电池组放电过程分析 … 136
  - 7.3.3 电池组使用寿命分析 … 138
- 参考文献 … 141

## 8 电动汽车分时租赁运行特征与效益评价 ······ 143
### 8.1 电动汽车分时租赁发展特征 ······ 144
#### 8.1.1 汽车分时租赁发展特征 ······ 144
#### 8.1.2 汽车分时租赁用户特征 ······ 145
### 8.2 电动汽车分时租赁运行特征 ······ 147
#### 8.2.1 EVCARD 基本概况与运行模式 ······ 147
#### 8.2.2 用户基本特征 ······ 148
#### 8.2.3 分时租赁的出行时空分布 ······ 150
### 8.3 电动汽车分时租赁对汽车保有量的影响 ······ 156
#### 8.3.1 研究方法 ······ 156
#### 8.3.2 卖车用户分析 ······ 157
#### 8.3.3 放弃买车用户分析 ······ 160
#### 8.3.4 延迟买车用户分析 ······ 160
#### 8.3.5 对家庭小汽车保有量的综合影响 ······ 161
### 8.4 电动汽车分时租赁对出行方式选择的影响 ······ 162
#### 8.4.1 研究方法 ······ 162
#### 8.4.2 对不同交通方式的影响 ······ 163
### 参考文献 ······ 165

## 9 零排放交通系统概念设计与案例 ······ 167
### 9.1 零排放交通系统概念设计框架 ······ 168
### 9.2 零排放交通系统规划设计要素分析 ······ 169
#### 9.2.1 用户需求与车辆出行特征 ······ 169
#### 9.2.2 运行与运营管理 ······ 170
#### 9.2.3 政策扶持与组织保障 ······ 170
### 9.3 崇明岛零排放交通系统规划方案研究 ······ 172
#### 9.3.1 崇明岛交通概况 ······ 172
#### 9.3.2 崇明岛零排放交通系统概念设计 ······ 176
#### 9.3.3 崇明岛零排放交通系统实施方案 ······ 178
#### 9.3.4 崇明岛电动汽车分时租赁 ······ 181
### 9.4 本章小结 ······ 182
### 参考文献 ······ 182

## 附录 A 关于机动车的排放因子 ······ 183

# 1 绪 论

1.1 交通运输能耗与环境污染
1.2 节能减排对交通运输转型发展要求
1.3 交通运输节能减排体系框架与发展动向
参考文献

## 1.1 交通运输能耗与环境污染

### 1.1.1 交通运输能耗特征

交通运输(包括道路运输、铁路运输、航空运输、水路运输以及管道运输)是全社会能源消耗的重要领域,2014年全球交通运输共消耗24.26亿 t 标准油,较1973年增加了2倍多,成为世界石油消费增长的主要驱动力,如图1-1所示[1]。尽管不同国家所处发展阶段及经济结构特征不同,交通运输能耗占全社会能源消耗的比例也有所差异,如2013年美国交通运输能耗约占全社会终端能耗的40%,其他部分发达国家(日本、德国、英国、澳大利亚等)在25%～35%之间,如图1-2所示[2],但交通运输无疑已成为各国能源消耗的主要领域。2014年全球交通运输能耗占全社会终端能耗的比重超过了30%,如图1-3所示[1,3],我国2014年交通运输能耗约占全社会终端能耗的13.7%[4],但随着城镇化和居民消费水平提升,这一比例仍将保持一定的增长趋势。

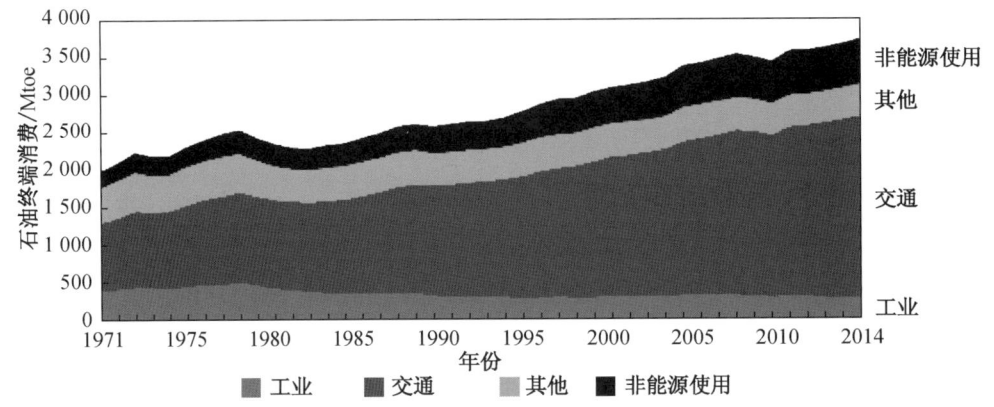

注:Mtoe:Million tons of oil equivalent,百万吨油当量。

图1-1 1971—2014年各部门石油终端消费构成

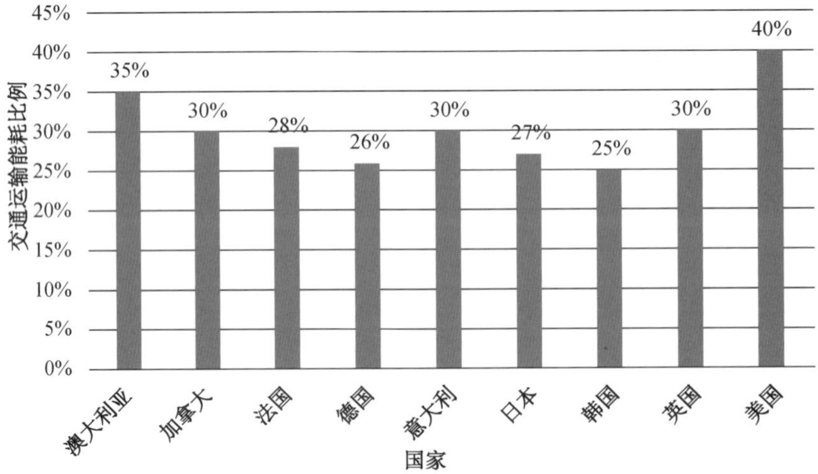

图1-2 部分发达国家2013年交通运输终端能耗比例

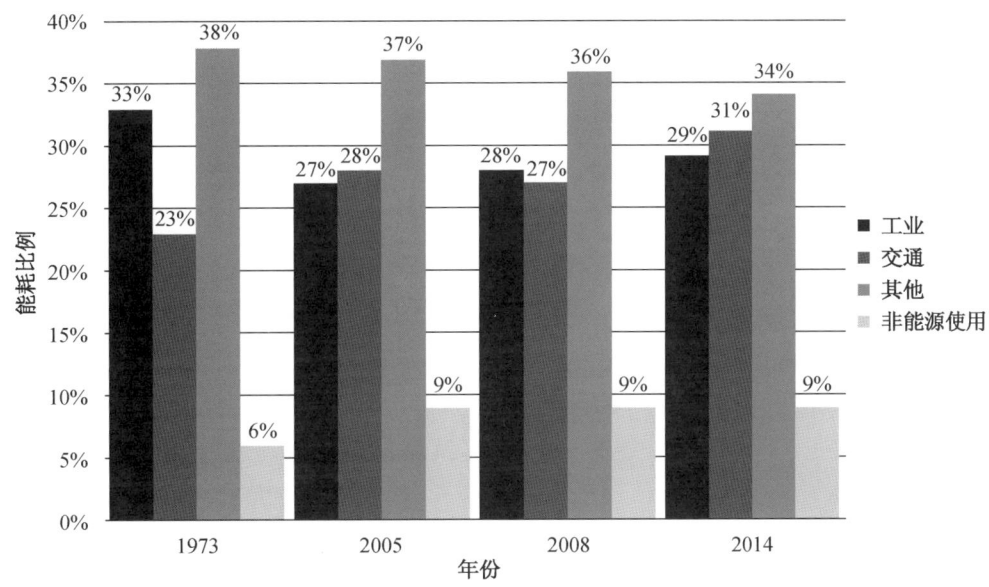

图 1-3　全球范围内交通运输能耗占全社会终端能耗比例

在交通运输总能耗中,道路交通运输能耗是主体。中国 2008 年道路交通能耗就已占交通运输总能耗的 73%[3],2015 年中国大陆机动车保有量较 2008 年增长了 64%[5]。澳大利亚、加拿大、日本等国家 2013 年道路交通能耗占交通运输总能耗的 80%~90%,美国、德国、法国等国家 2013 年道路交通能耗占交通运输能耗高达 90% 以上,如图 1-4 所示[6]。因此,交通运输领域节能的重点在于促进以汽车为主体交通工具的道路交通能耗下降。

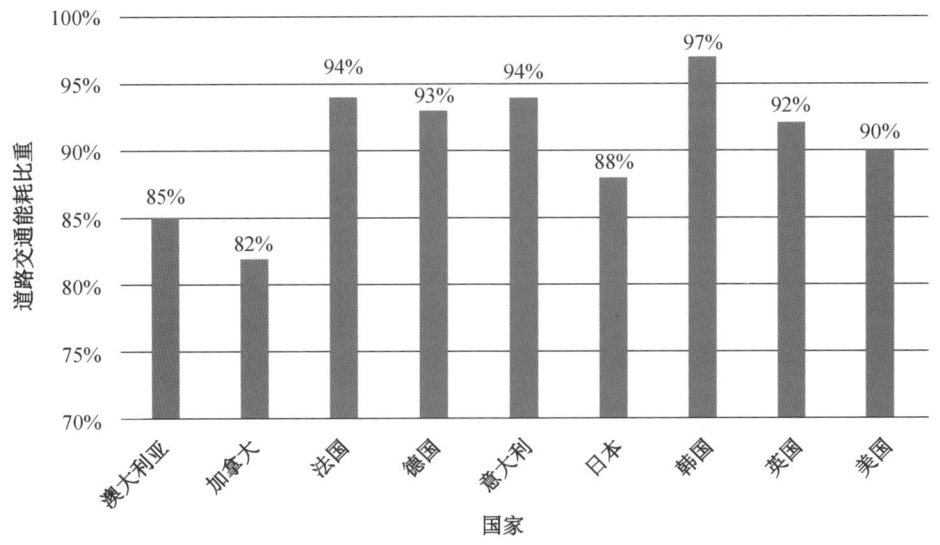

图 1-4　部分国家 2013 年道路交通能耗占交通运输总能耗比重

### 1.1.2　交通运输污染物排放特征

作为人类经济活动的重要组成和支撑,交通运输在提供人类交流、交往便利的同时,也对环境质量产生了大量副作用。汽车、火车、轮船、飞机等交通运输工具在燃料消耗过程中,排放了大量包括氮氧化物($NO_x$)、一氧化碳(CO)、碳氢化合物(HC)、二氧化硫($SO_2$)、颗粒物(PM)等在内的大气污染物。这些污染物大部分是有害有毒物质,有些还带有强烈刺激性,甚至有致癌作用。同时,交通运输也是温室气体排放的重要来源。2012年全世界温室气体排放中,交通运输占据了14.5%,如图1-5所示[7]。

与能耗特征类似,道路交通运输排放的温室气体也是交通运输领域温室气体排放的绝对主体,占70%以上[7]。除此以外,道路上的汽车还贡献了绝大多数的CO、HC、$NO_x$、$SO_2$、PM(碳烟、铅化合物、油物)及恶臭物质排放。据美国、日本两国所做的研究与推测,汽车排放的污染物在空气污染物总量中的分担率为:CO达80%~90%,HC达50%以上[8]。在我国,随着道路交通不断发展,汽车保有量迅速增长,汽车向空气中排放的CO、HC、$NO_x$也逐年增加。目前全国约五分之一的城市大气污染严重,113个重点城市中三分之一以上空气质量达不到国家二级标准[9]。表1-1列出了我国部分城市汽车污染物分担率分析结果[10],图1-6给出了全球机动车保有量在200万辆以上城市的$PM_{10}$(空气动力学当量直径在10 μm以下的颗粒物)与$PM_{2.5}$(空气动力学当量直径在2.5 μm以下的颗粒物)浓度分布。可以看到,汽车排放已成为我国大城市空气污染的主要来源。城市空气污染已呈现出煤烟型和汽车尾气复合型污染的特点。一些城市臭氧($O_3$)浓度在逐步增高(臭氧浓度增高和机动车排放的$NO_x$和HC有密切关系),部分城市发生光化学污染的可能性在不断增加。有效控制汽车尾气排放污染,已成为改善我国城市环境空气质量的关键举措。

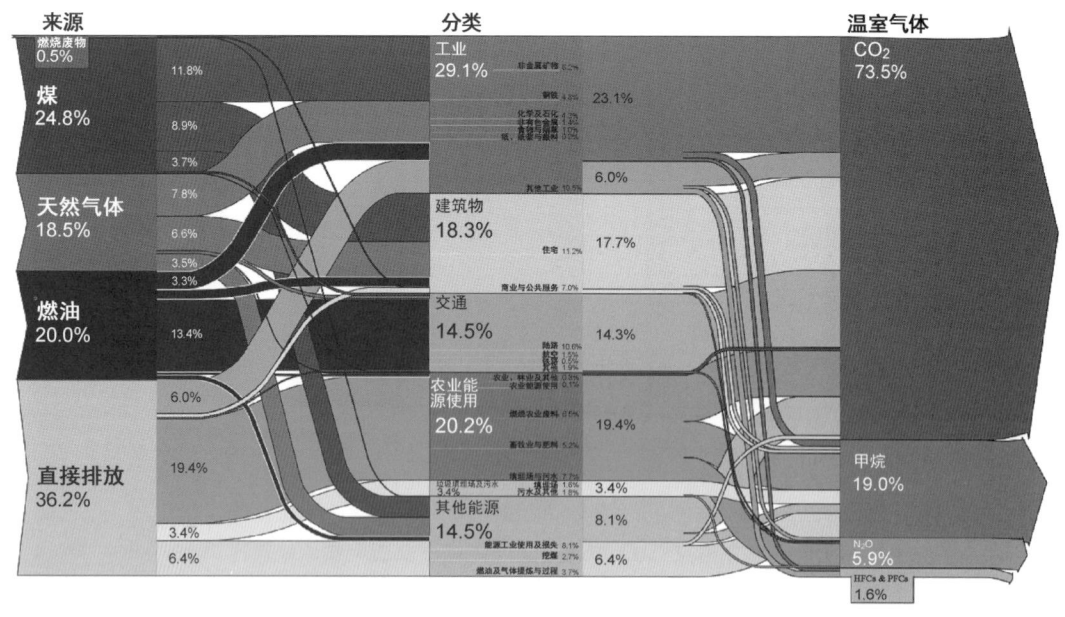

图1-5 2012年世界温室气体排放组成

表 1-1　　　　　　　我国部分城市汽车尾气排放的污染物分担率

| 城市 | CO | HC | $NO_x$ |
|---|---|---|---|
| 北京 | 48%～64% | 60%～74% | 10%～22% |
| 上海 | 69% | 37% | — |
| 广州 | 70% | — | 43% |
| 沈阳 | 27%～38% | — | 45%～53% |
| 济南 | 28% | — | 46% |

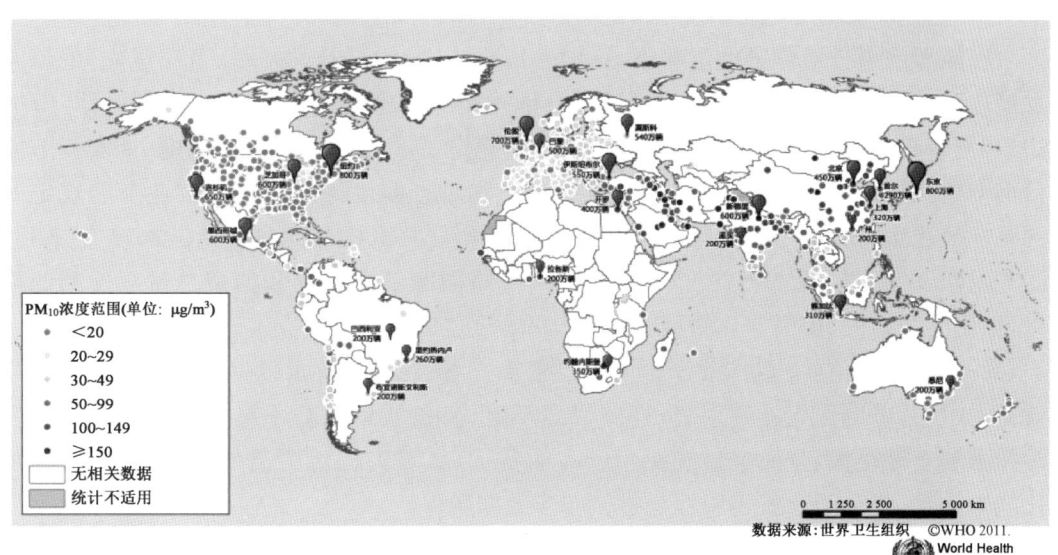

(a) 机动车保有量200万辆以上城市$PM_{10}$浓度值分布图

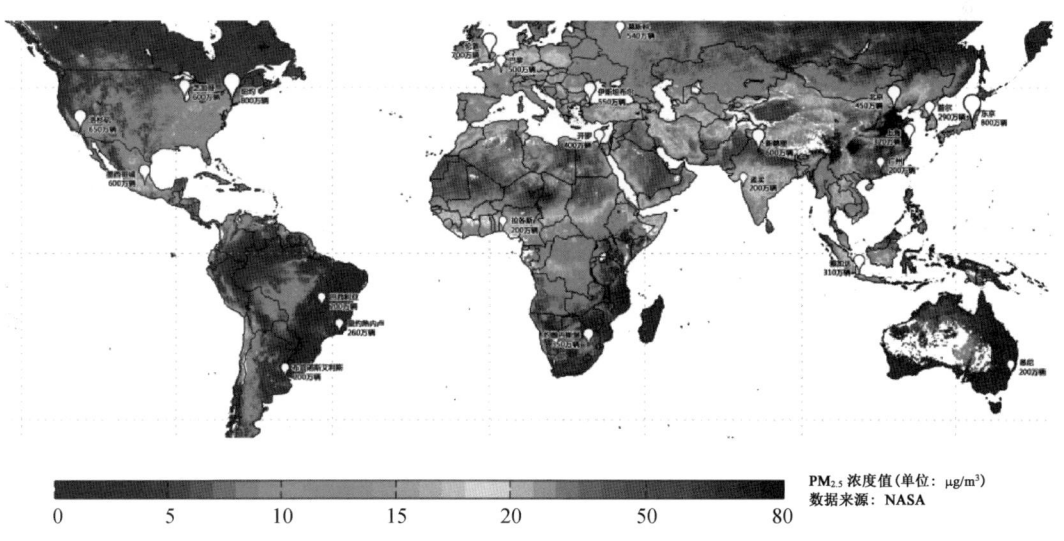

(b) 机动车保有量200万辆以上城市$PM_{2.5}$浓度值分布图

图 1-6　世界机动车保有量 200 万辆以上城市的 $PM_{10}$，$PM_{2.5}$ 浓度对比

## 1.2 节能减排对交通运输转型发展要求

### 1.2.1 国家节能与减排政策概况

鉴于交通运输对全社会能耗与排放的"突出贡献",节能减排成为交通运输业转型发展的基本要求,也是新能源汽车发展的主要推动力。调整载运工具能源结构和能耗水平,是交通运输节能减排的主要途径,也是政策制定和技术研发、应用的着力点。

1. 节能政策

在能源约束日益趋紧的形势下,我国一贯坚持"节约与开发并举、节约优先"的能源发展战略。2008年4月1日起施行的《中华人民共和国节约能源法》(以下简称《节能法》),把节约能源上升为基本国策。《节能法》规定了一系列节能管理制度,如实行节能目标责任和评价考核制度、投资项目节能评估和审查制度等。在完善工业节能规定的同时,《节能法》新增了建筑节能、交通运输节能和公共机构节能的规定。2013年1月,国务院印发《能源发展"十二五"规划》,提出实施能源消费强度和消费总量双控制的策略,优化能源结构,提高非化石能源消费比重。

2017年1月,国务院印发了《能源发展"十三五"规划》,要求以提高能源发展质量和效益为中心,着力优化能源系统,补齐资源环境约束、质量效益不高、基础设施薄弱、关键技术缺乏等短板,全面推进能源生产和消费革命,努力构建清洁低碳、安全高效的现代能源体系,为全面建成小康社会提供坚实的能源保障。

2. 减排政策

2011年12月国务院印发《国家环境保护"十二五"规划》,提出"预防为主,防治结合"的环境保护策略。坚持从源头预防,把环境保护贯穿于规划、建设、生产、流通、消费各环节,提升可持续发展能力。2014年发布的《国家应对气候变化规划(2014—2020年)》要求坚持减缓和适应气候变化同步推动,积极控制温室气体排放,遏制排放过快增长的势头。2015年5月中共中央、国务院印发《关于加快推进生态文明建设的意见》,要求坚持把节约优先、保护优先作为生态文明建设基本方针。在资源开发与节约中,把节约放在优先位置,以最少的资源消耗支撑经济社会持续发展;在环境保护与发展中,把保护放在优先位置,在发展中保护、在保护中发展。发挥节能与减排的协同促进作用,全面推动重点领域节能减排。2015年8月修订通过的《中华人民共和国大气污染防治法》明确了国家对重点大气污染物排放实行总量控制。对超过国家重点大气污染物排放总量控制指标或者未完成国家下达的大气环境质量改善目标的地区,省级以上人民政府环境保护主管部门应当会同有关部门约谈该地区人民政府的主要负责人,并暂停审批该地区新增重点大气污染物排放总量的建设项目环境影响评价文件。2016年10月环境保护部印发了《全国生态保护"十三五"规划纲要》,提出到2020年生态保护的主要目标为:生态空间得到保障,生态质量有所提升,生态功能有所增强,生物多样性下降速度得到遏制,生态保护统一监管水平明显提高,生态文明建设示范取得成效,国家生态安全得到保障,与全面建成小康社会相适应。

### 1.2.2 节能减排政策对交通转型发展的要求

国家层面对于各个领域的节能、减排政策文件均强调了"分类指导,突出重点"的实施策略,以工业、建筑、交通、公共机构等重点领域为突破口,大幅提高能源利用效率;推动重点行业、重点流域、农业源和机动车污染防治,有效减少主要污染物排放总量。作为重点实施领域之一,交通运输在一系列节能减排政策规定下面临迫切的转型发展要求。梳理近年来主要政策文件对交通运输节能减排的要求,汇总如表1-2所示。

表1-2　　　　　　　部分节能减排政策文件对交通运输发展要求

| 政策文件 | 交通运输相关要求 |
| --- | --- |
| 《中华人民共和国节约能源法》 | ① 县级以上地方各级人民政府应当优先发展公共交通;鼓励使用非机动交通工具出行。<br>② 提高运输组织化程度和集约化水平,提高能源利用效率。<br>③ 鼓励开发、生产、使用节能环保型汽车、摩托车等交通运输工具,实行老旧交通运输工具的报废、更新制度。<br>④ 制定交通运输营运车船的燃料消耗量限值标准 |
| 《国家应对气候变化规划(2014—2020年)》 | ① 逐步建立特大城市机动车保有总量调控机制。<br>② 积极发展城市公共交通,完善城市步行和自行车交通系统,加快建设公交专用道、公交场站等设施和公共自行车服务系统。2020年,大中城市公交出行分担比率达到30%。<br>③ 积极推广天然气动力汽车、纯电动汽车等新能源汽车 |
| 《关于加快推进生态文明建设的意见》 | ① 优先发展公共交通。<br>② 优化运输方式,发展甩挂运输。<br>③ 大力发展节能与新能源汽车,提高创新能力和产业化水平,加强配套基础设施建设,加大推广普及力度。积极引导消费者购买节能与新能源汽车 |
| 《中华人民共和国大气污染防治法》 | ① 倡导低碳、环保出行,根据城市规划合理控制燃油机动车保有量,大力发展城市公共交通,提高公共交通出行比例。<br>② 采取财政、税收、政府采购等措施推广应用节能环保型和新能源机动车船、非道路移动机械,限制高油耗、高排放机动车船、非道路移动机械的发展,减少化石能源的消耗。<br>③ 省、自治区、直辖市人民政府可以在条件具备的地区,提前执行国家机动车大气污染物排放标准中相应阶段排放限值。<br>④ 机动车船、非道路移动机械不得超过标准排放大气污染物。机动车、非道路移动机械生产企业应当对新生产的机动车和非道路移动机械进行排放检验;在用机动车应当按照国家或者地方的有关规定,由机动车排放检验机构定期对其进行排放检验。<br>⑤ 城市人民政府应当加强并改善城市交通管理,优化道路设置,保障人行道和非机动车道的连续、畅通。<br>⑥ 倡导环保驾驶,鼓励燃油机动车驾驶人在不影响道路通行且需停车3 min以上的情况下熄灭发动机,减少大气污染物的排放。<br>⑦ 城市人民政府可以根据大气环境质量状况,划定并公布禁止使用高排放非道路移动机械的区域 |
| 《能源发展"十三五"规划》 | ① 扩大交通领域天然气利用,推广天然气公交车、出租车、物流配送车、环卫车、重型卡车和液化天然气船舶。<br>② 积极推进交通运输领域电能替代,适度超前建设电动汽车充电设施,大力发展港口岸电、机场桥电系统,促进交通运输"以电代油"。<br>③ 实施绿色交通清洁节能行动,引导居民科学合理用能。大力发展城市公共交通,提高绿色出行比例 |

根据节能、减排总体要求,交通运输发展面临运输结构转型、运输工具转型和运输政策转型。具体表现在:

(1)运输结构转型。提高运输组织化程度和集约化水平,倡导更低碳、更环保、更高效的运输方式;优先发展城市公共交通,完善城市步行和自行车交通系统,提升绿色交通分担率。

(2)运输工具转型。鼓励开发、生产、使用节能环保型汽车、摩托车等交通运输工具,积极推广天然气动力汽车、纯电动汽车、混合动力汽车等新能源汽车,加强配套基础设施建设。实行老旧交通运输工具的报废、更新制度。

(3)运输政策转型。加强交通需求管理的政策转型,根据城市规划合理控制燃油机动车保有量,建立特大城市机动车保有总量调控机制。依据大气环境质量状况,针对高排放非道路移动机械等制定差异化的区域通行管理政策。

## 1.3 交通运输节能减排体系框架与发展动向

### 1.3.1 交通系统节能减排政策框架

城市交通节能减排政策的总体架构可以概括为三个方面的策略支点——避免(avoid)、转变(shift)与改进(improve);五个方面的政策手段——规划手段(planning)、立法手段(regulatory)、经济手段(economic)、信息手段(information)和技术手段(technological),如图1-7所示[11]。

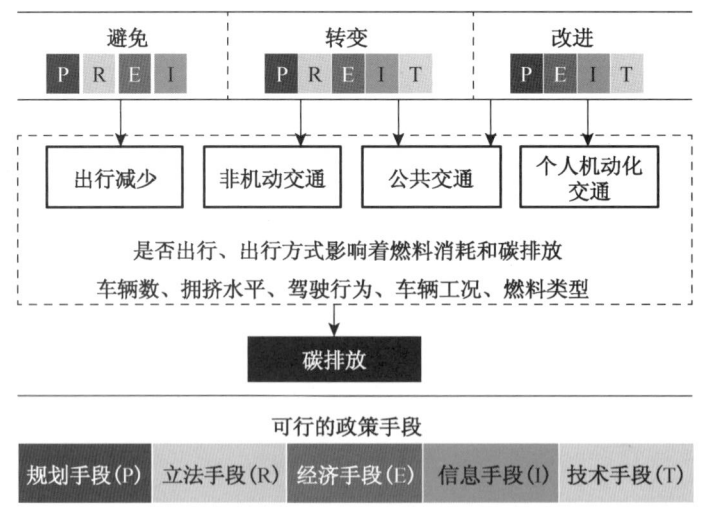

图1-7 城市交通节能减排政策总体架构

"避免"策略是尽可能减少不必要的交通出行需求,可采取的手段包括规划手段、立法手段、经济手段和信息手段;"转变"策略是尽可能将交通出行由个体机动化方式转向公共交通和非机动化等绿色出行方式,包括规划手段、立法手段、经济手段、信息手段和技术手段;"改进"策略是加强交通工具及燃料的节能与减排性能改善,包括规划手段、经济手段、信息手段和技术手段。

规划手段主要是通过交通与土地利用整合规划、交通引导开发(Transit Oriented Development,TOD)等规划设计技术支持,将交通系统节能减排整合到交通规划和投资项目中,以落实节能减排战略的实施。政策手段主要是制定车辆排放标准与燃料效率标准,推动更节能、减排的车辆使用。经济手段主要是通过税收减免、购买退税、补贴和车公里使用税等市场激励手段,体现机动车辆使用的外部性。信息手段包括交通运行与路况信息的提供,提高交通流运行效率,降低车辆运行过程中的能耗与排放。技术手段包括先进车辆和燃料技术研究,以及绿色、低碳导向的交通规划编制,项目全寿命数据分析及决策支持工具的开发。

另外,依据城市交通需求分析的交通发生—交通分布—交通方式划分—交通分配"四步骤"框架,也可建立交通系统节能减排政策的"需求绿色化"+"车辆绿色化"总体架构,相应的实施策略和典型技术汇总如图1-8所示。需求绿色化是指在交通发生阶段尽可能降低需求产生和吸引量,在交通分布阶段尽可能减少长距离出行,在交通方式选择阶段尽可能使用低能耗低排放的出行方式,在交通分配阶段尽可能均衡交通流在时间和空间上的分布,减少交通拥堵。车辆绿色化是通过实施严格的车辆能耗与排放标准和(或)推广应用新能源汽车,使车辆更节能更环保。

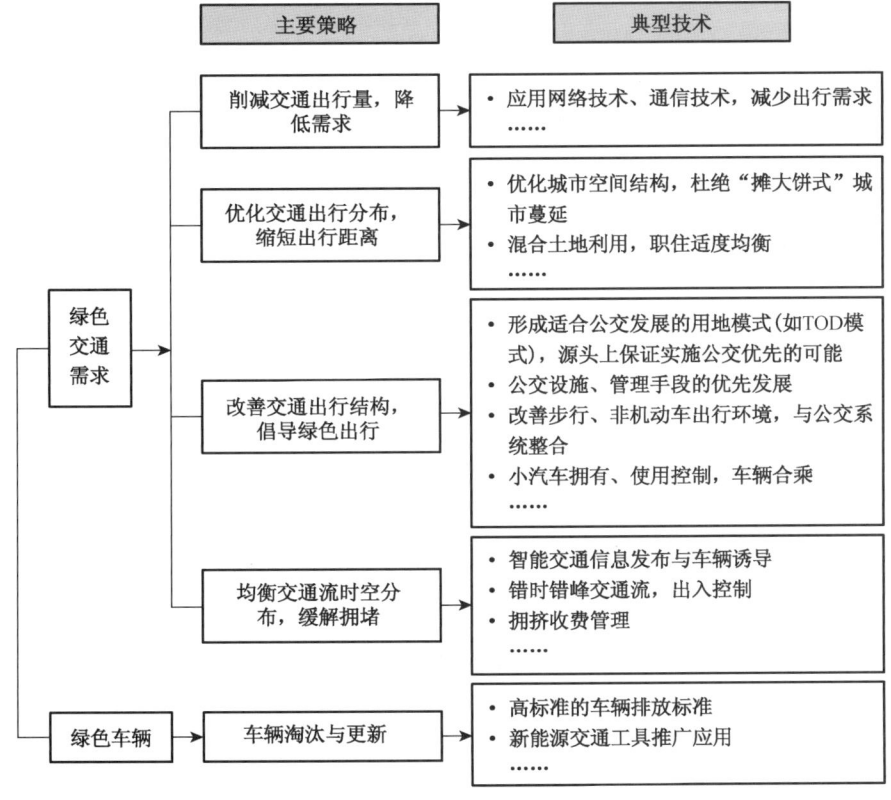

图1-8 需求控制导向的城市交通节能减排策略

### 1.3.2 交通运输节能减排发展动向

伴随国家新型城镇化建设的推进和社会经济的稳步发展,交通运输需求预期仍将持续增长,节能减排压力与日俱增。纵观世界各国和城市在交通运输领域开展的节能与减排行动,在目标制定、政策实施和效果评估等方面出现了新的发展动向,概括如下。

**1. 明确提出节能减排量化目标,引导并约束交通系统低能耗、低排放发展**

保障安全、促进经济发展和降低环境影响是全球城市及典范公交都市新一轮交通发展的三大共同关注目标,并将减排总目标量化分解到交通系统,引导交通运输转型发展。如纽约市提出2030年温室气体比2005年减排30%,其中汽车交通比2005年减排60%以上,如图1-9(a)所示[12]。旧金山市提出2035年$PM_{2.5}$排放较2006年下降10%,$PM_{10}$排放下降45%,二氧化碳排放较1990年下降40%,如图1-9(b)所示[13]。巴黎市在交通需求增长7%情形下,依然要求实现交通排放减少20%以上的目标[14];伦敦市要求至2017年公共交通系统平均乘客公里二氧化碳减排20%、$PM_{10}$总量减少50%(相比2005年)[15];作为北美地区集聚发展的典范城市,波特兰市要求至2035年人均使用轻型车(小汽车为主)的温室气体排放较2005年减少70%以上[16]。

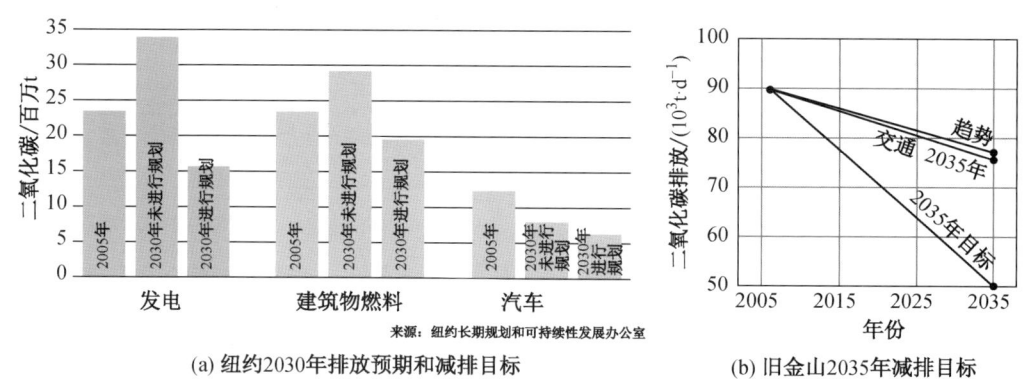

(a) 纽约2030年排放预期和减排目标  (b) 旧金山2035年减排目标

图1-9 纽约2030年和旧金山2035年减排目标

**2. 加强多政策组合使用,发挥政策协同效应**

如图1-7所示的交通系统节能减排政策框架中,多项政策均能在不同程度上起到交通节能减排的效用。鉴于不同政策实施的难易程度及发挥作用的差异性、时效性和局限性,这些政策往往会被组合使用,以最大程度满足交通系统节能减排的目标。如美国波特兰都市区为了实现轻型车温室气体减排目标,制定了包含社区设计(community design)、收费(pricing)、市场与激励(marketing and incentives)、道路设施完善(road facilities improvement)、车辆更新(fleet update)、新技术应用(technology application)等在内的组合政策包,如表1-3所示。

表 1-3　　　　　　　　波特兰都市区交通节能减排政策组合设计

| 政策类型 | 政策措施 |
|---|---|
| 社区设计 | 城市增长管理与控制、混合土地利用与社区设计、公交服务、自行车出行比例、停车管理 |
| 收费 | 基于实际行驶里程的保险费、汽油税、道路使用费、碳排放费 |
| 市场与激励 | 生态驾驶(eco-driving)、汽车共享(car-sharing)等 |
| 道路设施完善 | 高速公路、城市干道扩容,加强交通管理 |
| 车辆更新 | 车型更新,老旧车辆淘汰 |
| 新技术应用 | 提高燃油经济性、降低燃料碳排放强度、推广使用电动汽车与插电式混合动力汽车 |

3. 建立交通能耗排放监测平台,科学评价节能减排政策效果

为动态监测交通系统的能耗与排放,追踪、评估节能减排政策的实施效果,建立交通能耗与排放检测平台尤为重要。2013—2014 年间,深圳市联合德国国际合作机构(Gesellschaft für Internationale Zusammenarbeit,GIZ)共同研发、建设了深圳市交通排放监测平台,实现对道路机动车排放的动态监测与图形化展示,为市民出行、政府决策提供信息支持。该平台融合深圳市交委、人居委、交警局等多部门数据,是国内第一个具有国际水准的交通排放监测平台,其基本架构如图 1-10 所示。

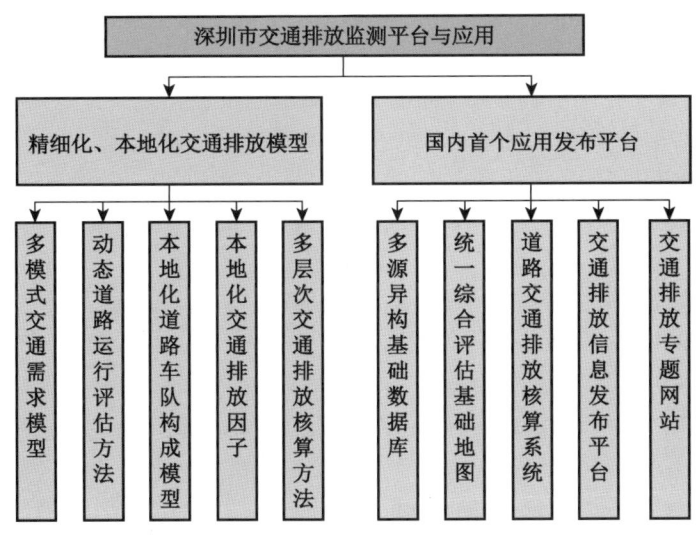

图 1-10　深圳市交通排放监测平台架构

该平台可展示机动车的燃油量、温室气体、污染物等 3 类总体指标,通过热力图、网格图、片区图、路网图等 4 种专题图反映其空间分布值,指标计算结果每 1 h 更新一次。

交通排放监测平台应用前景广阔。对于市民,未来可以通过互联网或移动终端及时查询实时或历史的交通排放信息,了解交通排放强度及其时空分布,理解并支持交通管理政策及措施,引导交通行为的转变。市民出行将不仅取决于拥堵程度,还可根据交通污染物排放情况制订合适的路线及时间。如可选择在交通排放较低的时段或路段开

展跑步、骑行等健身活动。对政府部门,定量化的交通排放监测与核算是科学制定交通和环境政策、评估减排效果的基础。例如,根据交通排放的时空分布,合理划定机动车低排放区范围,限制高污染车辆驶入;与交通运行指数等反映路网拥堵程度的指标结合,将交通排放指数作为停车价格分区、道路通行限定或收费的依据,如拥堵和排放上升至一定水平时可提高停车收费,下降一定幅度时可调低停车收费;对轨道等重大基建规划、停车等交通需求管理政策开展交通排放方面的专项评估,预测减排效果。

# 参考文献

[1] International Energy Agency (IEA). Key World Energy Statistics[R]. IEA,2016.

[2] International Energy Agency (IEA). Energy Efficiency Indicators-Highlights[R]. IEA,2016.

[3] 史立新. 交通能源消费及碳排放研究[M]. 北京:中国经济出版社,2011.

[4] 伊文婧. 我国交通运输能耗及形势分析[J]. 综合运输,2017,39(1):5-9.

[5] 中华人民共和国国家统计局. 中国统计年鉴[M]. 北京:中国统计出版社,2016.

[6] International Energy Agency (IEA). Energy Efficiency Indicators:Fundamentals on Statistics[R]. IEA,2014.

[7] World Resources Institute. World Greenhous Gas Emissions Flow Chart[EB/OL]. https://www.ecofys.com/files/files/world-ghg-emission-flow-chart-2012_v9-c-asn-ecofys-2016_02.pdf.

[8] Thad G,Wayne T D,Joshua S F. Air Quality[M]. Fifth Edition. CRC Press,2014.

[9] 中华人民共和国环境保护部. 中国机动车环境管理年报[R]. 2017.

[10] 陈红. 交通与环境[M]. 北京:人民交通出版社,2011.

[11] Bongardt D,Creutzig F,Hüging H,et al. Low-carbon Land Transport:Policy Handbook[M]. Routledge,2013.

[12] The City of New York. Plan YC:A Greener,Greater,New York[R]. 2011.

[13] San Francisco County Transportation Authority. San Francisco Transportation Plan 2035[R]. 2012.

[14] Hickman R,Banister D. Looking over the horizon:Transport and reduced $CO_2$ emissions in the UK by 2030[J]. Transport Policy,2007,14(5):377-387.

[15] City of London. City of London Air Quality Strategy[R]. 2011.

[16] Bureau of Planning and Sustainability. 2035 Portland's Comprehensive Plan[R]. 2014.

[17] 叶建红,陈小鸿,张华. 减少小汽车出行的波特兰多方式交通体系建设[J]. 城市交通,2013,11(1):10-17.

[18] 深圳市城市交通规划设计研究中心. 深圳市交通排放监测平台建设与应用[R]. 2014.

# 2 新能源汽车技术类型与特性

2.1 新能源汽车技术类型与发展规划
2.2 典型新能源汽车技术特性
2.3 新能源汽车发展趋势
参考文献

在应对能源与环境压力的交通运输转型发展中,交通工具的能源结构转型升级,即由传统燃油汽车向新能源汽车转变被赋予重要使命。国家层面已将新能源汽车作为政府节能减排、环境治理的重要手段。通过大力推广新能源汽车来治理机动车尾气污染、缓解城市环境压力,成为大城市和特大城市环境与交通治理的共同选择。

## 2.1 新能源汽车技术类型与发展规划

### 2.1.1 新能源汽车界定

根据中国工业和信息化部 2009 年颁布的《新能源汽车生产企业及产品准入管理规则》,新能源汽车是指采用非常规的车用燃料作为动力来源(或使用常规的车用燃料、采用新型车载动力装置),综合车辆的动力控制和驱动方面的先进技术,形成技术原理先进,具有新技术、新结构的汽车。新能源汽车一般包括五大类型,即混合动力汽车、纯电动汽车(包括太阳能汽车)、燃料电池电动汽车、氢发动机汽车、其他新能源(如高效储能器、二甲醚)汽车等各类别产品。

2012 年 3 月,国家财政部、国家税务总局、工业和信息化部联合发布《关于节约能源、使用新能源车船车船税政策的通知》,规定新能源汽车的认定标准如下:

(1) 获得许可在中国境内销售的纯电动汽车、插电式混合动力汽车、燃料电池汽车,包括乘用车、商用车和其他车辆;

(2) 动力电池不包括铅酸电池;

(3) 插电式混合动力汽车最大电功率比大于 30%;

(4) 插电式混合动力乘用车综合燃料消耗量(不含电能转化的燃料消耗量)与现行的常规燃料消耗量标准中对应目标值相比应小于 60%;

(5) 插电式混合动力商用车(含轻型、重型商用车)综合工况燃料消耗量(不含电能转化的燃料消耗量)与同类车型相比应小于 60%;

(6) 通过新能源汽车专项检测,符合新能源汽车标准要求。

2012 年,国务院发布的《节能与新能源汽车产业发展规划(2012—2020 年)》(以下简称《发展规划》)中,规定新能源汽车是指采用新型动力系统,完全或主要依靠新型能源驱动的汽车,主要包括纯电动汽车、插电式混合动力汽车及燃料电池汽车。

总结我国对新能源汽车界定的演变历程,如表 2-1 所示。

基于上述规定及表 2-1 的总结内容,本书讨论的新能源汽车主要指纯电动汽车、插电式混合动力汽车和燃料电池汽车。鉴于技术发展的成熟程度和在我国的发展应用状况,以纯电动汽车作为重点讨论对象。

表 2-1　　　　　　　　　　　我国新能源汽车定义演变历程①

| 主要政策文件 | 发布时间 | 名词统称 | 分　类 |
|---|---|---|---|
| "十五""863"计划电动汽车重大专项 | 2001年 | 电动汽车 | 混合动力汽车、纯电动汽车和燃料电池汽车 |
| "十一五""863"计划节能与新能源汽车重大专项 | 2006年 | 节能与新能源汽车 | 混合动力汽车、纯电动汽车和燃料电池汽车 |
| 新能源汽车生产企业及产品准入管理规则 | 2009年 | 新能源汽车 | 混合动力汽车、纯电动汽车、燃料电池电动汽车、氢发动机汽车、其他新能源（如高效储能器、二甲醚）汽车等各类产品 |
| 关于节约能源、使用新能源车船车船税政策的通知 | 2012年 | 新能源汽车 | 纯电动汽车、插电式混合动力汽车和燃料电池汽车 |
| 节能与新能源汽车产业发展规划（2012—2020年） | 2012年 | 新能源汽车 | 纯电动汽车、插电式混合动力汽车和燃料电池汽车 |

### 2.1.2　新能源汽车发展规划

1. 国家发展规划

2012年，国务院印发《节能与新能源汽车产业发展规划（2012—2020年）》，明确了新能源汽车发展的目标与方向；2015年，国务院印发《中国制造2025》，指出发展汽车产业是制造强国战略的必然选择；2017年，工业和信息化部、国家发展和改革委员会、科技部联合印发《汽车产业中长期发展规划》，指出汽车产业是推动新一轮科技革命和产业变革的重要力量，是建设制造强国的重要支撑，是国民经济的重要支柱。当前我国汽车产业正进入转型升级、由大变强的战略机遇期。

1)《节能与新能源汽车产业发展规划》

《发展规划》指出，发展节能与新能源汽车是降低汽车燃料消耗量，缓解燃油供求矛盾，减少尾气排放，改善大气环境，促进汽车产业技术进步和优化升级的重要举措。

《发展规划》提出，至2020年新能源汽车发展技术路线为：以纯电驱动为新能源汽车发展和汽车工业转型的主要战略取向，当前重点推进纯电动汽车和插电式混合动力汽车产业化，推广普及非插电式混合动力汽车、节能内燃机汽车，提升我国汽车产业整体技术水平。

《发展规划》要求加快推广新能源汽车应用和试点示范。在大中型城市扩大公共服务领域新能源汽车示范推广范围，开展私人购买新能源汽车补贴试点、探索新能源汽车及电池租赁、充换电服务等多种商业模式，积极推进充电设施建设，适应新能源汽车产业化发展的需要。

2)《中国制造2025》

2015年5月，国务院印发《中国制造2025》，要求继续支持电动汽车、燃料电池汽车

---

① 资料来源：2013年《中国新能源汽车产业发展报告》。

发展,掌握汽车低碳化、信息化、智能化核心技术,提升动力电池、驱动电机、高效内燃机、先进变速器、轻量化材料、智能控制等核心技术的工程化和产业化能力,形成从关键零部件到整车的完整工业体系和创新体系,推动自主品牌节能与新能源汽车同国际先进水平接轨。随后工业和信息化部装备工业司发布了"《中国制造2025》规划系列解读之推动节能与新能源汽车发展",提出新能源汽车产业发展的战略目标如下:

(1) 纯电动汽车和插电式混合动力汽车

① 产业化取得重大进展。到2020年,自主品牌纯电动和插电式新能源汽车年销量突破100万辆,在国内市场占70%以上;到2025年,与国际先进水平同步的新能源汽车年销量达到300万辆,在国内市场占80%以上。

② 产业竞争力显著提升。到2020年,打造明星车型,进入全球销量排名前10,新能源客车实现批量出口;到2025年,2家整车企业销量进入世界前10。海外销售占总销量的10%。

③ 配套能力明显增强。到2020年,动力电池、驱动电机等关键系统达到国际先进水平,在国内市场占有率达80%;到2025年,动力电池、驱动电机等关键系统实现批量出口。

④ 逐步实现车辆信息化、智能化。到2020年,实现车—车、车—设施之间信息化;到2025年,智能网联汽车实现区域试点。

(2) 燃料电池汽车

① 关键材料、零部件逐步国产化。到2020年,实现燃料电池关键材料批量化生产的质量控制和保证能力;到2025年,实现高品质关键材料、零部件国产化和批量供应。

② 燃料电池堆和整车性能逐步提升。到2020年,燃料电池堆寿命达到5 000 h,功率密度超过2.5 kW/L,整车耐久性到达15万km,续驶里程500 km,加氢时间3 min,冷启动温度低于−30 ℃;到2025年,燃料电池堆系统可靠性和经济性大幅提高,和传统汽车、电动汽车相比具有一定的市场竞争力,实现批量生产和市场化推广。

③ 燃料电池汽车运行规模进一步扩大。到2020年,生产1 000辆燃料电池汽车并进行示范运行;到2025年,制氢、加氢等配套基础设施基本完善,燃料电池汽车实现区域小规模运行。

《发展规划》明确了新能源汽车的发展方向,《中国制造2025》从另外一个角度提出了新能源汽车发展的要求,以低碳化、信息化、智能化为核心技术,全面提升新能源汽车技术。

3)《汽车产业中长期发展规划》

2017年4月,国家工信部、发改委及科技部联合发布《汽车产业中长期发展规划》,指出我国汽车产业发展形势面临重大变化:产品形态和生产方式深度变革,新兴需求和商业模式加速涌现,产业格局和生态体系深刻调整,将绿色发展水平大幅提高作为目标之一。到2020年,新车平均燃料消耗量乘用车降到5.0 L/100 km、节能型汽车燃料消耗量降到4.5 L/100 km以下、商用车接近国际先进水平,实施"国Ⅵ"排放标准,新能源汽车能耗处于国际先进水平,汽车可回收利用率达到95%;到2025年,新车平均燃料消耗量乘用车降到4.0 L/100 km、商用车达到国际领先水平,排放达到国际先进水平,新能源汽车能耗处于国际领先水平,汽车实际回收利用率达到国际先进水平。2020年新能源汽车年产销达到200万辆,动力电池单体比能量达到300 W·h/kg以上,力争实现350 W·h/kg,系统比能量力争达到260 W·h/kg,成本降至1元/(W·h)以下。2025年新能源汽车占汽车产销20%以上,动力电池系统比能量达到350 W·h/kg。

2. 企业发展规划

在政府的大力推动下,国内主要汽车企业也纷纷制定了新能源汽车发展规划。2001年奇瑞公司就成立了"清洁能源汽车专项组",专门从事混合动力汽车和替代燃料汽车等前沿技术的研发。奇瑞制定了"独立自主、技术研发"的战略,以"整体突破"发展新能源汽车。2015年奇瑞发布新能源汽车领域的发展规划,在2020年实现年产销20万台的目标,并同步打造涵盖全尺寸全系列乘用车的纯电动和插电式混合动力技术平台[1]。

比亚迪以双模电动车为过渡、纯电动汽车为终极目标,实施新能源汽车发展战略,即以双模插电式混合动力汽车占领私人消费市场,以纯电动车型主攻电动出租车、电动公交车市场。2014年比亚迪首次发布"542"战略,即百公里加速5 s以内,全时电四驱动,百公里油耗2 L以内;2015年比亚迪发布新能源车"7+4"全市场战略布局,"7"代表7大常规领域,即城市公交、出租车、道路客运、城市商品物流、城市建筑物流、环卫车和私家车;"4"代表4大特殊领域,即仓储、矿山、机场、港口,逐步实现全市场布局[2]。

北京汽车集团在2015年新能源产销上制订了跑步前进的目标:全年销量突破2万辆。2016年的目标是销量不低于4万辆。北汽新能源欲成为国内领先、国际一流的新能源品牌,到2020年,力争实现整车销售50万辆以上,降低碳排放20%以上。此外,北汽新能源制订了"十三五"新能源汽车规划目标为"5615":"5"是在2020年实现50万辆的销售目标,其中20万~30万辆来自其自有平台,同时有40%是在国际市场销售;"6"是北汽新能源的年营业收入预期将达到600亿元;"1"是企业实现上市,上市市值争取到1 000亿元;"5"是五大核心举措,包括品质增长、创新发展、服务转型、"互联网+"和开放合作[3]。

上海汽车集团于2015年宣布响应2020年5 L/100 km的油耗限值,成为国内率先对国家《节能与新能源汽车产业发展规划》中提出的目标作出承诺的自主品牌企业。为达成上述更为严苛的油耗限制,上汽表示未来每年都将推出一款新能源汽车,上汽新能源产品矩阵将实现从$A_0$级到B级、从轿车到SUV车型的全覆盖。到2020年,上汽自主品牌将完成100万辆销量目标,其中新能源汽车销量占比要达到15%~20%[4]。

长安汽车集团在其未来10年新能源汽车发展战略中指出，2020年长安新能源汽车累计销量达到40万辆，2025年长安新能源汽车累计销量突破200万辆，新能源汽车销售占比达到10%。为实现这一目标，长安汽车规划10年内投资180亿元，从研发、技术、供应、运营4个层面给予强力保障。将分3个阶段共向市场推出34款全新产品，其中27款纯电动产品包括12款商用车、6款MPV、2款SUV和7款轿车，另外还有7款插电式混合动力产品。同时还要逐步完善研发组织架构，建立高效研发团队[5]。

广州汽车集团于2015年确定将"电动化"作为未来业务重大突破方向，加大新能源汽车领域研发生产及市场投入，实施"153"发展战略。"153"战略即构建1个研发平台，拥有上千人的一流专业研发团队，配备一流的研发设施，形成一套市场化导向的研发体系；掌握电池系统、电机系统、电控系统、机电耦合系统和系统集成等5大核心技术；以纯电驱动和混合动力车型产品作为重点发展方向，形成混动、增程、纯电动三大产品系列[6]。

## 2.2 典型新能源汽车技术特性

### 2.2.1 混合动力汽车

混合动力汽车是指车辆驱动系统由两个或多个能同时运转的单个驱动系统联合组成的车辆，车辆的行驶功率依据实际车辆行驶状态由单个驱动系统单独或共同提供。国际能源组织将具有如下特点的车辆界定为混合动力车辆：

（1）传送到车轮推进车辆运动的能量，至少来自两种不同的能量转换装置（如内燃机、电动机等）；

（2）这些能量转换装置至少要从两种不同的能量存储装置（如燃油箱、蓄电池等）吸取能量；

（3）从储能装置流向车轮的这些通道，至少有一条是可逆的。

混合动力汽车按照动力来划分，可分为油电混合动力汽车（Hybrid Electric Vehicle，HEV）、柴电混合动力汽车、多重燃料混合动力汽车、液压或压缩空气混合动力汽车、插电式混合动力汽车（Plug-in Hybrid Electric Vehicle，PHEV）等。油电混合动力汽车是目前最为普遍的混合动力汽车类型。它的动力来源于电动机和内燃机，内燃机采用传统燃料即汽油，同时配备电动机和蓄电池来改善油耗和低速动力输出。插电式混合动力汽车是指可以使用普通电源插座（如220 V电源）对车载动力蓄电池充电的混合动力汽车，其电池容量比纯电动汽车小，但比普通的油电混合动力车大。一般的插电式混合动力汽车纯电续航里程不超过50 km。PHEV主要针对上班族设计，因为多数上班族通勤里程在十几公里以内。同时，在行驶路程较远的情况下，这种车型也可以使用内燃机提供能量。近年部分厂家生产的插电式混合动力汽车（乘用车及客车）车型如表2-2及表2-3所示。

表 2-2　　　　　　　部分插电式混合动力乘用车车型配置参数

| 车　型 | 比亚迪 秦 1.5T | 荣威 e550 | 宝马 530 Le |
|---|---|---|---|
| 电机功率/kW | 110 | 67 | 70 |
| 电机最大扭矩/(N·m) | 250 | 464 | 250 |
| 电池类型 | 磷酸铁锂电池 | 磷酸铁锂电池 | — |
| 电池容量/(kW·h) | 13 | 12 | 14 |
| 工信部续航里程/km | 70 | 60 | 58 |
| 电池充电时间 | 4～5 h | 慢充 6～8 h | 快充 3.1 h,慢充 6.8 h |
| 工信部综合油耗/[L·(100 km)$^{-1}$] | 1.6 | 1.6 | 2 |

数据来源:根据厂商公布资料整理。

表 2-3　　　　　　　部分插电式混合动力客车车型配置参数

| 车　型 | 宇通 ZK6120CHEVPG2 | 苏州金龙 KLQ6129GQHEV2 | 南车时代 TEG6106EHEV03 |
|---|---|---|---|
| 电机功率/kW | 177 | 95 | 137 |
| 整备质量/kg | 11 200 | 12 930 | 11 300 |
| 纯电续航里程/km | 65 | 35 | 35 |
| 燃料消耗量/L | 19.6 | 20 | 17.9 |

数据来源:根据厂商公布资料整理。

与传统内燃机汽车相比,插电式混合动力汽车具有如下优点:

(1) 可降低运行成本。插电式混合动力汽车的车载蓄电池续航里程只要有 20～30 km 即可满足多数的短途驾驶需求,无须启动内燃机。在长途驾驶的情况下,插电式混合动力汽车像传统汽柴油机汽车一样,可以使用内燃机提供能量。

(2) 能源效率高。由于大型发电厂的能源效率比汽车内燃机能源效率高,即使考虑电力传输储存的损失,充电仍可提高整体能源效率。

(3) 改扩建成本低。插电式混合动力汽车大多是在电网平峰期间充电,由此电力公司几乎不需要投资扩充发电机组及电力网。

(4) 环境污染小。因为电厂在平峰时间是处于低输出低效率的运转模式,此时若增加输出,所增加的污染及碳排放少。

但是,插电式混合动力车动力系统复杂,蓄电池成本高、制造蓄电池的环境成本也高,整车价格如果没有补贴,对于普通消费者而言缺乏竞争力。

### 2.2.2　纯电动汽车

纯电动汽车(Battery Electric Vehicle,BEV)是指以车载电源为动力,用电机驱动车轮行驶,符合道路交通、安全法规各项要求的车辆。纯电动汽车其动力系统由动力蓄电池和驱动电机组成。纯电动汽车的电量完全由外部电源供应,其工作原理是先给车载蓄电池完全充电,然后以蓄电池的形式把能量储存于车上(这样的蓄电池相当于传统汽车的油箱),然后由电动机把电能转化为机械能驱动车辆前行。

与传统内燃机汽车相比,纯电动汽车有如下优势:

(1) 行驶过程中不排放有害气体和产业温室效应的气体。纯电动汽车在行驶过程中几乎是"零排放",对环境保护和空气洁净是十分有益的。而且,纯电动汽车的电动机噪声低。

(2) 能源效率高。纯电动汽车的能源效率超过汽油机汽车,特别是在走走停停的城市道路运行状况下,纯电动汽车更加合适。纯电动汽车停止时不消耗电量,在制动过程中电动机可自动转化为发电机,实现制动减速时能量的回收利用。

(3) 能源来源多元化。纯电动汽车使用的电力来源可以由煤炭、天然气、水力、核能、太阳能、风力、潮汐能等多种能源转化而来。纯电动汽车可以避开用电高峰,充分利用晚间低谷时富余的电力充电,有利于电网均衡负荷,减少费用。纯电动汽车的推广和应用可有效降低对石油等不可再生能源的依赖。

然而就目前的技术水平而言,纯电动汽车尚存在以下发展瓶颈:

(1) 成本高。纯电动汽车使用的动力源包括电动机、蓄电池、电动机控制系统等的成本高,特别是大型纯电动汽车,要远程高速行驶,必须加大电动机功率和电池容量,从而加重车身,进而增加成本,导致经济性下降。同等动力的纯电动汽车的成本往往是普通内燃机汽车的两倍以上。

(2) 续航里程短。目前已经产业化的纯电动汽车,一次充电续航里程普遍在200 km左右,虽可基本满足城市内日常的交通出行,但一旦出行距离过长,续航里程难以为继。

(3) 能源补充速度慢。与液体燃料相比,纯电动汽车的电能补充速度慢。常规充电需要5～8 h,即使采用大电流专业设备快速充电,其充电时间往往也需要30 min左右。

(4) 基础设施不完善。纯电动汽车运行所依赖的充电站网络、蓄电池营销和服务网络、车辆维修网络等必要设施尚不完善,制约了纯电动汽车的大规模推广使用。

近年部分厂家生产的纯电动力汽车(乘用车及客车)车型如表2-4及表2-5所示。

表2-4　　　　　　　　部分纯电动乘用车车型配置参数

| 配置参数 | 力帆 620EV | 比亚迪 秦 EV300 | 特斯拉 Model S 75 |
|---|---|---|---|
| 最高车速/(km·h$^{-1}$) | 120 | 150 | 225 |
| 最大马力/ps① | 82 | 218 | 387 |
| 最大功率/kW | 60 | 160 | 284.8 |
| 最大扭矩/(N·m) | 213 | 310 | 440 |
| 电池类型 | 磷酸铁锂电池 | 磷酸铁锂电池 | 锂离子电池 |
| 电池容量/(kW·h) | 36 | 47.5 | 75 |
| 工信部续航里程/km | 200 | 300 | 480 |
| 充电时间 | 慢充8～10 h | — | 快充4.5 h,慢充10.5 h |

注:① 1 ps=735.499 W。
　　② 数据来源:根据厂商公布资料整理。

表 2-5　　部分纯电动客车车型配置参数

| 配置参数 | 宇通 ZK6701BEVQ3 | 东风 EQ6640CLBEV1 | 海格 KLQ6125ZAEV1 |
|---|---|---|---|
| 最高车速/(km·h$^{-1}$) | 100 | 100 | 80 |
| 额定功率/kW | 50 | 45 | 100 |
| 额定扭矩/(N·m) | 478 | 200 | 1 005 |
| 电池类型 | 磷酸铁锂 | 三元材料 | 磷酸铁锂 |
| 电池容量/(kW·h) | 61.4 | 80.7 | 184 |
| 工信部续航里程/km | 200 | 300 | 200 |

数据来源：根据厂商公布资料整理。

### 2.2.3 燃料电池汽车

燃料电池汽车（Fuel Cell Electric Vehicle，FCEV）是利用燃料电池电动系统作为动力的汽车，其工作原理是通过燃料电池发电产生电能，进而启动电动机并驱动车辆行驶。与通常的电动汽车相比，燃料电池汽车动力方面的不同在于其使用的电力来自车载燃料电池装置，普通电动汽车所用的电力来自由电网充电的蓄电池。

燃料电池是一种不燃烧燃料而直接以电化学反应方式将燃料的化学能转变为电能的高效发电装置。燃料电池主要以氢气、甲醇等清洁能源为燃料，通过化学反应产生电流。燃料电池的化学反应过程不产生有害产物，因此燃料电池车辆是无污染汽车。燃料电池的能量转换效率比内燃机高 2~3 倍，从能源利用和环境保护方面看，燃料电池技术是内燃机技术最好的替代物，燃料电池汽车代表了汽车未来的发展方向。

目前，氢是燃料电池的首选燃料。氢气作为燃料的最大好处在于它与空气结合产生水蒸气排放，解决了传统燃油汽车造成的空气污染问题。然而氢燃料电池汽车也面临一系列的问题，包括：①氢的密度低，能储存的氢气量非常有限；②氢气的提取并不简单，由此氢气的售价昂贵；③加氢站等基础网络设施建设滞后，制约了氢燃料电池车辆推广。

受制于技术、成本以及应用环境的不完善等因素，国内燃料电池汽车的推广尚处于示范应用阶段。至 2015 年国内用于示范的氢燃料电池汽车已达 200 余辆，累积运行里程十余万公里[7]。近年部分厂家生产的燃料电池汽车车型如表 2-6 所示。

表 2-6　　部分燃料电池汽车车型配置参数

| 配置参数 | 上汽集团上海牌（乘用车） | 福田欧辉（客车） | 青年曼牌（专用物流车） |
|---|---|---|---|
| 整车整备质量/kg | 1 833 | 17 950 | 3 930 |
| 最高车速/(km·h$^{-1}$) | 150 | 69 | 80 |
| 燃料电池功率/kW | 55 | 230 | — |
| 电机功率/kW | 90 | — | — |
| 扭矩/(N·m) | 210 | — | — |
| 冷启动/℃ | −10 | −15 | — |
| 一次加氢续航里程/km | 300 | 300 | 280 |

## 2.3 新能源汽车发展趋势

### 2.3.1 发展方向

可预见的新能源汽车发展趋势可归纳为:能源逐渐由化石燃料向可再生、低排放甚至零排放的能源形式推进,电能、生物质燃料和氢能将是汽车能源的可持续解决方案,如图2-1所示[8]。过去十几年中,新能源汽车技术发展呈现多元化局面:欧洲以二氧化碳排放法规为主要驱动力,技术主要集中于改进传统汽油、柴油发动机以及发展纯电动汽车;美国以能源安全为首要目标,主要是发展插电式混合动力汽车、生物质燃料汽车和燃料电池汽车;日本以产业竞争为第一目标,主要是研发混合动力汽车和纯电动汽车。

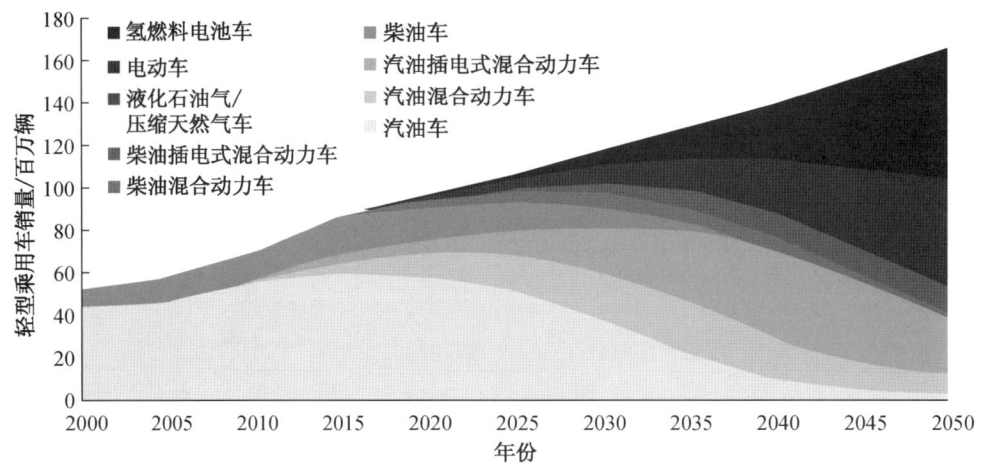

图 2-1 新能源汽车发展趋势

多数国家都将未来新能源汽车的发展方向聚焦于纯电动汽车,而把混合动力汽车作为一种过渡车型。经多年探索实践,国际汽车产业界达成了电动汽车产业发展方向的战略共识:在技术路线上,近期依靠内燃机汽车技术改进和推进车辆小型化实现降低油耗与排放的同时,为满足更为严格的节能减排法规目标要求,尽快推进混合动力技术的应用,并发展小型纯电动汽车和插电式混合动力汽车;中期在混合动力技术得到广泛应用的基础上,提高汽车动力系统电气化程度,加大小型纯电动汽车和插电式混合动力汽车推广力度;中远期各种纯电驱动技术将逐步占据主导地位,通过进一步发展纯电动汽车和燃料电池汽车,实现大幅度降低石油消耗和二氧化碳排放的目标。

### 2.3.2 技术创新与整合

当前汽车产业正处于科技创新时代。能源、环保、微电子、控制、计算机、云计算、网络信息、材料等领域的高新技术大量应用于汽车产业。新能源汽车产业创新促进汽车产业结构转型升级,形成新能源汽车新兴生产力,主要发展趋势体现为更绿色环保、更智能宜人以及更安全便捷的汽车。

1. 更绿色环保的汽车

结合新能源技术、高新材料技术、现代制造技术等现代科技,加速各类新能源汽车性能提升和扩大规模化应用。以环境性能、资源性能作为汽车设计的重要出发点,使汽车对生态环境的影响小、资源利用率高、能源消耗低。

2. 更智能宜人的汽车

汽车智能化技术使汽车的操作越来越简单,动力性和经济性越来越高,同时为驾驶带来更大的便利性和丰富多彩的娱乐性。

汽车智能控制技术与车联网相结合,汽车智能驾驶甚至无人驾驶在不远的将来即可实现。城市车辆将井然有序地行驶,能最大程度降低汽车安全事故。智能电网提供的互动性,使得能源管理与补充也极为便利,无线充电也许会像如今的无线网络一样无处不在。电力驱动的新能源汽车,无论是其行进或停留都可以进行多元化的无线充电。

3. 更安全便捷的汽车

汽车是"改变世界的机器"。进入 21 世纪,人类社会面临能源资源和生态环境的严峻挑战,进入"世界改变汽车"的新技术革命时代。节能、环保、脱碳、绿色是全人类共同努力奋斗的目标,客观上要求全球汽车产业发生根本性的变化。新能源汽车产业将带来新的汽车文明,成为社会、经济和生态文明的重要组成部分,各种汽车活跃在各自擅长的领域,如图 2-2 所示[8]。汽车也不再仅是单纯的交通工具,而更成为维系智能住宅、智能电网和智能社区等与生活息息相关的有效移动手段。

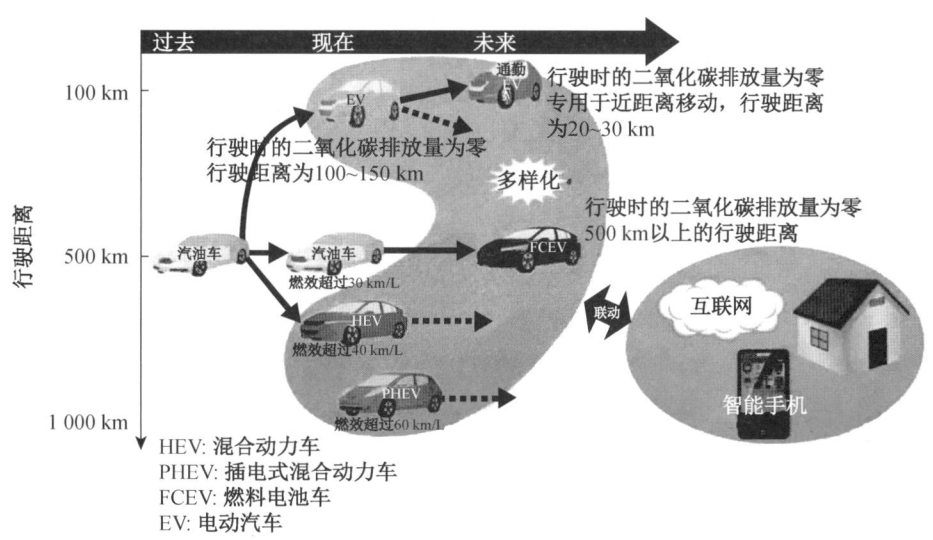

图 2-2 未来汽车社会的生态链

# 参考文献

[1] 经济观察网.奇瑞抛新能源五年规划：2020年冲击20万辆[EB/OL].[2015-08-31].http://www.eeo.com.cn/2015/0831/279368.shtml.

[2] 新华网.比亚迪发布"7+4"全市场战略.[EB/OL].[2015-04-28].http://news.xinhuanet.com/local/2015-04/28/c_127743500.htm.

[3] 人民网.北汽新能源发布"十三五"战略规划[EB/OL].[2016-01-19].http://auto.people.com.cn/n1/2016/0119/c1005-28066530.html.

[4] 车质网.新能源车竞品分析第一弹：上汽乘用车[EB/OL].[2015-06-10].http://www.12365auto.com/news/20150610/179957.shtml.

[5] 网易.长安汽车未来十年新能源战略[EB/OL].[2016-1-7].http://auto.163.com/16/0107/08/BCNCCRL400084TV0.html.

[6] 人民网.广汽集团提出"153"新能源发展战略[EB/OL].[2015-11-21].http://gd.people.com.cn/n/2015/1121/c123932-27149318.html.

[7] 中国汽车网.深析燃料电池运营现状及国内外企业布局.[2017-02-15].http://gd.people.com.cn/n/2015/1121/c123932-27149318.html.

[8] 朱盛镭.新能源汽车产业[M].上海：上海科学技术文献出版社,2014.

# 3 汽车能源结构优化与新能源车推广效益

3.1 全国汽车保有量与构成
3.2 汽车能耗与排放现状
3.3 新能源汽车推广效益分析
参考文献

## 3.1 全国汽车保有量与构成

### 3.1.1 车辆分类

2016年,全国机动车保有量达到2.756亿辆,新能源汽车101.4万辆。机动车保有量中汽车占66.9%,低速汽车占3.2%,摩托车占29.9%。与发达国家相比,我国人均汽车保有量不高。按车型分类,汽车保有量中客车占88.4%,货车占11.6%(图3-1);按燃料分类,汽油车占88.5%,柴油车占10.2%,燃气车占1.3%[图3-2(a)];按排放标准分类,国Ⅰ前标准的汽车占1.0%,国Ⅰ标准的汽车占5.4%,国Ⅱ标准的汽车占6.4%,国Ⅲ标准的汽车占24.3%,国Ⅳ标准的汽车占52.4%,国Ⅴ及以上标准的汽车占10.5%[图3-2(b)][1]。

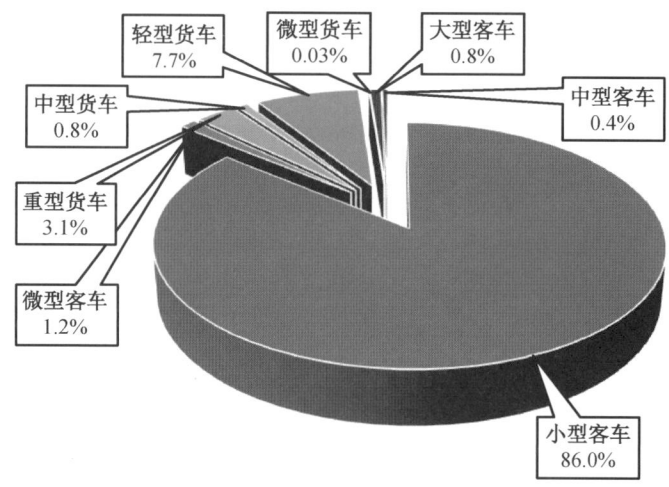

图3-1 按车型划分的汽车保有量构成

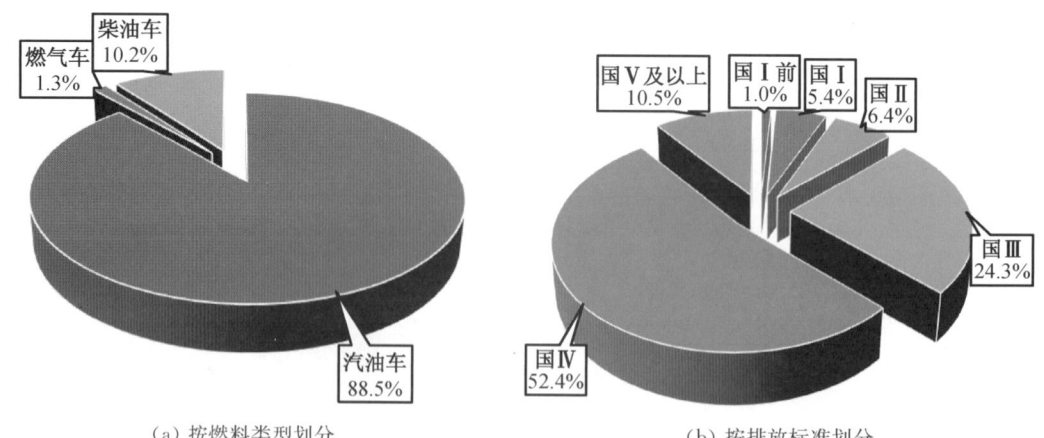

(a) 按燃料类型划分　　　　　(b) 按排放标准划分

图3-2 不同类型汽车保有量构成

## 3.1.2 汽车保有量增长及特征

经济快速发展带动了汽车保有量迅速增加。1990—2000 年间,全国汽车保有量(不含低速汽车,下同)由 530.7 万辆增加至 1 570.1 万辆,年均增长 11%;2000—2010 年间,汽车保有量由 1 570.1 万辆增加至 7 721.7 万辆,年均增长 17%;2010—2016 年间,汽车保有量由 7 721.7 万辆增加至 18 435.8 万辆,年均增长 5.6%,如图 3-3 所示[1-2]。

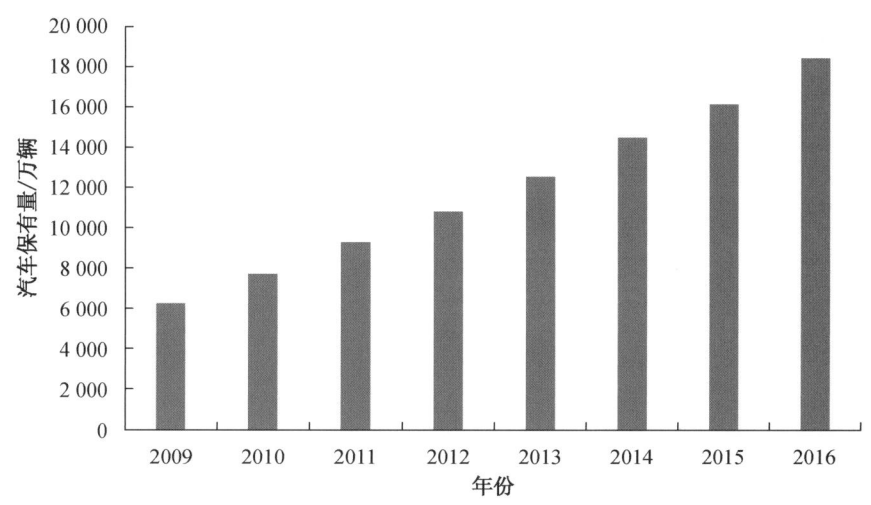

图 3-3　2009—2016 年全国汽车保有量增长图

**1. 客货汽车保有量增长**

1997 年之前,载货汽车是汽车构成的主体,1997 年以后载客汽车逐渐成为汽车保有量的主体,2016 年载客汽车占汽车保有量比重已接近 90%。2009—2016 年全国汽车保有量中客货运汽车构成比例变化如图 3-4 所示[1-2]。

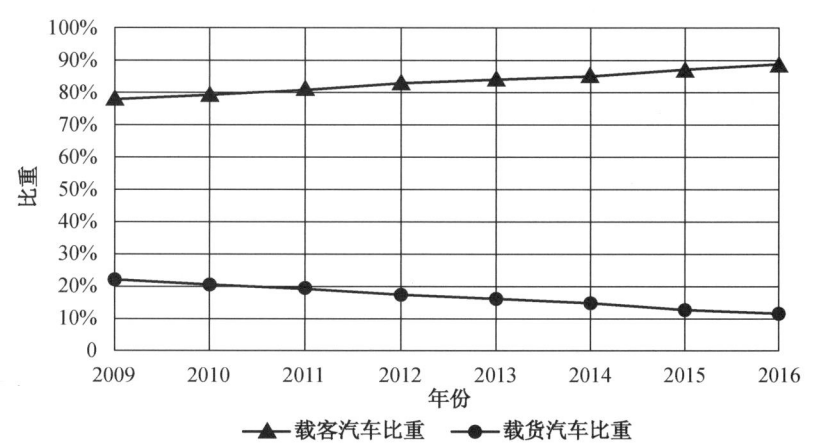

图 3-4　2009—2016 年客货运汽车构成变化图

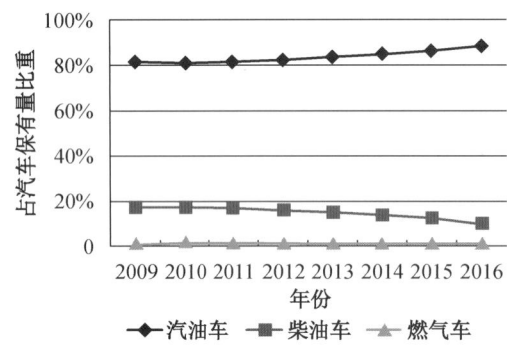

图 3-5　2009—2016 年汽车燃料结构变化图

2. 不同燃料类型的汽车保有量增长

汽油车仍然是汽车构成的主体。2016 年汽油车占汽车保有量的比重为 88.5%；其次是柴油车，占 10.2%；燃气车比重低，仅为 1.3%。汽车能源结构几乎完全依赖不可再生的石油资源，如图 3-5 所示[1-2]。

3. 分排放标准的汽车保有量增长

随着国家实施逐步严格的新车排放标准，高排放标准车辆保有量快速增加，低排放标准车辆逐渐萎缩。国 I 前低排放标准的汽车已由 2009 年的 17.1% 下降至 2016 年的 1.0%。目前汽车保有量中主体车型是国Ⅳ排放标准的车辆，如图 3-6 所示[1-2]。

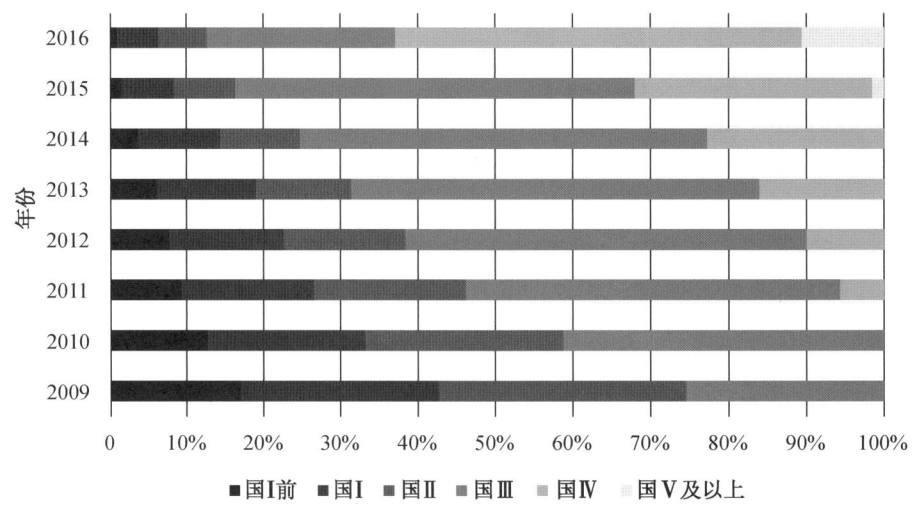

注：2009 年、2010 年国Ⅲ排放标准车辆包含了国Ⅳ及以上排放标准的汽车。

图 3-6　2009—2016 年汽车排放结构变化图

## 3.2　汽车能耗与排放现状

### 3.2.1　汽车能耗与排放测算方法

1. 汽车能耗测算方法

汽车能耗测算基于车辆分类，考虑不同类型车辆的保有量、日均行驶里程、能耗因子（百公里平均能耗）进行综合计算，其计算公式如式（3-1）所示：

$$EC_{ij} = V_{ij} \times M_{ij} \times ECF_{ij}/100$$
$$EC = \sum_{j}\sum_{i}(EC_{ij} \times f_i)$$
(3-1)

式中，$V_{ij}$ 为第 $j$ 类车型第 $i$ 种能源类型的汽车保有量(辆)；$M_{ij}$ 为第 $j$ 类车型第 $i$ 种能源类型的汽车日均行驶里程(km/d)；$ECF_{ij}$ 指的是第 $j$ 类车型第 $i$ 种能源类型的汽车百公里平均能耗(L/100 km)，即能耗因子；$EC_{ij}$ 指的是第 $j$ 类车型第 $i$ 种能源类型的汽车日均总能耗(标准煤 L/d)；$f_i$ 指的是第 $i$ 种能源换算成为标准煤的折算系数；$EC$ 为汽车日均总能耗(标准煤 L/d)。

式(3-1)中，$f_i$ 数值可以根据联合国政府间气候变化专门委员会(Intergovernmental Panel on Climate Change IPCC)2006 年提供的换算系数将不同能源转化为标准煤，如表 3-1 所示。

表 3-1 不同能源的标准煤换算系数

| 不同能源 | 柴油/ $(10^4 \, L \cdot d^{-1})$ | 汽油/ $(10^4 \, L \cdot d^{-1})$ | 液化石油气(LPG)/ $(10^4 \, L \cdot d^{-1})$ | 压缩天然气(CNG)/ $(10^4 \, m^3 \cdot d^{-1})$ | 电/ $(10^4 \, kW \cdot h \cdot d^{-1})$ |
|---|---|---|---|---|---|
| 换算标准煤/t | 1.224 0 | 1.066 8 | 0.934 3 | 1.33 | 0.122 9 |

能耗因子取值参照国家关于燃油汽车能耗相关标准，包括 1 个乘用车标准(GB 19578—2014《乘用车燃料消耗量限值》)、1 个轻型商用车标准(GB 20997—2015《轻型商用车辆燃料消耗量限值》)和 1 个重型商用车标准(GB 30510—2014《重型商用车辆燃料消耗量限值》)。通过查阅典型车辆的质量特征，可以确定车辆的类别，如表 3-2 所示。

进一步查阅相关类型车辆的能耗限值标准，可以得出不同技术水平阶段下客车及货车能耗限值，如表 3-3、表 3-4 所示。

表 3-2 不同车辆类型的质量特征 单位：kg

| 判别指标 | 客 车 | | | | | 货 车 | | | |
|---|---|---|---|---|---|---|---|---|---|
| | 轿车 | 微型客车 | 轻型客车 | 中型客车 | 大型客车 | 微型货车 | 轻型货车 | 中型货车 | 重型货车 |
| 整车整备质量 | 1 403 | 1 050 | 1 565 | 2 552 | 10 207 | — | 1 594 | 5 165 | 8 963 |
| 最大设计总质量 | 2 318 | 2 619 | 2 869 | 4 392 | 13 952 | 1 800 | 29 20 | 10 932 | 19 832 |

表 3-3 客车能耗限值 单位：L/100 km

| 车辆类型与技术阶段 | | 轿车 | 微型客车 | 轻型客车 | 中型客车 | 大型客车 |
|---|---|---|---|---|---|---|
| 第一阶段 | 汽油 | 10.4 (2006 年 7 月至 2009 年 1 月) | 8.55 (2006 年 7 月至 2009 年 1 月) | 11.65 (2006 年 7 月至 2009 年 1 月) | 14.35 (2009 年 1 月至 2011 年 1 月) | — |
| | 柴油 | — | — | — | 12.35 (2009 年 1 月至 2011 年 1 月) | 23.5 (2014 年 7 月至 2015 年 7 月) |

(续表)

| 车辆类型与技术阶段 | | 轿车 | 微型客车 | 轻型客车 | 中型客车 | 大型客车 |
|---|---|---|---|---|---|---|
| 第二阶段 | 汽油 | 9.5<br>(2009年1月<br>至2012年1月) | 7.75<br>(2009年1月<br>至2012年1月) | 10.5<br>(2009年1月<br>至2012年1月) | 12.95<br>(2011年1月<br>至今) | — |
| | 柴油 | — | — | — | 11.275<br>(2011年1月<br>至今) | 21.5<br>(2015年7月<br>至今) |
| 第三阶段 | 汽油 | 7.45<br>(2012年1月<br>至2016年1月) | 6.3<br>(2012年1月<br>至2016年1月) | 8.25<br>(2012年1月<br>至2016年1月) | — | — |
| | 柴油 | — | — | — | — | — |
| 第四阶段 | 汽油 | 7.3<br>(2016年1月<br>至今) | 6.1<br>(2016年1月<br>至今) | 8.1<br>(2016年1月<br>至今) | — | — |
| | 柴油 | — | — | — | — | — |

表 3-4　　　　　　　　　　　　　货车能耗限值　　　　　　　　　　　单位:L/100 km

| 车辆类型与技术阶段 | | 微型货车 | 轻型货车 | 中型货车 | 大型货车 |
|---|---|---|---|---|---|
| 第一阶段 | 汽油 | 8.2<br>(2009年1月<br>至2011年1月) | 12.3<br>(2009年1月<br>至2011年1月) | 36.4<br>(2014年7月<br>至2015年7月) | — |
| | 柴油 | 7.8<br>(2009年1月<br>至2011年1月) | 10.42<br>(2009年1月<br>至2011年1月) | 28<br>(2014年7月<br>至2015年7月) | 35<br>(2014年7月<br>至2015年7月) |
| 第二阶段 | 汽油 | 8<br>(2011年1月<br>至今) | 11.07<br>(2011年1月<br>至今) | 30<br>(2015年7月<br>至今) | — |
| | 柴油 | 7.2<br>(2011年1月<br>至今) | 9.91<br>(2011年1月<br>至今) | 25<br>(2015年7月<br>至今) | 31.5<br>(2015年7月至今) |

不同阶段的能耗限制值可作为车辆能耗因子取值的重要参考依据。实际能耗测算中,若通过调研可以获得不同类型车辆实际能耗因子,则取调研得到的实际能耗因子进行能耗测算。

2. 汽车排放测算依据和方法

汽车污染物排放的测算与车辆能耗测算类似,也是基于车辆活动水平(行驶公里数)和平均每公里排放量(排放因子),但应区分非 $CO_2$($CO$、$HC$、$NO_x$ 和 $PM$)和 $CO_2$ 排放分别进行测算[3-4]。

1) 非 $CO_2$ 类污染物排放测算

参考国家环境保护总局 2005 年发布的《城市机动车排放空气污染测算方法》,给出

CO、$NO_x$、HC、PM 的计算如式(3-2)所示：

$$(EQ_{ij})_m = V_{ij} \times M_{ij} \times (EQF_{ij})_m$$
$$EQ_m = \sum_j \sum_i (EQ_{ij})_m$$
(3-2)

式中，$(EQF_{ij})_m$ 指的是第 $j$ 类车型第 $i$ 种能源类型的汽车行驶每公里排放第 $m$ 种污染物量(g/km)，即排放因子；$(EQ_{ij})_m$ 指的是第 $j$ 类车型第 $i$ 种能源类型的汽车每天排放第 $m$ 种污染物量(t)；$EQ_m$ 指的是所有汽车每天排放第 $m$ 种污染物量(t)；$V_{ij}$，$M_{ij}$ 的含义同式(3-1)。

$(EQF_{ij})_m$ 排放因子与城市交通运行状况、气候等多种因素相关。国家环境保护部机动车监控中心经过大量资料调研，对中国典型城市实际道路行驶工况进行了车辆排放测试，考虑正常使用下机动车劣化情况，并经实验室模拟验证调整后给出了在用车的各类污染物排放因子，可供计算分析参考使用，详见附录A。

2）$CO_2$ 排放测算

$CO_2$ 排放量的计算，是通过碳元素守恒原理，基于车辆能耗直接计算，如式(3-3)所示[5]：

$$EQ_{CO_2} = \sum_n (ECO_2)_n \times g_n$$
(3-3)

式中，$(ECO_2)_n$ 指的是第 $n$ 种能源的消耗量(L)；$g_n$ 是该能源排放 $CO_2$ 的换算系数，其取值可参照表3-5。

表3-5　　　　　　　　　　　　　不同能源的 $CO_2$ 排放系数

| 能源类型 | 柴油/L | 汽油/L | LPG/L | CNG/$m^3$ | 电/(kW·h) |
|---|---|---|---|---|---|
| $CO_2$ 排放系数/g | 2.600 6 | 2.120 7 | 1.690 2 | 2.162 2 | 0.928 |

### 3.2.2　全国汽车排放物的结构特征

根据环保部发布的《中国机动车环境管理年报》，2016年全国汽车排放 CO 2 998.5 万 t，HC 355.0 万 t，$NO_x$ 534.6 万 t，PM 51.2 万 t。由于汽车保有量、燃料类型及不同类型汽车发动机工作原理的差别，不同类型车辆对污染物排放的贡献度差异显著。现将汽车分为客车和货车两大类，客车进一步分为微型客车、小型客车、中型客车和大型客车，货车分为微型货车、轻型货车、中型货车和重型货车，分析各车型对污染物排放的贡献度如下。

1. CO 排放结构

CO 排放总量中，小型客车几乎占了一半，为52.4%；其次为重型货车，占了近18.8%；微型货车占比最低，为0.6%，如图3-7所示。

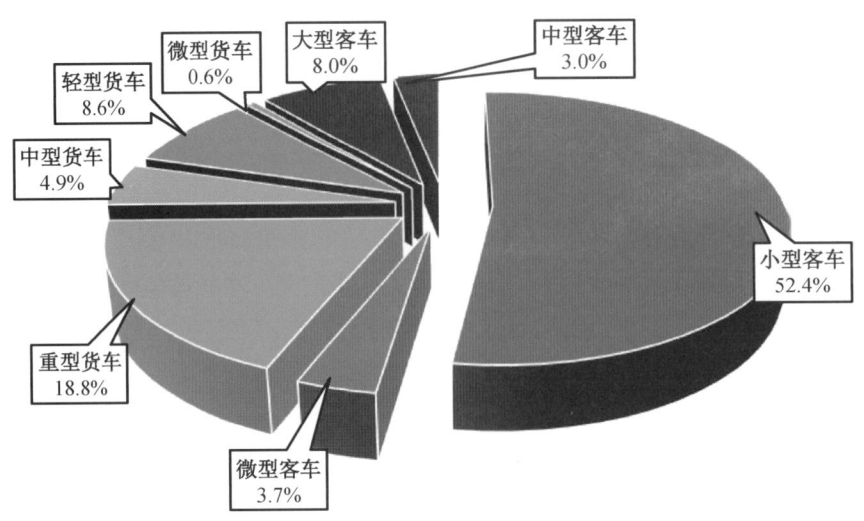

图 3-7　各类型汽车 CO 排放组成

定义某种类型汽车的污染物排放占比与其保有量占比的比值,为该类汽车对污染物排放的贡献系数。就 CO 排放而言,各类型汽车的排放贡献系数如图 3-8 所示。

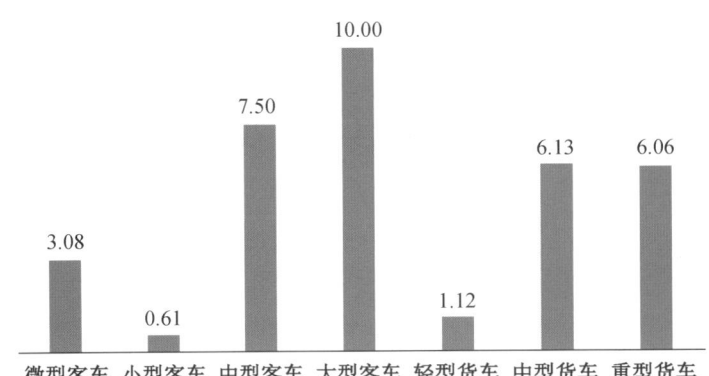

图 3-8　各类型汽车 CO 排放贡献系数

可以看到,小型客车的 CO 排放贡献系数小于 1,其他各类型汽车的 CO 排放贡献系数均大于 1。结合 CO 排放总量构成进一步得到针对不同类型汽车,降低 CO 排放的策略也有所差异:

(1) 以小型客车为代表,CO 排放总量高(占 52.4%)、CO 排放贡献系数小(0.61),其减排策略是要控制小型客车总规模与使用强度。

(2) 以大型客车为代表,CO 排放总量为 8.0%,排放贡献系数为 10.00,其减排策略是通过单车减排技术和能源替代,以降低大型客车排放总量。

(3) 以微型货车为代表,CO 排放总量低(占 0.6%)、汽车保有量低于 0.1%,CO 排放贡献系数大,其减排策略是通过技术改进,提升微型货车排放标准,并推动新能源车辆应用。

（4）以重型货车为代表，CO 排放总量较高（占 18.8%）、CO 排放贡献系数较大（6.06），其减排策略是一方面通过提升货运组织效率适度控制规模，另一方面通过技术水平改进提升重型货车排放标准。

2. HC 排放结构

HC 排放总量中，小型客车排放占比 44.5%；其次为重型货车，占比 23.6%；微型货车占比最低，为 0.5%，如图 3-9 所示。

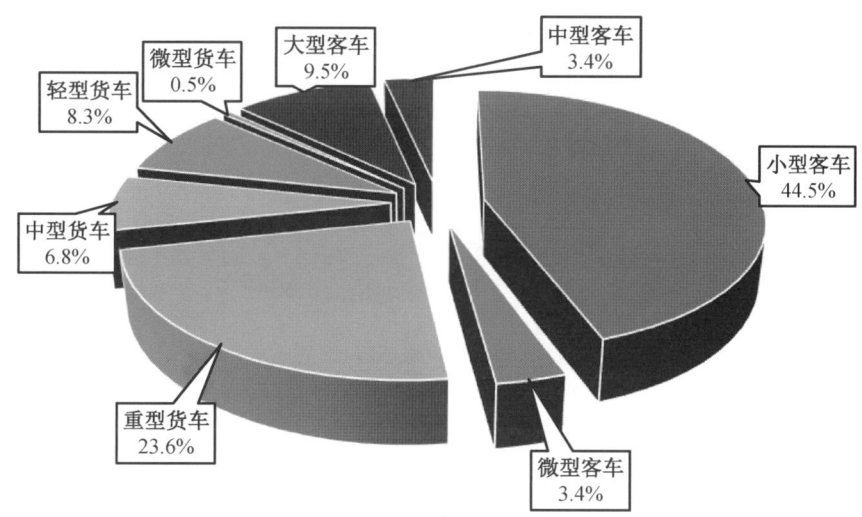

图 3-9 各类型汽车 HC 排放组成

各类型汽车 HC 的排放贡献系数如图 3-10 所示。

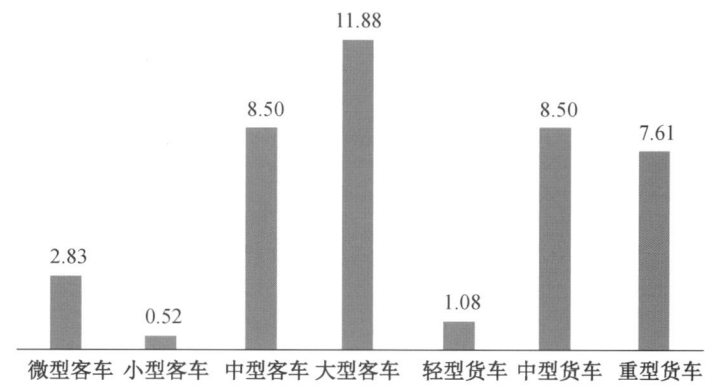

图 3-10 各类型汽车 HC 排放贡献系数

综合 HC 的排放组成和排放贡献系数，针对不同类型汽车降低 HC 排放的总体策略与降低 CO 的总体策略基本类似，不再赘述。

3. NO$_x$ 排放结构

NO$_x$ 排放总量中,重型货车占了一半以上(53.0%);其次为大型客车,占比17.4%。重型车(重型货车、大型客车)占比共计约70%;微型货车占比最低,为0.2%,如图3-11所示。

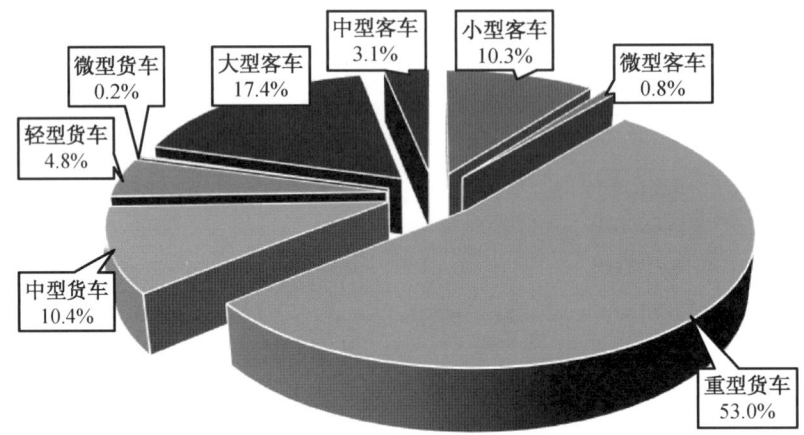

图 3-11 各类型汽车 NO$_x$ 排放组成

各类型汽车 NO$_x$ 的排放贡献系数如图 3-12 所示。

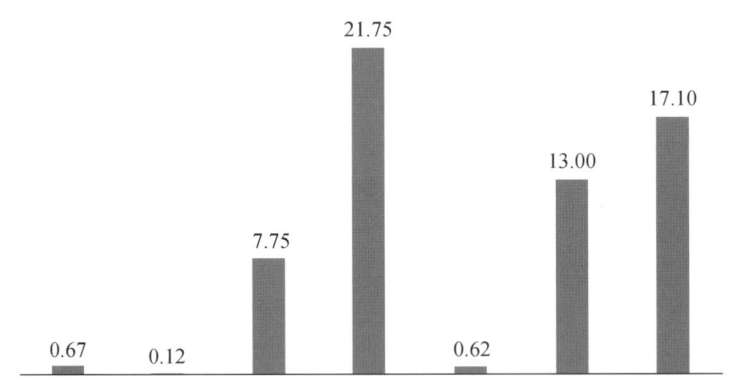

图 3-12 各类型汽车 NO$_x$ 排放贡献系数

可以看到,微型客车、小型客车、轻型货车的 NO$_x$ 排放贡献系数小于1,中、大(重)型汽车的排放贡献系数均大于1。结合 NO$_x$ 排放总量构成,提出针对不同类型汽车降低 NO$_x$ 排放的策略:

(1) 小型客车:NO$_x$ 排放总量较高(占10.3%)、NO$_x$ 排放贡献系数小(0.12),其减排策略是适度控制小型客车总规模与使用强度。

(2) 重型货车:NO$_x$ 排放总量高(占53.0%)、NO$_x$ 排放贡献系数大(17.10)。其减排策略是既要通过提升货运组织效率控制重型货车规模,也要着重加强技术水平改进,大幅度提升重型货车排放标准,加快淘汰旧车。

(3) 大型客车:$NO_x$ 排放总量较高(占 17.4%)、$NO_x$ 排放贡献系数极大(21.75)。其减排策略是:提升客运组织效率,改善行驶工况;大幅度提升大型客车排放标准,引导大型客车技术水平提升和能源替代。

4. PM 排放结构

PM 排放总量中,重型货车占了一半以上(60.5%),其次为大型客车,占比15.5%。重型车(重型货车、大型客车)占比共计约76%。微型货车占比最低,为0.2%,如图3-13 所示。

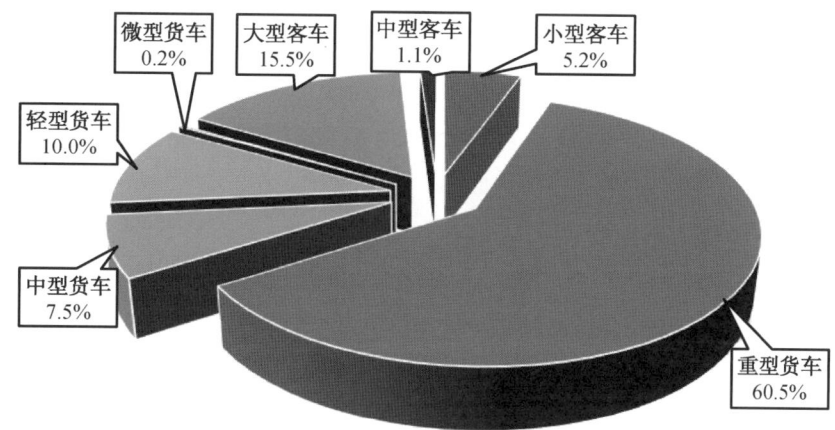

**图 3-13　各类型汽车 PM 排放组成**

各类型汽车 PM 的排放贡献系数如图 3-14 所示。

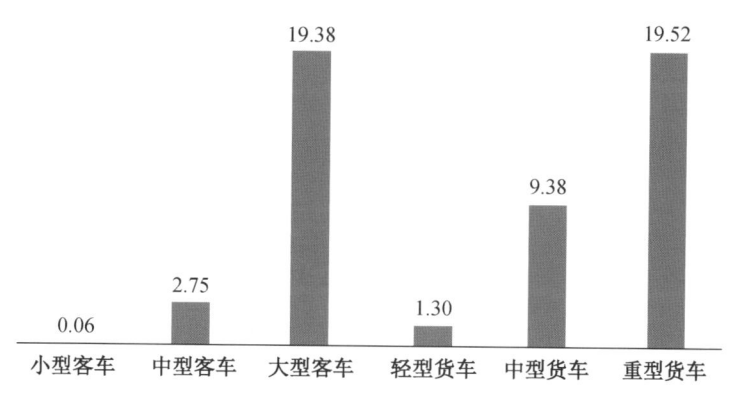

**图 3-14　各类型汽车 PM 排放贡献系数**

微型客车、小型客车和中型客车三类车型 PM 总排放量占比不超过 10%,因此,降低 PM 排放的重点对象是大型客车和货运车辆,并以重型货车为第一减排对象。首要策略是通过技术改进,提升车辆排放水平;其次是通过运营组织模式的完善,提升客货运组织效率;再次是实施更加严格的在用车管理,加速旧车特别是超标车淘汰,加速大型客车的能源替代。

## 3.3 新能源汽车推广效益分析

无论是气态污染物还是颗粒物的排放,推广使用新能源汽车都将产生积极的减排效益。本节以上海市汽车能源结构优化为例,分析不同的新能源车辆推广使用场景下,车辆能耗与排放下降的效益。

### 3.3.1 上海汽车能源消耗现状

1. 汽车分类与保有量

以 2012 年上海市汽车总量、能耗结构和使用数据作为分析案例。汽车保有量为 212.8 万辆,较 2000 年(50.7 万辆)增加了 162.1 万辆,年均增长 13.5 万辆。上海市各类型汽车保有量变化情况如图 3-15 所示[6]。

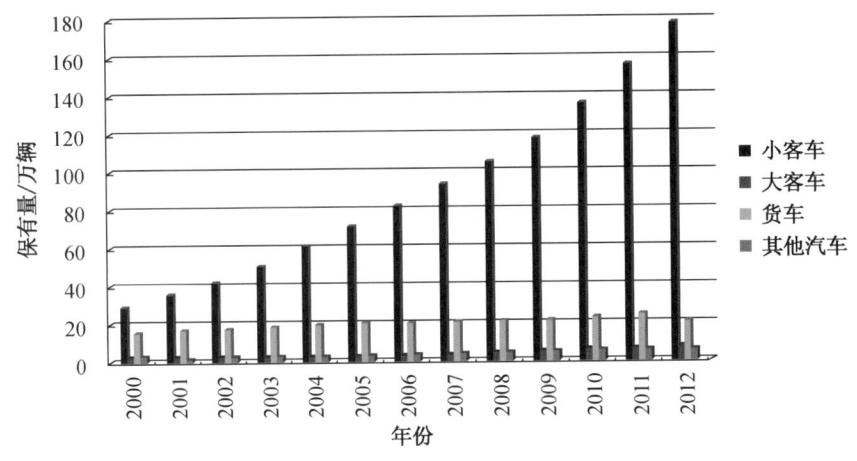

图 3-15 上海市各类型汽车保有量变化情况

结合我国汽车分类体系,同时考虑数据采集的可行性,将上海市汽车分为载客汽车、载货汽车和其他汽车三类。载客汽车分为小客车和大客车两类,其中小客车细分为出租车、私人小客车和单位小客车;大客车细分为公共汽(电)车、通勤班车、大卖场班车、校车和小区班车五种类型。载货汽车包括集装箱卡车(以下简称集卡车)和其他货车(小货车和大货车)。其他汽车主要指市政环卫车。上述汽车分类结构如图 3-16 所示。

根据上述分类,2012 年上海市各类汽车保有量如表 3-6 所示。

3 ■ 汽车能源结构优化与新能源车推广效益

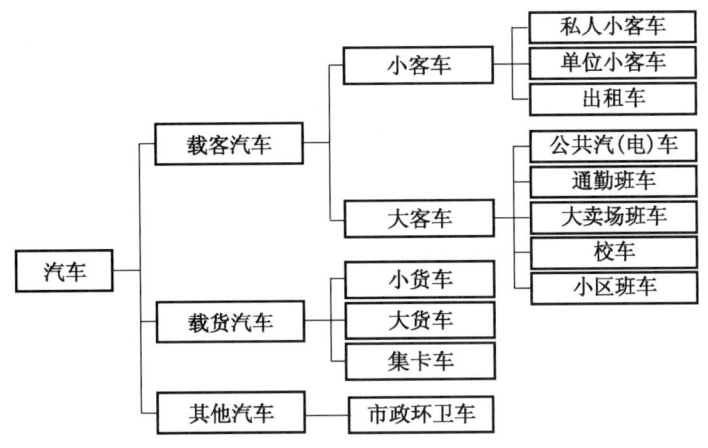

图 3-16 上海市汽车分类体系

表 3-6 2012 年上海市客、货汽车保有量

| 汽车类型 | | | 保有量/万辆 | 保有量占比 |
|---|---|---|---|---|
| 载客汽车 | 小客车 | 私人小客车 | 139.9 | 68.9% |
| | | 单位小客车 | 32.68 | 16.1% |
| | | 出租车 | 4.97 | 2.4% |
| | 大客车 | 公共汽(电)车 | 1.67 | 0.8% |
| | | 通勤班车 | 2.23 | 1.1% |
| | | 大卖场班车 | 0.15 | 0.1% |
| | | 校车 | 0.26 | 0.1% |
| | | 小区班车 | 0.06 | 0.0% |
| 载货汽车 | | 集卡车 | 2.1 | 1.0% |
| | | 其他货车 | 18.0 | 8.9% |
| 其他汽车 | | 市政环卫车 | 1.07 | 0.5% |
| 合　计 | | | 203.08 | 100% |

注：由于部分车辆统计数据不全，表中客、货汽车保有量(202 万辆，不含其他汽车)与 2012 年上海实际客货汽车保有量(206 万辆，不含其他汽车)略有差异。

公共汽(电)车共 16 658 辆，其中柴油车 16 159 辆，电车 359 辆，压缩天然气(Compressed Natural Gas，CNG)公交车 140 辆。出租车共 49 697 辆，其中汽油车 46 074 辆，压缩天然气(油气混合)2 500 辆，液化石油气(Liquefied Petroleum Gas，LPG)车 773 辆，油电混合动力车 350 辆。通勤班车共 22 310 辆，其中柴油车 20 380 辆，汽油车 1 506 辆，电动车 417 辆，混合动力车 7 辆。大卖场班车共 1 520 辆，均为柴油车。校车 2 560 辆，其中柴油车 2 458 辆，汽油车 102 辆。小区班车 550 辆，均为柴油车。

2. 分类型车辆能耗测算

基于上述车辆分类，利用 3.2 节介绍的车辆能耗测算方法，计算得到上海市汽车日均能耗量,如表3-7所示。

表3-7　　　　　　　　　　上海市汽车日均能源消耗

| 汽车类型 | 保有量/万辆 | 能源结构 | | | | | 能耗(折算标准煤)/(万t·d$^{-1}$) |
| --- | --- | --- | --- | --- | --- | --- | --- |
| | | 柴油/万L | 汽油/万L | LPG/万L | CNG/万m³ | 电/(万kW·h) | |
| 公共汽(电)车 | 1.67 | 94.71 | — | — | 0.59 | 5.03 | 117.3 |
| 通勤班车 | 2.23 | 57.06 | 2.86 | — | — | 1.58 | 73.1 |
| 大卖场班车 | 0.15 | 5.34 | — | — | — | — | 6.5 |
| 校车 | 0.26 | 4.14 | 0.19 | — | — | — | 5.3 |
| 小区班车 | 0.06 | 1.87 | — | — | — | — | 2.3 |
| 出租车 | 4.97 | — | 160.21 | 3.32 | 8.60 | — | 185.5 |
| 沪牌私人小客车 | 139.9 | — | 497.06 | — | — | — | 530.3 |
| 单位小客车 | 32.68 | — | 138.48 | — | — | — | 147.7 |
| 集卡车 | 2.1 | 86.4 | — | — | — | — | 105.8 |
| 其他货车 | 18 | 249.4 | 4.2 | — | — | — | 309.8 |
| 市政环卫车 | 1.07 | 18.1 | — | — | — | 1.93 | 22.4 |
| 非沪牌私人小客车 | — | — | 175.85 | — | — | — | 187.6 |
| 非沪牌货车 | — | 112 | 1.3 | — | — | — | 138.4 |
| 合计 | 203.08 | 629.08 | 980.1 | 3.32 | 9.19 | 8.54 | 1 831.9 |

从表3-7可知,客货汽车(含非沪牌车,即非上海牌照车辆)日均消耗成品油1 609万L,大约为1.22万t,其中,汽油980万L(0.71万t)、柴油629万L(0.53万t)。同期上海成品油零售企业年销售汽油261万t(日均0.72万t),柴油156万t(日均0.43万t)。上海市2012年日均消耗汽油1.42万t,柴油1.56万t。汽车用油占总汽油消耗的1/2,占总柴油消耗的1/3。采用成品油零售总额校核客货汽车能源消耗量测算所采用方法、参数的合理性与可信度,是可行的方式。

2012年上海市汽油车177.8万辆,柴油车23.8万辆,分别占车辆总比重的88%及11.8%。上海市车辆对汽油和柴油的依赖度达到99%以上。以下分别计算汽油和柴油的消费构成。

1) 汽油消费构成

私人小客车是最大的汽油消费群体,占据了汽油消费总量的一半以上;沪牌与非沪牌私人小客车汽油消耗总量占比为69%;近5万辆的出租车占汽油消耗总量的16%,单位客车为14%,如图3-17(a)所示。

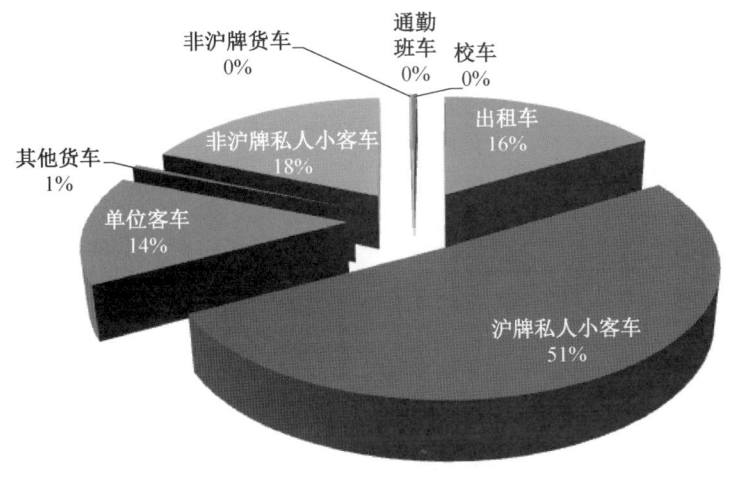

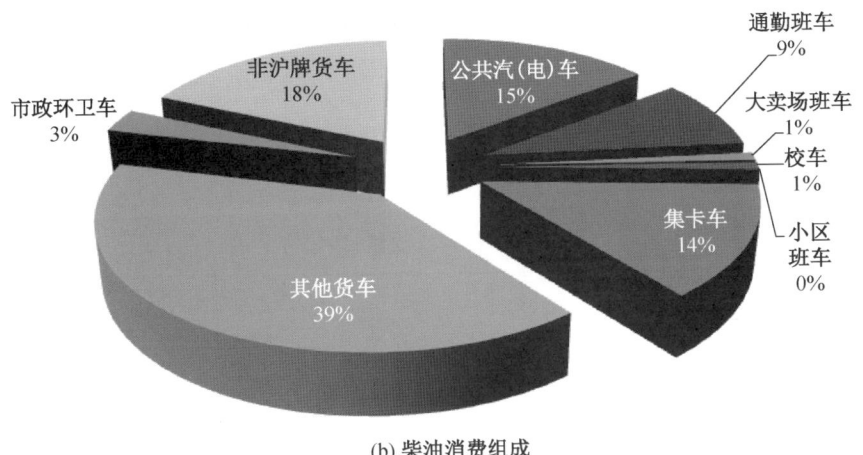

图 3-17 汽油和柴油消费组成

2) 柴油消费构成

非集卡货车及公共汽(电)车占柴油消耗比重为 54%；2.1 万辆的集卡车占总柴油消耗的 14%(集卡车占柴油车的数量比重为 8.8%)。此外，非沪牌货车柴油能耗占到 18%，通勤班车占据了日均能耗的 9%，如图 3-17(b)所示。

3) 汽车能耗排序

上海客货汽车能耗折算成标准煤后的占比如图 3-18 所示。能耗占 10% 以上的依次是私人小客车(39.1%，含非沪牌私人小客车)、除集卡外的其他货车(16.9%)、出租车(10.1%)。可以看出私人小客车是最大的能耗主体，占比超过三分之一。公交与出租车能耗占 16.5%，货车占 30.3%。

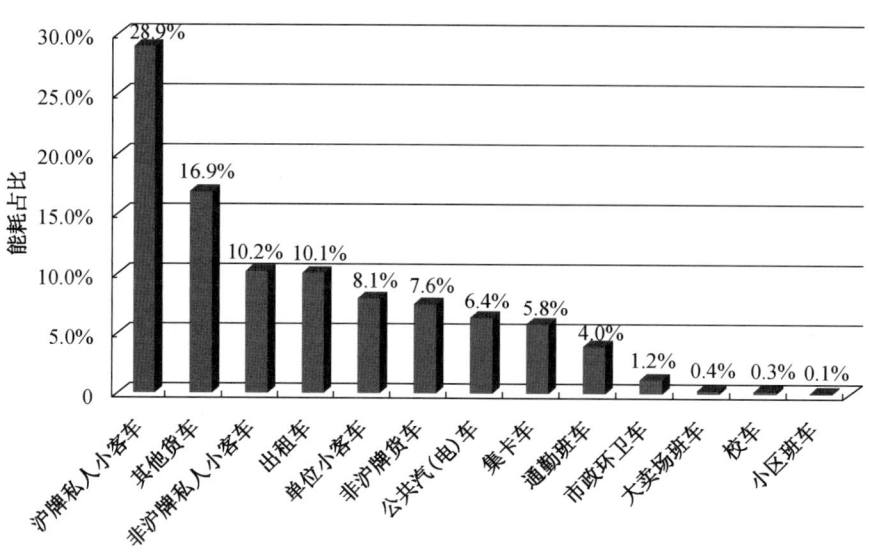

图 3-18　2012 年上海客货汽车能耗(折算成标准煤)占比排序

3. 分类型车辆排放测算

基于上述车辆分类，利用 3.2 节介绍的车辆排放测算方法，计算得到上海市汽车日均排放量，如表 3-8 所示。

表 3-8　　　　　　上海市汽车日均排放量(2012 年)

| 序号 | 汽车类型 | 保有量/万辆 | 排放结构/t | | | | |
|---|---|---|---|---|---|---|---|
| | | | CO | $NO_x$ | HC | PM | $CO_2$ |
| 1 | 公共汽(电)车 | 1.67 | 0.79 | 1.33 | 0.48 | 0.05 | 2 522 |
| 2 | 通勤班车 | 2.23 | 5.42 | 10.16 | 3.37 | 0.47 | 1 559 |
| 3 | 大卖场班车 | 0.15 | 0.60 | 1.16 | 0.38 | 0.06 | 139 |
| 4 | 校车 | 0.26 | 0.53 | 1.00 | 0.33 | 0.05 | 112 |
| 5 | 小区班车 | 0.06 | 0.21 | 0.40 | 0.13 | 0.02 | 49 |
| 6 | 出租车 | 4.97 | 7.72 | 2.51 | 1.01 | — | 3 640 |
| 7 | 沪牌私人小客车 | 139.9 | 82.03 | 10.52 | 7.62 | | 10 541 |
| 8 | 单位小客车 | 32.68 | 10.79 | 2.04 | 1.12 | | 2 937 |
| 9 | 集卡车 | 2.1 | 8.20 | 15.78 | 5.17 | 0.81 | 2 248 |
| 10 | 其他货车 | 18 | 15.01 | 26.68 | 9.98 | 1.30 | 6 576 |
| 11 | 市政环卫车 | 1.07 | 0.66 | 1.18 | 0.45 | 0.05 | 274 |
| 12 | 非沪牌私人小客车 | — | 25.68 | 3.48 | 2.42 | | 3 729 |
| 13 | 非沪牌货车 | — | 8.03 | 14.79 | 5.22 | 0.74 | 2 939 |
| | 合　计 | 203.08 | 165.67 | 91.02 | 37.68 | 3.53 | 37 265 |

针对每一种污染物进行排放结构特征分析,识别不同类型车辆的贡献程度。

1) CO 排放结构特征

根据图 3-19,私人小客车(含沪牌与非沪牌)的 CO 排放量占到 62.3%,所有小客车(私人小客车与单位小客车)CO 的排放占到 68.5%,各类货车(集卡车、其他货车、非沪牌货车)排放量占到 18%。可见超过三分之二的 CO 污染物主要由小客车贡献。

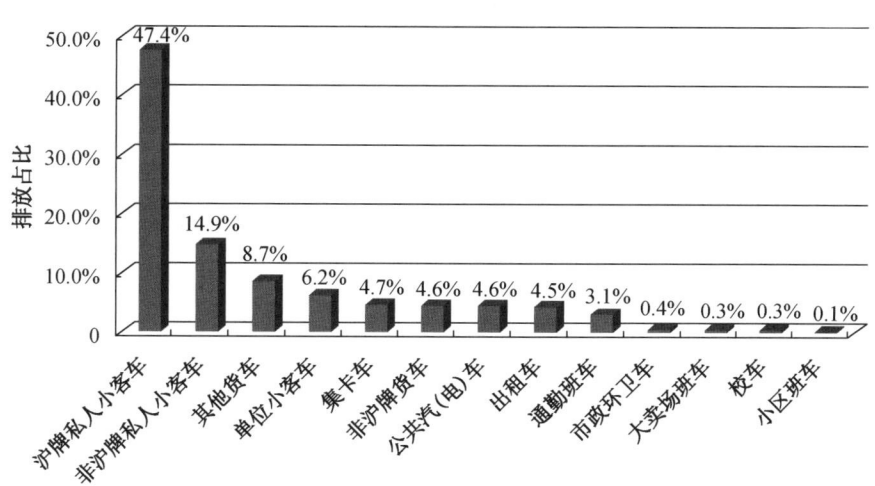

图 3-19　CO 污染物分车辆排放占比

2) $NO_x$ 排放结构特征

根据图 3-20,1% 的集卡车排放了 15% 的 $NO_x$;9% 的其他货车排放了超过 25% 的 $NO_x$;1% 的通勤班车造成了 10% $NO_x$ 的排放;69% 的私人小客车仅排放了 10% 的 $NO_x$。可见,$NO_x$ 主要是由于货车排放导致的,货车的贡献率最高。

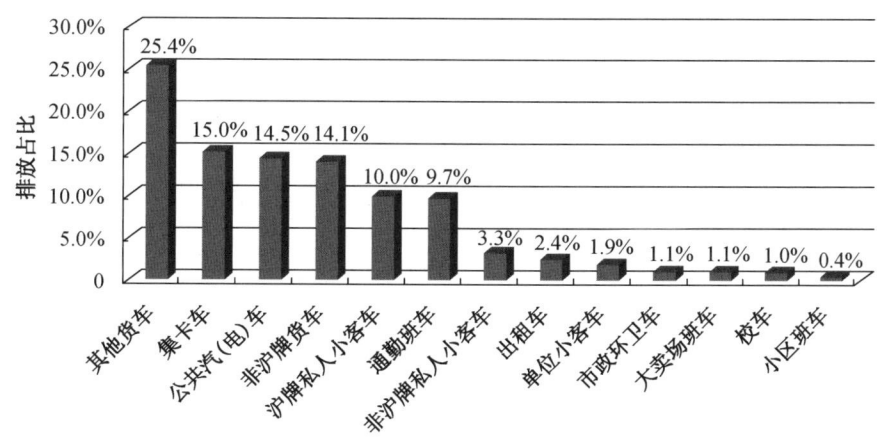

图 3-20　$NO_x$ 污染物分车辆排放占比

3) HC 排放结构特征

根据图 3-21,1% 的集卡车排放了 12% 的 HC;其他货车(含非沪牌货车)排放了 36% 的 HC;1% 的通勤班车造成了 8% 的 HC 的排放;私人小客车(含非沪牌小客车)仅排放了 24% 的 HC。同样,汽车排放的 HC 中货车贡献率最高。

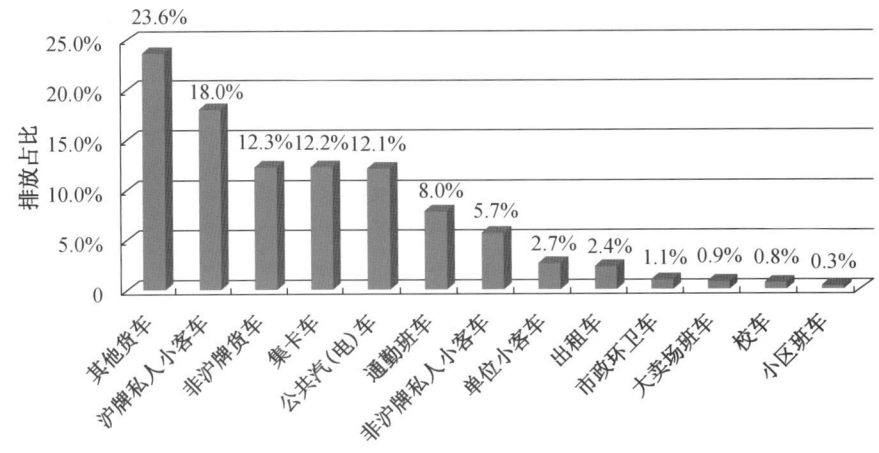

图 3-21　HC 污染物分车辆排放占比

4) PM 排放结构特征

根据图 3-22,1% 的集卡车排放了 19.2% 的 PM;其他货车(含非沪牌货车)排放了 48.4% 的 PM;公共汽电车和通勤班车等大型客车排放了 32.4% 的 PM。汽车排放的 PM 中货车贡献量近 70%。

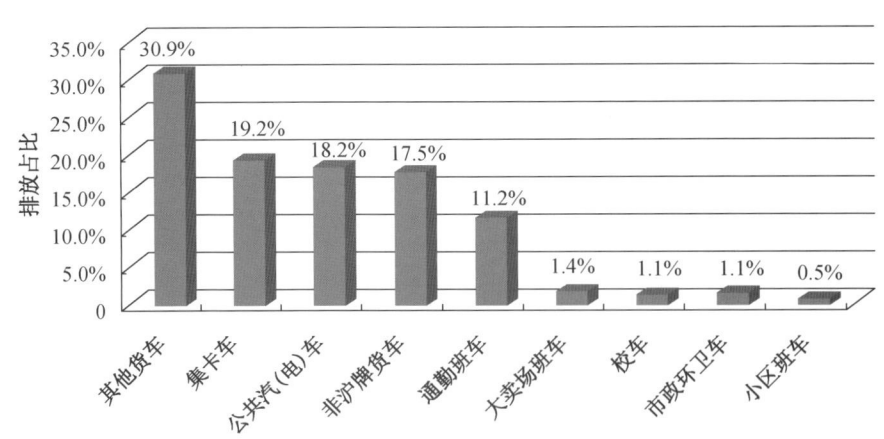

图 3-22　PM 污染物分车辆排放占比

5) $CO_2$ 排放结构特征

根据图 3-23,69% 的私人小客车 $CO_2$ 排放占比为 28.1%,10% 的货车(集卡车、其他货车)排放了近 23.6% 的 $CO_2$。值得注意的是,2% 的出租车排放了 9.7% 的 $CO_2$,

1%的公共汽(电)车排放了6.7%的$CO_2$,1%的通勤班车排放了4.2%的$CO_2$。这些排放贡献系数大的车辆,在$CO_2$减排中须重点关注。

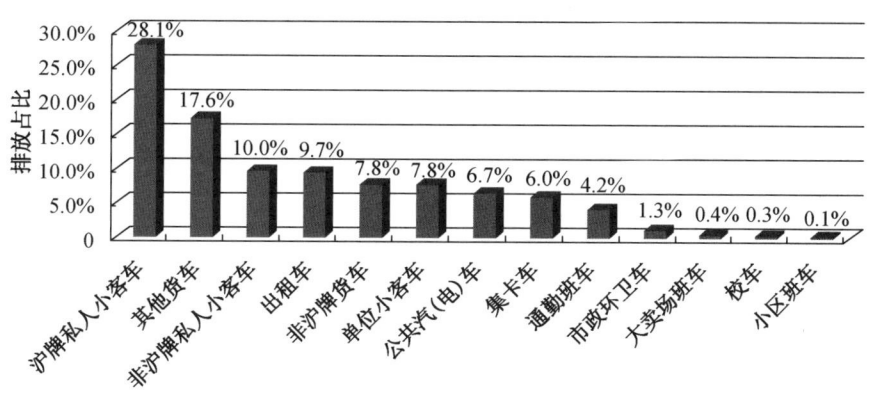

图3-23 $CO_2$分车辆排放占比

4. 黄标车能耗和排放现状

黄标车是指车辆排放水平未达到国Ⅰ排放标准的汽油车,或未达到国Ⅲ排放标准的柴油车。2011年上海市黄标车约为23万辆,2012年尚剩余约18万辆。

对各类型汽车中符合黄标车定义的车辆数据汇总如表3-9、表3-10所示。营运车辆中黄标车数量主要根据行业管理部门调研得到,小客车及社会客车黄标车数量根据车龄推算得到。

表3-9 上海市黄标车日均能耗(2012年)

| 汽车类型 | 保有量/辆 | 能源结构 | | | |
| --- | --- | --- | --- | --- | --- |
| | | 柴油/万L | 比重a | 汽油/万L | 比重c |
| 公共汽(电)车 | 5 246 | 29.83 | 16.3% | — | — |
| 通勤班车 | 2 038 | 5.71 | 3.1% | — | — |
| 大卖场班车 | 486 | 1.71 | 0.9% | — | — |
| 校车 | 246 | 0.41 | 0.2% | — | — |
| 小区班车 | 176 | 0.60 | 0.3% | — | — |
| 沪牌私人小客车 | 51 000 | — | — | 18.25 | 56.7% |
| 单位小客车 | 38 988 | — | — | 13.95 | 43.3% |
| 集卡车 | 10 500 | 43.22 | 23.3% | — | — |
| 其他货车 | 71 100 | 101.16 | 55.2% | — | — |
| 市政环卫车 | 220 | 0.54 | 0.3% | — | — |
| 合计 | 180 000 | 183.17 | — | 32.2 | — |
| 占总量比重 | 8.9% | 29.12%b | | 3.3%d | |

注:a—该类型黄标车柴油消耗量占黄标车总柴油消耗量的比重;
   b—黄标车柴油消耗总量占总的柴油消耗量比重;
   c—该类型黄标车汽油消耗量占黄标车汽油消耗量的比重;
   d—黄标车汽油消耗总量占总的汽油消耗量比重。

2012年底黄标车尚占上海市车辆保有量的8.9%,汽油黄标车占汽油总能耗的3.3%,柴油黄标车占柴油总能耗的29.12%。黄标车日均消耗柴油183.17万L,汽油32.2万L,折算标准煤为234万t,占本市汽车总能耗的16%。

表3-10　　　　　　　　　上海市黄标车日均排放(2012年)

| 汽车类型 | 保有量/辆 | 排放结构/t | | | | |
|---|---|---|---|---|---|---|
| | | CO | $NO_x$ | HC | PM | $CO_2$ |
| 公共汽(电车) | 5 246 | 3.19 | 6.10 | 2.04 | 0.31 | 776 |
| 通勤班车 | 2 038 | 0.79 | 1.52 | 0.49 | 0.08 | 148 |
| 大卖场班车 | 486 | 0.25 | 0.47 | 0.15 | 0.02 | 44 |
| 校车 | 246 | 0.08 | 0.15 | 0.05 | 0.01 | 11 |
| 小区班车 | 176 | 0.09 | 0.16 | 0.05 | 0.01 | 16 |
| 沪牌私人小客车 | 51 000 | 38.61 | 2.11 | 3.27 | — | 3 |
| 单位小客车 | 38 988 | 29.52 | 1.61 | 2.50 | — | 2.29 |
| 集卡车 | 10 500 | 4.94 | 9.51 | 3.09 | 0.49 | 1 124 |
| 其他货车 | 71 100 | 7.45 | 13.42 | 5.05 | 0.67 | 2 631 |
| 市政环卫车 | 220 | 0.03 | 0.06 | 0.02 | 0.001 | 8 |
| 合　计 | 180 000 | 84.90 | 35.06 | 16.69 | 1.60 | 4 755 |
| 占总量比重 | 8.9% | 61% | 40% | 48% | 46% | 15% |

由表3-10可以看出,黄标车排放的CO占上海市所有车辆CO排放的61%,$NO_x$、HC、PM污染物的排放占上海市所有车辆相应污染物排放的40%~48%,黄标车$CO_2$排放占所有车辆$CO_2$排放的15%。可见,一个城市中老旧车辆的污染物排放占城市移动源排放很大比重,通过建立用车检测体系并逐年提高标准,是降低机动车排放总量最为直接、有效的办法。

### 3.3.2 汽车能源结构优化的可行路径

基于上海市汽车能源结构、能耗及排放现状分析可知,车辆能耗与污染物排放并不是两个完全对等的概念,如出租车能耗近10%,但CO、HC和$NO_x$排放只占2%~4%;公交车和集卡车的能耗均约占6%,但排放了近15%的$NO_x$和18%~20%的PM。另外,黄标车数量虽少,但排放量占了很大比重。可见,当能源结构优化的目标导向不同时,其优化策略与路径也可能存在差异。具体来说,汽车能源结构优化主要有三种策略。

**1. 节能与低碳导向策略**

按照上海市各类车辆日均能耗比例,以节能和低碳为导向确定能源结构的优化路径。

从分类型车辆能耗总量控制的角度,优化路径即优化的优先顺序为:私人客车→集卡之外的其他货车→出租车→单位小客车→公共汽(电)车→集卡车→通勤班车。

2. 污染物减排导向策略

按照上海市各类车辆日均污染物排放比例,以低排放导向确定能源结构的优化路径。根据对公共健康的危害程度,可以选择以颗粒物及氮氧化物减排为目标。

各类客货汽车颗粒物及氮氧化物总量排放占比组成特征基本一致。在主要贡献源中,氮氧化物排放由高至低的顺序为:集卡之外的其他货车→集卡车→公共汽(电)车→私人小客车→通勤班车;颗粒物排放由高至低的顺序为:集卡之外的其他货车→集卡车→公共汽(电)车→通勤班车。

从分类车辆污染物排放总量控制的角度,优化路径即污染物减排的优先顺序宜为:集卡之外的其他货车→集卡车→公共汽(电)车→通勤班车→私人小客车。

3. 节能减排双导向优化策略

国家及上海市对交通行业的节能和减排均有目标要求,因此汽车能源结构优化策略,需要同时兼顾节能目标和减排目标。节能减排双导向优化策略是基于多目标的综合优化策略,考虑以下三个原则[7]:

(1) 既要注重污染物排放的降低,又要兼顾能耗的降低,对不同类型的车辆根据其能耗及排放的特点各有侧重;

(2) 既要将单车能耗与排放强度大的车辆类型作为优化的重点对象,又要从车辆能耗及排放总量控制目标的角度考虑优化策略;

(3) 从易于推动的角度,初期重点考虑公共服务领域的车辆(如公交、出租、公务、环卫、城市物流用车和企业通勤车辆),兼顾民用及私人领域车辆节能减排措施的推动。

节能减排双导向的优化路径为:公共汽(电)车→集卡车→出租车→客运班车(包括大卖场班车、通勤班车、小区班车)→市政环卫车→集卡之外的其他货车→单位小客车→私人小客车。

其中,公共汽(电)车、集卡车属于单车高能耗及高排放类型,是既考虑节能又考虑减排的重点;出租车、私人小客车在总量上属于高能耗类型,着力注重节能兼顾考虑污染物排放的降低;集卡外的其他货车是污染物排放总量最高的类型,能源结构优化以减排为重点兼顾节能。

### 3.3.3 推广新能源汽车的效益分析

1. 黄标车替换效益分析

若将所有黄标车全部替换成国Ⅴ排放标准的柴油或汽油车,保持原柴、汽油能源结构和车型比例不变,则各类汽车的排放减少量如表3-11所示。

表 3-11  黄标车替换后减排量

| 汽车类型 | 保有量/辆 | 排放结构/t | | | |
|---|---|---|---|---|---|
| | | CO | NO$_x$ | HC | PM |
| 公共汽(电)车 | 5 246 | 1.59 | 4.38 | 1.04 | 0.26 |
| 通勤班车 | 2 038 | 0.40 | 1.09 | 0.25 | 0.07 |
| 大卖场班车 | 486 | 0.13 | 0.34 | 0.07 | 0.02 |
| 校车 | 246 | 0.04 | 0.11 | 0.03 | 0.01 |
| 小区班车 | 176 | 0.05 | 0.11 | 0.02 | 0.01 |
| 沪牌私人小客车 | 51 000 | 38.23 | 2.06 | 3.19 | 0 |
| 单位小客车 | 38 988 | 29.22 | 1.57 | 2.44 | 0 |
| 集卡车 | 10 500 | 0.01 | 0.04 | 0.01 | 0.000 5 |
| 其他货车 | 71 100 | 2.47 | 6.83 | 1.57 | 0.42 |
| 市政环卫车 | 220 | 3.67 | 9.71 | 2.64 | 0.54 |
| 减排合计 | 180 000 | 75.80 | 26.24 | 11.27 | 1.32 |
| 减排量占基础年(2012年)总排放量比重 | 8.9% | 54% | 30% | 32% | 38% |

表 3-11 结果显示,若将所有 18 万辆黄标车淘汰并替换成国 V 排放标准的车辆,即使忽略非沪牌车排放改善的贡献,CO、NO$_x$、HC 及 PM 的排放量也分别减少了 54%、30%、32% 和 38%,减排效果显著。

2. 公交车能源结构优化及效益分析

1) 优化措施

对公共汽(电)车采取的能源结构优化措施包括:能源替代,即使 2013—2017 年每年新增或更新公交车中具有一定比例的新能源和清洁燃料车,剩余部分的柴油车辆则购置高性能低排放的国 V 标准车辆;2013—2015 年全部淘汰黄标车。

2) 保有量及每年新增或更新车辆数预测

2012 年上海市公交车总计 16 658 辆,其中节能型及新能源车的比例为 3%。图 3-24 为上海市 2002—2012 年公交车的保有量、新增和更新的公交车数量情况。可以看出,随着上海市轨道交通的发展和分担率逐步上升,上海市公交车保有量呈趋稳并略有下降的发展态势。2010 年世博会之前每年新增或更新的车辆为 2 000~3 000 辆。

假设上海市公交车保有量、日均行驶里程维持现状水平,考虑上海市公交车更新周期为 8 年,每年更新的车辆数将保持在 2 000~3 000 辆,取平均值每年新增或更新车辆数为 2 020 辆。

3) 优化方案设定

在每年新增或更新的公交车中,根据节能和新能源等环保型公交车应达到的比例,

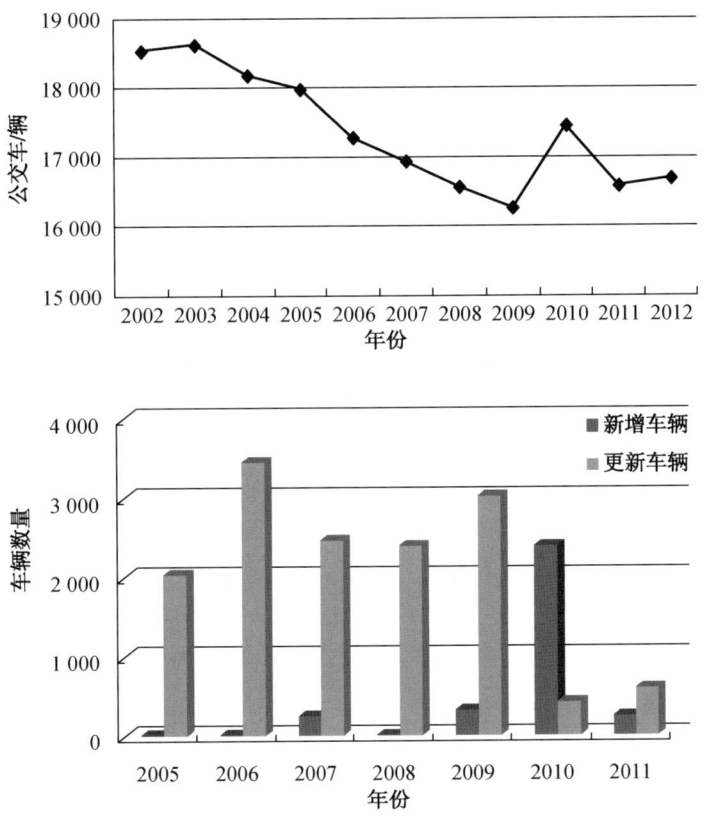

图 3-24 2002—2012 年上海市公交车的保有量、新增和更新的公交车辆

设定高期、中期、低期及远期方案。

按照上海市 2013 年 10 月发布的《关于本市推广应用节能和新能源等环保型公交车的实施意见》，从 2014 年起每年新增或更新的公交车中，节能和新能源等环保型公交车的比例应达到 60% 以上。到 2017 年，节能和新能源等环保型公交车的比例提高到 30%。参比北京市的相关要求，其每年新增或更新的公交车中，节能和新能源等环保型公交车的比例应达到 70% 以上。

考虑到公交车无论从节能、减排还是实施可行性方面，发展节能和新能源等环保型公交车都最有潜力，应设定较高的发展目标。因此，高、中、低三种方案分别设定为：每年新增或更新的公交车中，节能和新能源等环保型公交车的比例分别达到 80%、70% 和 60%，则每年购置环保型公交车的数量、环保型公交车占总量的比例、环保型公交车在 2017 年预期数量汇总如表 3-12 所示。设定远景年（2030 年）全部为新能源公交车。

依据车辆技术进展，在节能和新能源公交车替换中，考虑 60% 的混合动力车、30% 的纯电驱动车、10% 的 CNG 车。

表 3-12　　　　　　　　　　　公交车能源结构优化方案

| 方　案 | 2012 年 | 2017 年 | | | 2030 年 |
|---|---|---|---|---|---|
| | | 高方案 | 中方案 | 低方案 | |
| 环保型公交车占总量的比例 | 3% | 43% | 38% | 33% | 100% |
| 每年新增或更新的公交车中购置环保型公交车的比例 | — | 80% | 70% | 60% | — |
| 每年购置环保型公交车的数量/辆 | — | 1 616 | 1 414 | 1 212 | — |
| 环保型公交车预期达到的数量/辆 | — | 6 800 | 6 000 | 5 200 | — |

4）效益分析及结论

公交车高、中、低三种方案的能耗及节能的比例如表 3-13 所示。公交车中黄标车辆被淘汰，节能环保型车辆替换的高、中、低三种方案情境下，污染物排放量及减排效益估计如表 3-14 和表 3-15 所示；高、中、低三种方案包含了替换黄标车的贡献率，节能和减排效益分别如图 3-25 和图 3-26 所示。

表 3-13　　　　　　　节能环保型公交车替换方案的节能效益估算

| 方　案 | | 能耗（标准煤：t/年） | 行业节煤率 | 占全部沪牌车辆的能耗节约比例 |
|---|---|---|---|---|
| 公交车 | 2012 基准年 | 117.33 | — | — |
| | 低方案 | 103.87 | 11.5% | 0.9% |
| | 中方案 | 101.65 | 13.4% | 1.0% |
| | 高方案 | 99.59 | 15.1% | 1.2% |
| 全部沪牌汽车 2012 基准年 | | 1 505.9 | — | — |
| 考虑非沪牌车 2012 基准年 | | 1 809.5 | — | — |

表 3-14　　　　　　　节能环保型公交车替换方案的排放量估计　　　　　　　单位：t/d

| 方　案 | CO | $NO_x$ | HC | PM |
|---|---|---|---|---|
| 2012 基准年 | 7.99 | 15.19 | 5.11 | 0.76 |
| 替换黄标车 | 6.37 | 10.76 | 4.07 | 0.50 |
| 低方案 | 5.22 | 8.30 | 3.18 | 0.30 |
| 中方案 | 5.14 | 8.13 | 3.11 | 0.29 |
| 高方案 | 5.06 | 7.97 | 3.04 | 0.29 |

表 3-15　　　　　　　节能环保型公交车替换方案的排放下降率

| 排放污染物 | 低方案 | 中方案 | 高方案 | 黄标车替换 |
|---|---|---|---|---|
| CO | 34.6% | 35.7% | 36.7% | 20% |
| $NO_x$ | 45.4% | 46.4% | 47.5% | 29% |
| HC | 37.7% | 39.1% | 40.5% | 20% |
| PM | 61.1% | 61.6% | 62.1% | 34% |

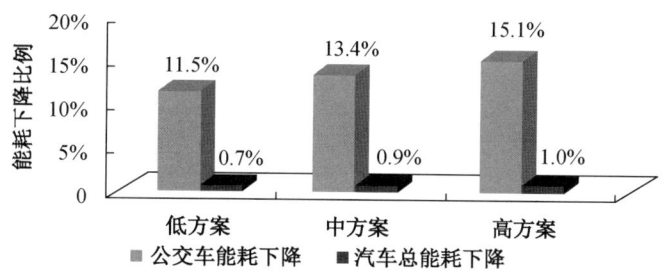

图 3-25 公交车替换高、中、低三种方案节能效益

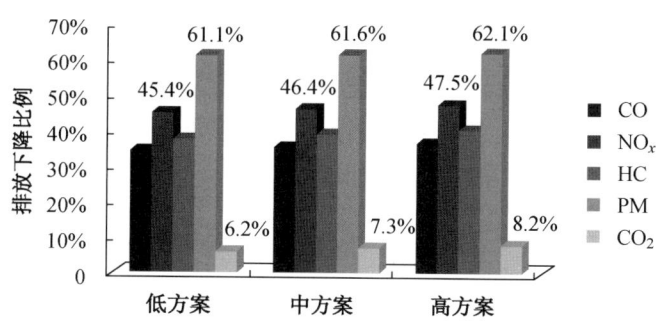

图 3-26 公交车替换高、中、低三种方案减排效益

节能效益:高、中、低三种方案公交车总能耗分别下降 15.1%、13.4%和 11.5%,占上海所有注册汽车总能耗的比重分别下降 1.2%、1.0%和 0.9%。

减排效益:涵盖黄标车替换,高、中、低三种方案公交车 PM 排放分别下降 62.1%、61.6%和 61.1%,$CO_2$ 排放分别下降 8.2%、7.3%和 6.2%,$NO_x$ 排放分别下降 47.5%、46.4%和 45.4%;汽车总 PM 排放下降 11%,$CO_2$ 排放下降 0.4%~0.6%。

若不考虑黄标车替换的减排贡献率,公交车替换的高、中、低三种方案仅由于采用新能源车而产生的减排效益,如表 3-16 所示。

表 3-16　　　三种新能源公交车替换方案对公交行业排放的下降率

| 排放污染物 | 低方案 | 中方案 | 高方案 |
| --- | --- | --- | --- |
| CO | 15% | 16% | 17% |
| $NO_x$ | 16% | 17% | 19% |
| HC | 18% | 19% | 20% |
| PM | 27% | 28% | 28% |

从公交车辆节能减排效益的量化分析可见:采用新能源车辆作为公交车更新的主要车型,无论高、中、低三种方案对公交行业的节能均有较明显的效益;对公交行业 PM 及 $NO_x$ 排放的下降具有显著作用。若不考虑黄标车替换的减排贡献率,新能源车的应

用可降低公交行业27%~28%的PM排放,16%~19%的$NO_x$排放;相对于上海市汽车总体排放,可降低全市汽车行业5%的PM排放,2.5%的$NO_x$排放。同样,黄标车替换为国Ⅴ排放标准的车辆,对公交行业的减排贡献率也非常显著,可降低公交行业34%的PM排放,29%的$NO_x$排放。

3. 出租车能源结构优化及效益分析

1) 优化路径

出租车在上海市汽车保有量中占比较低,作为汽油乘用车,其污染物排放量占比也相对较低,但由于使用强度高,能耗占比较大。因此,出租车能源结构优化目标以降低能耗为主、兼顾污染物排放量削减。具体措施包括:能源替代方案,即新增或更新出租车中选用更节能环保的车辆,新购置车辆均达到国Ⅴ排放标准,部分采用新能源车辆。

2) 保有量及每年新增或更新车辆数预测

2012年上海市出租车总计49 697辆,其中节能和新能源车辆仅占7.3%。图3-27为上海市2002—2012年出租车的保有量情况,10年来年均增长率约为1%,增长态势逐步趋缓。根据上海市第四次(2009年)、第五次(2014年)综合交通调查结果,出租车在交通出行结构中的比重逐步降低。随着上海市轨道交通网络日益发达,公共交通出行便利性增加,至2017年出租车保有量稳定在5万辆。

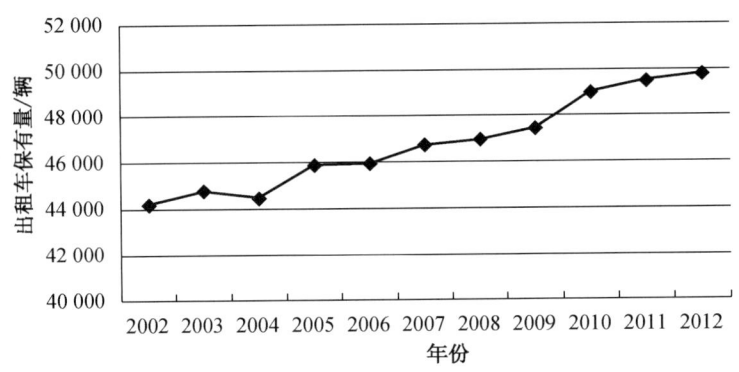

图3-27 上海市出租车保有量变化

假设上海市出租车保有量、日均行驶里程维持现状水平,根据上海市出租车管理规定的5年更新周期,每年新增或更新的车辆数较为稳定,平均每年更新的车辆数约1万辆。

3) 优化方案设定

在每年新增或更新的出租车中,根据节能和新能源等环保型出租车可达到的比例,设定高、中、低及远期方案。考虑到出租车能耗占较大的比重但排放量占比相对较低,日均行驶的里程和时间较长,可选取降低能耗的插电式混合动力车,兼顾经济性和可操作性等相关因素。

考虑城市不同区域的用地条件，节能及新能源车的发展宜分别考虑郊区和市中心区域。上海郊区出租车2012年已有2 500多辆CNG油气混合车辆，可在此基础上继续发展混合动力车辆。假设每年更新的郊区出租车中60%采用混合动力节能和新能源车，则2017年郊区节能和新能源出租车可累计达3 500辆。假设每年更新的普通出租车中25%为插电式混合动力或其他节能和新能源车，2017年节能和新能源出租车累计可达8 900辆。节能和新能源出租车累计达到12 400辆，占出租车总量比例接近25%。

参比北京市出租车更新计划，其目前出租车保有量为6万辆，根据《北京市五年清洁空气行动计划(2013—2017)》，到2017年，北京要求累计报废更新出租车辆中，电动车、天然气车、混合动力车各达到5 000辆，占出租车保有量的25%；出租车行业车辆油耗比2012年减少20%。为此，情景分析设定高、中、低三种方案：至2017年节能和新能源等环保型出租车比例分别达到50%、35%和25%，每年购置环保型出租车的数量、环保型出租车占总量的比例、环保型出租车在2017年达到的数量如表3-17所示。设定远景年(2030年)全部更新为新能源出租车。

表 3-17　　　　　　　　　　出租车能源结构优化方案

| 方　案 | 2012年 | 2017年 | | | 2030年 |
| --- | --- | --- | --- | --- | --- |
| | | 高方案 | 中方案 | 低方案 | |
| 环保型出租车占总量比例 | 7% | 50% | 35% | 25% | 100% |
| 每年新增或更新出租车中购置环保型出租车的比例 | — | 53% | 35% | 22% | — |
| 每年购置环保型出租车的数量/辆 | — | 5 344 | 3 469 | 2 219 | — |
| 环保型出租车在规划年达到的数量/辆 | — | 25 000 | 17 500 | 12 500 | — |

在节能与新能源出租车替换中，初期以混合动力车(油气混合或油电混合)为主，试验纯电动车，稳步推进新能源出租车的应用规模。设高、中、低三种方案出租车的能源结构分别为：

(1) 高方案：纯电动车5 000辆，天然气或汽电混合车8 000辆，油电混合车8 000辆。

(2) 中方案：纯电动车5 000辆，天然气或汽电混合车5 000辆，油电混合车5 000辆。

(3) 低方案：纯电动车1 000辆，天然气或汽电混合车5 000辆，油电混合车3 000辆。

4) 效益分析及结论

出租车高、中、低三种方案的节能和减排效益分别如图3-28和图3-29所示。

节能效益：高、中、低三种方案出租车总能耗分别下降10.7%、11.3%和4.9%。

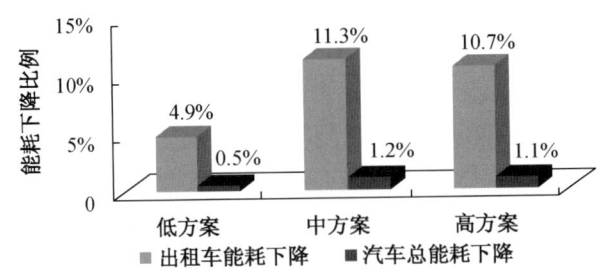

图 3-28 出租车能源替代三种方案的节能效益

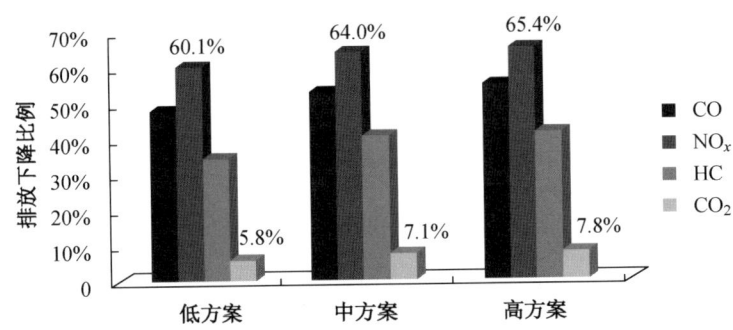

图 3-29 出租车能源替代三种方案的减排效益

减排效益：高、中、低三种方案出租车 $NO_x$ 排放分别下降 65.4%、64.0% 和 60.1%，$CO_2$ 排放分别下降 7.8%、7.1% 和 5.8%（表 3-18）。

表 3-18　　　　　　　高、中、低三种方案下出租车行业的排放下降率

| 排放污染物 | 低方案 | 中方案 | 高方案 |
| --- | --- | --- | --- |
| CO | 47.7% | 52.8% | 54.8% |
| $NO_x$ | 60.1% | 64.0% | 65.4% |
| HC | 34.5% | 40.5% | 41.3% |
| $CO_2$ | 5.8% | 7.1% | 7.8% |

表 3-19　高、中、低三种方案新能源出租车在全市汽车排放中的排放下降率

| 排放污染物 | CO | $NO_x$ | HC | $CO_2$ |
| --- | --- | --- | --- | --- |
| 低方案 | 2.1% | 1.5% | 0.8% | 0.6% |
| 中方案 | 2.4% | 1.5% | 1.0% | 0.7% |
| 高方案 | 2.5% | 1.6% | 1.0% | 0.8% |

以新能源车作为更新出租车的首选，对于出租汽车行业的节能有明显的效益

(表3-19),只要新增和更新出租车采用新能源车比例达到35%以上,出租车总能耗就可以削减10%以上。值得注意的是,无论采用高、中或低方案,对于削减出租车$NO_x$排放量均具有较大的作用,可降低近三分之二的排放。由于天然气乘用车在节能方面没有优势,主要是减少了排放,因此,要实现出租汽车行业节能水准有显著提升,电驱动新能源车有更大的优势。情景分析结果也表明,当上海市电驱动新能源出租汽车达到25%以上时,出租汽车行业的节能有明显的效益,可达到10%以上的行业节能。

4. 私人小客车能源结构优化及效益分析

1) 优化措施

对于上海市汽车数量占比最大而污染物排放总量并不是最高的"能耗大户",应采取的能源结构优化策略以受众面广、能普遍降低乘用车能耗的办法为首要着力点,兼顾降低排放。可实施的措施为:

(1) 调整上海车辆牌照拍卖规制,设置分类别的新车牌照:如小排量车牌、混合动力及电动汽车车牌、其他车牌。对不同类型车牌设置浮动价格及数量额度,降低高能耗、大排量车的投放额度,鼓励小排量、低能耗环保型汽车购买,而纯电动车和强混合动力车可以直接领取牌照,以此激励家庭用车选择新能源车。

(2) 对于既有牌照换车,若更换高排量车,则征收额外费用或更换相应类型的车牌。

(3) 以大规模发展插电式混合动力车或纯电动车为战略目标,积极引导和培育本地汽车企业新能源车的产业化发展。

(4) 降低小汽车使用强度,鼓励汽车合乘。

(5) 淘汰所有黄标车。

2) 每年新增或更新车辆数估算

2012年上海市私人小客车总计139.9万辆,其中新能源车仅300辆。由于坚持车牌额度拍卖制度,每年新车的增长量较为固定。私人客车年均增加为21万辆。

3) 日均行驶里程估算

根据上海市综合交通调查报告、综合交通年报,上海市小汽车日均行驶里程呈下降趋势,从2004年的日均行驶里程41 km下降至2009年的39 km,2012年为37.4 km。对比国际大都市伦敦及日本情况,2009年车辆日均行驶里程也较低,分别为30 km和19 km。

通过改善公共交通和慢行交通出行环境,实施差别化停车收费及重点区域限行、收费等政策,预期上海市小汽车使用强度将进一步降低。《上海市交通白皮书》(2012年)要求至2017年小客车日均行驶里程降至28.1 km。在此基础上,对小客车日均行驶里程设定高、中、低三种方案,分别为28.1 km、33.7 km和37.4 km。低方案为2012年日均行驶里程,中方案为2012年日均行驶里程降低10%,而高方案为2012年日均行驶里程降低25%,如表3-20所示。

表3-20　　　　　　　　　　　私人小客车日均行驶里程方案　　　　　　　　　单位：km

| 现状年(2012年) | 规划年(2017年) | | |
|---|---|---|---|
| | 高方案 | 中方案 | 低方案 |
| 37.4 | 28.1(白皮书) | 33.7 | 37.4 |

4) 车队平均燃油经济性

根据《节能与新能源汽车产业发展规划(2012—2020年)》，近年来我国汽车节能技术推广应用取得积极进展，通过实施乘用车燃料消耗量限值标准和鼓励购买小排量汽车的财税政策等措施，先进内燃机、高效变速器、轻量化材料、整车优化设计以及普通混合动力等节能技术和产品得到大力推广，汽车平均燃料消耗量明显降低。2015年节能型乘用车新车平均燃料消耗量降至 6.9 L/100 km 以下。到2020年，节能型乘用车新车平均燃料消耗量将降至 5.0 L/100 km 以下，达到国际先进水平。

上海在进一步鼓励购买小排量、低能耗环保型汽车政策的推动下，以及汽车节能技术的产业化推动发展，车队平均燃油消耗水平预期也将呈不断下降趋势。在设计方案中，车队平均燃油经济性分别取 7 L/100 km、7.5 L/100 km、8 L/100 km、8.5 L/100 km、9 L/100 km、9.5 L/100 km。

5) 效益分析及结论

(1) 设定的方案假设条件：在小客车每年固定增长条件下，组合不同的日均行驶里程方案及车队平均燃油经济性方案，以测试规划年相对于基础年的能耗变化和排放分析。方案基于以下假设条件设定：①至2017年，所有国零黄标车全部淘汰；②2013—2017年，私人小客车年均增加21万辆；③2015年后所有新售车满足国Ⅴ排放标准；④小客车日均行驶里程的高、中、低三种方案，分别为 28.1 km、33.7 km 和 37.4 km；⑤车队平均燃油经济性分别取 7 L/100 km、7.5 L/100 km、8 L/100 km、8.5 L/100 km、9 L/100 km、9.5 L/100 km。

(2) 能耗变化分析

在私人小客车每年增长21万辆的条件下，组合不同的日均行驶里程方案及车队平均燃油经济性方案，规划年相对于基础年的能耗变化结果如表3-21和图3-30所示。

表3-21　　　　　　　　不同组合方案下私人小客车能耗变化

| 日均行驶里程/km | 车队平均燃油经济性 | | | | | |
|---|---|---|---|---|---|---|
| | 9.5 L/100 km | 9 L/100 km | 8.5 L/100 km | 8 L/100 km | 7.5 L/100 km | 7 L/100 km |
| 37.4 | 69.3% | 60.4% | 51.5% | 42.6% | 33.7% | 24.8% |
| 33.7(下降10%) | 52.4% | 44.4% | 36.3% | 28.3% | 20.3% | 12.3% |
| 28.1(下降25%) | 27.0% | 20.3% | 13.6% | 6.9% | 0.3% | -6.40% |

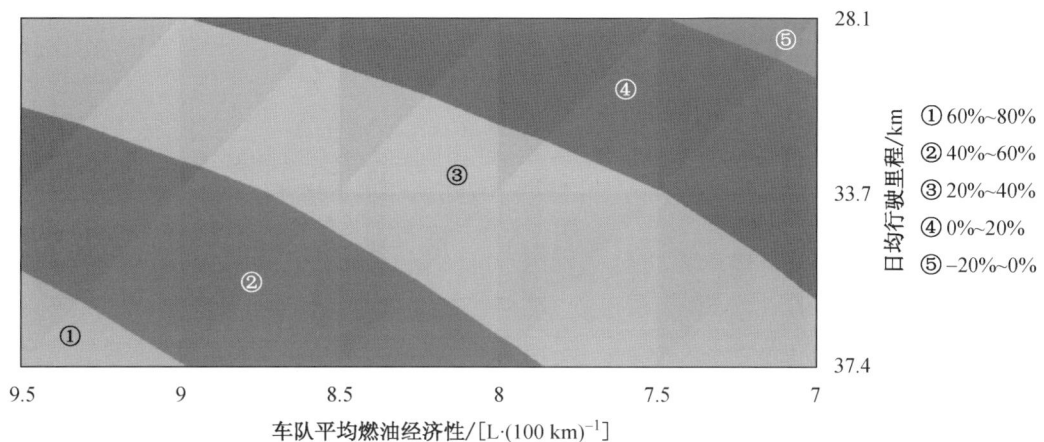

**图 3-30　私人小客车使用强度及燃油经济性对规划年能耗的影响**

能耗变化分析结果如下：

① 至 2017 年，私人小客车保有量预期将增长 69.3%。若维持当前的使用强度与车队平均燃油经济性，私人小客车总能耗将同比例增长。

② 当车队平均燃油经济性提高到 7.5 L/100 km、车辆日均行驶里程下降 25% 时，可基本保持私人小客车能耗不增长。

（3）排放变化分析

不同车辆使用强度下，规划年私人小客车相对于基础年的排放变化结果如图 3-31 所示。引入不同规模的新能源车辆，氮氧化物排放量变化情况如图 3-32 所示。

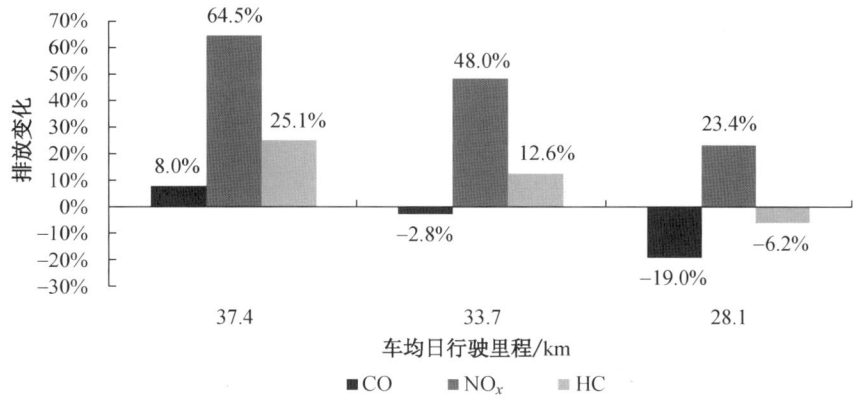

**图 3-31　私人小客车使用强度对气态污染物排放的影响**

排放变化分析结果如下：

① 随着私人客车使用强度的下降，气态污染物排放量也随之下降。当车辆日均行驶里程下降 8% 时，可保持 CO 排放零增长；当日均行驶里程下降 20% 时，可保持 HC 排放零增长。

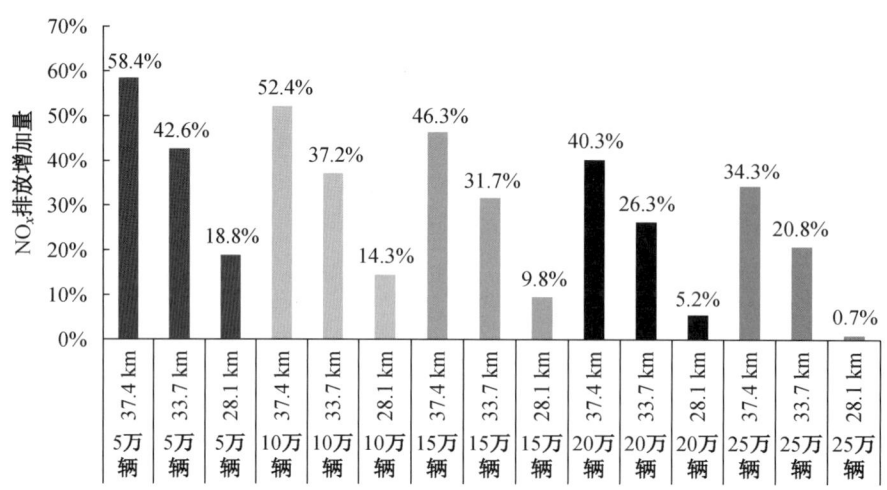

图3-32 纯电动车保有量及使用强度差异对$NO_x$排放量的影响

② 即使车辆日均行驶里程下降25%,$NO_x$排放仍将较现状增长23%。欲使$NO_x$排放零增长,需要推广新能源汽车。

③ 欲使$NO_x$排放辆保持零增长,纯电动车保有量须达到25万辆以上(至2017年年均5万辆,占年新车销售量的25%),且车辆使用强度较现状下降25%。

5. 集卡车能源结构优化及效用分析

集卡车属于高能耗和高排放车辆,采取的能源结构优化措施必须同时考虑节能和降低排放两个方面,包括:鼓励采用LNG等清洁燃料车,准入柴油车辆必须是高性能低排放的国Ⅴ标准车辆;全部淘汰黄标车等。

《上海市清洁空气行动计划(2013—2017)》提出实施集装箱运输车队清洁能源改造试点。到2017年完成集装箱运输车辆清洁能源改造400辆以上。在淘汰所有黄标车基础上,增加400～2 000辆LNG车辆。由于LNG技术不具有节能优势,相对于燃油经济性较好的柴油车,其能耗反而会增加;但LNG技术的最大优点在于使得PM排放的大幅度降低,替换2 000辆集卡就可减少61%的集装箱车辆PM排放;对$NO_x$、$CO_2$的排放无减排作用;反而会增加HC、CO的排放。

6. 车辆能源结构优化措施及效益分析结论

以上海为例,通过重点领域及典型车辆的能源结构优化和节能减排效益的情景分析,得到主要结论如下:

(1) 提高在用车检测标准、淘汰黄标车,新车要求达到国Ⅴ排放标准,将大大改善机动车尾气排放状况,减少上海市车辆氮氧化物及颗粒物总排放量分别达30%和38%。

(2) 每年新增或更新的公交车辆中,节能和新能源等环保型公交车的比例如果能达到60%以上,节能和新能源等环保型公交车的总保有量比例提高到30%,可实现11.5%公交行业节能,降低公交行业27%的颗粒物排放,16%的氮氧化物排放。

（3）要实现出租汽车行业显著的节能效益,采用电驱动新能源车比天然气新能源车具有更大优势。当上海市电驱动新能源出租汽车保有量占比达到25%以上(约1万辆)时,出租汽车行业可获得10%以上的节能,并可降低近三分之二的氮氧化物排放。

（4）按私人小客车保有量年均增长21万辆计,只有当车辆平均燃油经济性提高(平均油耗降至7.5 L/100 km),同时车辆日均行驶里程下降25%(达28.1 km)时,私人客车总能耗相比2012年可实现零增长。

（5）对于私人小客车气态污染物的排放,尤其是氮氧化物,即使车辆日均行驶里程下降25%,氮氧化物排放仍将较2012年增长23%。欲使氮氧化物排放零增长,还需推广新能源汽车。在车辆使用强度较2012年下降25%的条件下,纯电动车保有量须达到25万辆以上。

（6）对于集卡车,选择排放标准高、燃油经济性较好的柴油车是较好的选择。LNG集卡车无助于节能,但有利于降低颗粒物排放。相对于排放标准高、燃油经济性较好的柴油车,颗粒物减排作用有限。为进一步降低PM排放及提高燃油经济性,可适当尝试发展LNG重载车。

# 参考文献

[1] 中华人民共和国环境保护部.中国机动车环境管理年报[R].2016—2017.
[2] 中华人民共和国环境保护部.中国机动车污染防治年报[R].2010—2015.
[3] 国家环境保护总局.城市机动车排放空气污染测算方法[R].2005.
[4] 中华人民共和国环境保护部.道路机动车大气污染物排放清单编制技术指南[R].2014.
[5] 方晓丽,骆勇.城市交通碳排放计算方法比较研究[J].交通节能与环保,2017,13(4):81-83.
[6] 上海城市综合交通规划研究所.上海市综合交通年度报告[R].2013.
[7] 同济大学.上海汽车能源结构优化对交通节能减排的效用研究[R].2013.

# 4 新能源汽车推广进展与面临的关键问题

4.1 新能源汽车推广进展
4.2 新能源汽车推广应用的若干争议
4.3 应对新能源汽车推广争议的研究重点
4.4 本章小结
参考文献

新能源汽车的推广应用被认为是实施绿色交通的一项重要举措,国家层面通过制定中长期科技发展规划,自本世纪初就将新能源汽车产业列为战略型新兴产业之一,投入巨大财力支持节能与新能源汽车的技术研发和产品推广。尽管如此,新能源汽车推广也并非毫无争议。除了由来已久并继续存在的车辆研发技术路线之争(混合动力、插电式混合动力、纯电动以及其他替代燃料车辆)外,在交通系统应用领域也存在一系列争议,如"电动汽车在中国是否为真正意义上的低碳节能汽车?""在相关技术标准、规划缺失的条件下地方政府、企业盲目推进电动汽车充电设施建设,是否与用户期望的充电需求一致?是否符合最佳的能源供给策略?"另外,借助新能源车在控牌城市的鼓励政策和分时租赁迅猛发展,"新能源汽车是否会激励更多的小汽车出行,从而恶化目前已十分严峻的交通拥挤形势?"而且,"对新能源汽车购置的高额财政补贴是否会造成对地面公交、步行、自行车等更环保的交通方式的不公平?"实质上,这些争议都与绿色交通的内涵和发展目标相关。因此,深入分析上述争议产生的理论与现实背景,并基于绿色交通理念提出辨析争议的思考,对于更好地将新能源汽车融入绿色交通发展体系具有重要作用。

## 4.1 新能源汽车推广进展

### 4.1.1 新能源汽车市场推广规模

根据2017年《中国汽车工业发展年度报告》可知,2016年,我国新能源汽车总产量和总销量分别达到了519 211辆和507 000辆。其中,纯电动车分别完成产量424 776辆和销量410 670辆,插电式混合动力汽车分别完成产量93 806辆和销量96 330辆。受到政府补贴政策的影响,新能源乘用车的推广以纯电动汽车为主,占比达到了81%。

乘用车方面,2016年我国新能源乘用车总产量为34.5万辆、总销量为33.6万辆,其中,纯电动乘用车产量为26.3万辆、销量为25.7万辆,插电式混合动力乘用车产量为9.4万辆、销量为9.6万辆。纯电动乘用车企业方面,我国形成了以吉利和比亚迪为领先者的市场格局,2016年吉利和比亚迪分别销售48 808辆和48 407辆新能源汽车。比亚迪在插电式混合动力汽车领域居销量榜首,为533 273辆,其市场占有率高达66%。

此外,在新能源商业车方面,2016年新能源商用车产量为17.2万辆、销量为17.1万辆,其中纯电动商用车产量为15.4万辆、销量为15.2万辆;插电式混合动力商用车产量为1.8万辆、销量为1.9万辆。

### 4.1.2 中国新能源汽车应用现状

1. 公共服务领域推广应用

公共服务领域是指政府有公共财政投入或有资源配置权的领域。与运输相关的公共服务包括城市公共交通、出租车、市政车、邮政车、公务车等,是新能源汽车率先推广应用的突破口。2009年初,国家工信部、财政部、科技部及发改委等四部委(以下简称

"四部委")启动"十城千辆"新能源汽车推广示范,选定北京、上海、重庆、长春、大连、杭州、济南、武汉、深圳、合肥、长沙、昆明、南昌等13个城市开展新能源汽车在公共服务领域的示范应用,2010年末共有25个城市加入示范行列。中央财政对这些试点城市相关公共服务领域示范推广单位购买和使用节能与新能源汽车给予一次性定额补助。补助标准主要依据节能与新能源汽车和同类传统汽车的基础差价,并适当考虑规模效应、技术进步等因素,如表4-1、表4-2所示。

表4-1 公共服务用乘用车和轻型商用车示范推广补助标准 单位:万元/辆

| 节能与新能源汽车类型 | 节油率 | 最大电功率比 | | | |
|---|---|---|---|---|---|
| | | BSG车型 | 10%~20% | 20%~30% | 30%~100% |
| 混合动力汽车 | 5%~10% | 0.4 | — | — | — |
| | 10%~20% | | 2.8 | 3.2 | — |
| | 20%~30% | | 3.2 | 3.6 | 4.2 |
| | 30%~40% | | — | 4.2 | 4.5 |
| | 40%以上 | | | | 5.0 |
| 纯电动汽车 | 100% | — | — | — | 6.0 |
| 燃料电池汽车 | 100% | — | — | — | 25.0 |

表4-2 10 m以上城市公交客车示范推广补助标准 单位:万元/辆

| 节能与新能源汽车类型 | 节油率 | 使用铅酸电池的混合动力系统 | 使用镍氢电池、锂离子电池/超级电容器的混合动力系统 | |
|---|---|---|---|---|
| | | | 最大电功率比 | |
| | | | 20%~50% | 50%以上 |
| 混合动力汽车 | 10%~20% | 5 | 20 | — |
| | 20%~30% | 7 | 25 | 30 |
| | 30%~40% | 8 | 30 | 36 |
| | 40%以上 | — | 35 | 42 |
| 纯电动汽车 | 100% | — | — | 50 |
| 燃料电池汽车 | 100% | — | — | 60 |

部分试点城市第一阶段("十二五"期间)新能源汽车发展规划如表4-3所示[1]。

表4-3 部分试点城市公共服务领域新能源汽车推广应用目标 单位:辆

| 试点城市 | 混合动力车 | | | 纯电动车 | | | 燃料电池车 | | 合计 |
|---|---|---|---|---|---|---|---|---|---|
| | 客车 | 轿车 | 其他 | 客车 | 轿车 | 其他 | 客车 | 轿车或观光车 | |
| 上海 | 700 | 400 | 200 | 1 921 | | 1 370 | 6 | 190 | 4 787 |
| 北京 | 1 100 | | | 200 | 500 | 3 350 | | | 5 150 |
| 深圳 | | 7 500 | | 4 000 | 500 | | | | 12 000 |

(续表)

| 试点城市 | 混合动力车 | | | 纯电动车 | | | 燃料电池车 | | 合计 |
|---|---|---|---|---|---|---|---|---|---|
| | 客车 | 轿车 | 其他 | 客车 | 轿车 | 其他 | 客车 | 轿车或观光车 | |
| 长春 | 700 | 300 | | | | | | | 1 000 |
| 长株潭 | 2 000 | 1 320 | 185 | | 135 | 360 | | | 4 000 |
| 大连 | 424 | 1 800 | | 100 | | 100 | 8 | | 2 432 |
| 杭州 | 830 | 625 | 290 | 460 | 255 | 540 | | | 3 000 |
| 合肥 | 150 | 560 | | 50 | 140 | 500 | | | 1 400 |
| 济南 | 300 | 350 | 80 | 70 | 350 | 460 | | | 1 610 |
| 昆明 | 675 | 220 | 27 | 75 | | 3 | | | 1 000 |
| 南昌 | 180 | 580 | | 30 | 110 | 80 | | | 980 |
| 武汉 | 1 000 | 1 000 | | | 250 | 250 | | | 2 500 |

2012年12月,"四部委"组织专家对25个示范城市进行验收。据统计,2012年底25个示范城市共推广各类新能源车辆27 432辆,其中公共服务领域车辆为23 032辆[2],离"十城千辆"节能与新能源汽车示范推广应用工程设定的目标——力争使全国新能源汽车的运营规模占到汽车市场份额的10%,有较大差距。

2013年9月,"四部委"发布《关于继续开展新能源汽车推广应用工作的通知》,提出要依托城市推广应用新能源汽车,重点在京津冀、长三角、珠三角等细颗粒物治理任务较重的区域,选择积极性较高的特大城市或城市群实施。新能源车辆推广应用又被赋予缓解环境压力的目标。国家政策要求政府机关、公共机构等领域的车辆采购要向新能源汽车倾斜,新增或更新的公交、公务、物流、环卫车辆中新能源汽车比例不低于30%。另外,该通知还提出对消费者购买新能源汽车给予补贴,补助标准依据新能源汽车与同类传统汽车的基础差价确定,并考虑规模效应、技术进步等因素逐年退坡。新能源公交车补助标准如表4-4所示。

表4-4　　　　　国家层面新能源公交车补贴标准　　　　　单位:万元/辆

| 车辆类型 | 单车补贴标准 | | |
|---|---|---|---|
| | 6 m≤车长<8 m | 8 m≤车长<10 m | 车长≥10 m |
| 纯电动客车 | 30 | 40 | 50 |
| 插电式混合动力(含增程式)客车 | — | | 25 |
| 超级电容客车 | 15 | | |
| 钛酸锂快充纯电动客车 | 15 | | |

在国家政策引导下,不少地方政府也相继出台了鼓励环保型公交车的推广政策。例如,上海市2014年5月颁布《关于推广应用节能和新能源等环保型公交车的实施意见》,提出新能源公交车的发展目标为:从2014年起,上海市每年新增或更新的公交车

中,节能和新能源等环保型公交车的比例应达到60%以上,其中新能源公交车应不低于更新或新增总量的30%;力争到2015年,上海市节能和新能源等环保型公交车的使用规模达到3 000辆;到2017年,争取节能和新能源等环保型公交车的比例达到30%。该文件指出,节能和新能源等环保型公交车的补贴包括购置补贴与运营补贴。对于油电混合公交车、双源无轨公交车、LNG公交车,按照其同类传统汽车的基础差价确定补贴标准,具体补贴如表4-5所示。

表4-5 上海市新能源公交车购置成本补贴标准　　　单位:万元/辆

| 车辆类型 | 单车补贴标准 | | |
| --- | --- | --- | --- |
| | 6 m≤车长<8 m | 8 m≤车长<10 m | 车长≥10 m |
| 纯电动(含电电混合)公交车 | 21 | 28 | 35 |
| 插电式混合动力(含增程式)公交车 | — | | 25 |
| 超级电容公交车 | 15 | | |
| 油电混合公交车 | 50 | | |
| 双源无轨公交车 | 55 | | |
| LNG公交车 | 30 | | |

对于使用节能和新能源等环保型公交车新增的运营成本,按照8年运营周期给予相应的补贴。补贴标准按年核定、每年发放。首次运营补贴在购置时支付。第二年开始,根据车辆上一年度的使用情况支付运营补贴:上一年度单车年平均行驶里程在5万km以上(LNG公交车的单车年平均行驶里程在6万km以上)的,全额支付当年运营补贴;上一年度单车年平均行驶里程低于5万km的,当年运营补贴予以同比例扣减。具体补贴标准如表4-6所示。

表4-6 上海市新能源公交车运营成本补贴标准　　　单位:万元/(辆·年)

| 车辆类型 | 补贴标准 | 车辆类型 | 补贴标准 |
| --- | --- | --- | --- |
| 纯电动(含电电混合)公交车 | 16.5 | 油电混合公交车 | 3 |
| 插电式混合动力(含增程式)公交车 | 7 | 双源无轨公交车 | 5 |
| 超级电容公交车 | 5 | LNG公交车 | 6.5 |

其中,购置补贴统一由市级财政安排。运营补贴按照属地分化原则分担,在二级管理区(县)注册的企业(市属控股企业除外)的运营补贴,按企业注册地由所在区(县)财政承担,其他企业的运营补贴由市级财政承担。

综上所述,2012—2014年间针对公共领域新能源汽车的推广应用,国家层面以鼓励为主,经济发达地区的地方政府积极响应国家要求,着重将常规燃油公交车替换为新能源公交车。

2015年以来国家又相继发布了多项政策,叠加推动公交电动化转型,我国新能源公交车迎来重要发展机遇。2015 年 3 月,交通运输部发布《加快推进新能源汽车在交通运输行业推广应用的实施意见》,提出创建公交都市,新增或更新城市公交车、出租汽车和城市物流配送车辆中,新能源汽车比例不低于 30%;京津冀地区新增或更新城市公交车、出租汽车和城市物流配送车辆中,新能源汽车比例不低于 35%。到 2020 年,新能源城市公交车达到 20 万辆,新能源出租汽车和城市物流配送车辆共达到 10 万辆。

2015 年 4 月,"四部委"发布了 2016—2020 年纯电动、插电式混合动力等客车推广应用补助标准,如表 4-7 所示。

表 4-7　　　　纯电动、插电式混合动力等客车推广应用补助标准　　　单位:万元/辆

| 车辆类型 | 单位载质量能量消耗量 $E_{kg}$/$[W \cdot h \cdot (km \cdot kg)^{-1}]$ | 标准车(10 m<车长≤12 m) ||||||
|---|---|---|---|---|---|---|---|
| | | 纯电动续驶里程 $R$(等速法)/km ||||||
| | | $6 \leq R < 20$ | $20 \leq R < 50$ | $50 \leq R < 100$ | $100 \leq R < 150$ | $150 \leq R < 250$ | $R \geq 250$ |
| 纯电动客车 | $E_{kg} < 0.25$ | 22 | 26 | 30 | 35 | 42 | 50 |
| | $0.25 \leq E_{kg} < 0.35$ | 20 | 24 | 28 | 32 | 38 | 46 |
| | $0.35 \leq E_{kg} < 0.5$ | 18 | 22 | 24 | 28 | 34 | 42 |
| | $0.5 \leq E_{kg} < 0.6$ | 16 | 18 | 20 | 25 | 30 | 36 |
| | $0.6 \leq E_{kg} < 0.7$ | 12 | 14 | 16 | 20 | 24 | 30 |
| 插电式混合动力客车(含增程式) | | — | — | 20 | 23 | 25 | |

注:上述补助标准以 10~12 m 客车为标准车给予补助,其他长度纯电动客车补助标准按照上表单位载质量能量消耗量和纯电动续驶里程划分,插电式混合动力客车(含增程式)补助标准按照上表纯电动续驶里程划分。其中,6 m 及以下客车按照标准车 0.2 倍给予补助;6 m<车长≤8 m 客车按照标准车 0.5 倍给予补助;8 m<车长≤10 m 客车按照标准车 0.8 倍给予补助;12 m 以上、双层客车按照标准车 1.2 倍给予补助。

2015 年 11 月,交通运输部、财政部、工业和信息化部三部委联合印发《新能源公交车推广应用考核办法》(试行),规定新能源公交车推广应用目标完成情况,重点考核各省(区、市)每自然年度内新增及更换的公交车中新能源公交车的比重,具体如表 4-8 所示。

表 4-8　　　　各地区新能源公交车推广目标考核

| 省份 \ 年份 | 2015 | 2016 | 2017 | 2018 | 2019 |
|---|---|---|---|---|---|
| 京、沪、津、冀、晋、苏、浙、鲁、粤、海 | 40% | 50% | 60% | 70% | 80% |
| 皖、赣、豫、鄂、湘、闽 | 25% | 35% | 45% | 55% | 65% |
| 其他省(区、市) | 10% | 15% | 20% | 25% | 30% |

以上政策对每自然年度内新增及更换的公交车中使用新能源公交车的比重提出了具体目标。2016 年 7 月交通运输部发布《城市公共交通"十三五"发展纲要》,提出 2020 年建设公交都市的城市,新能源公交车比例不低于 35%。2017 年 2 月,国务院印发"十三五"现代综合交通运输体系发展规划,要求持续推动新能源汽车应用;到 2020 年,基

本建成安全、便捷、高效、绿色的现代综合交通运输体系,部分地区和领域率先基本实现交通运输现代化;城市公共交通、出租车和城市配送领域新能源汽车快速发展。

在上述国家政策及地方政策推动下,新能源汽车推广取得长足成效。根据交通运输部的数据,截至2016年底,全国新能源公交车的总量超过16万辆,新能源出租汽车达到1.8万辆,新能源城市物流配送车辆达到9.4万辆[3]。尽管如此,新能源公交车、出租车、物流配送车的推广量与预设目标仍有差距,尤其是新能源出租车"十三五"期间推广任务相对较重。

2. 私人用车领域推广应用

除政府主导的公共服务领域外,2009年3月国务院办公厅出台《汽车产业调整和振兴规划(2009—2011)》,提出"实施新能源汽车战略,推动纯电动汽车、充电式混合动力汽车及其关键零部件的产业化;形成50万辆纯电动、充电式混合动力和普通型混合动力等新能源汽车产能,新能源汽车销量占乘用车销售总量的5%左右。"2010年6月,"四部委"又启动了私人购买新能源汽车补贴试点工作,以加速新能源汽车在私人用车领域的推广。上海、深圳、杭州、合肥、长春等5座城市被选为首批试点城市,而后北京成为第6座试点城市。中央财政对试点城市私人购买、登记注册和使用的新能源汽车给予一次性补助,补助标准根据动力电池组能量确定。对满足支持条件的新能源汽车,按3 000元/(kW·h)给予补助。插电式混合动力乘用车最高补助5万元/辆;纯电动乘用车最高补助6万元/辆。

除国家补助外,各试点城市也对其所在地私人购买新能源汽车给予地方匹配补贴,如表4-9所示,并辅以相应的"特权"政策,如北京市的新能源车辆直接上牌、无须参加小客车指标申请摇号,上海、广州等实施小汽车牌照拍卖的城市新能源车可免除牌照费直接上牌。充电、维修等必备的基础设施也在各试点城市同步规划建设。但是,新能源车辆由于续航里程、技术水准、基础设施等方面的因素,在私人用车领域的推广举步维艰。

2011年我国汽车总销量为1 850.51万辆,乘用车销量为1 447.24万辆;而当年的新能源汽车销售量为8 159辆,其中纯电动汽车5 579辆,混合动力汽车2 580辆;新能源客车的销量仅为4 945辆。当年乘用车销量的5%约为72万辆,而实际上新能源乘用车的销售还不到4 000辆,不到总量的0.03%。2011年底新能源乘用车实际销量与《汽车产业调整和振兴规划》中"新能源汽车销量占乘用车销售总量的5%左右"目标相比,完成率不到1%。2012年底私人购买新能源车辆仅为4 400辆,与目标仍相距较远。

2012年6月国务院发布《节能与新能源汽车产业发展规划(2012—2020年)》,2013年9月"四部委"印发《关于继续开展新能源汽车推广应用工作的通知》。根据各地新能源汽车推广应用方案申报情况,"四部委"分别于2013年11月、2014年1月又发布了两批新能源汽车推广应用城市(群)名单,共39个城市(群)88个城市列入新能源汽车推广应用名单。按照新能源汽车推广应用城市（群）申报计划，2013—2015 年 39 个推广应用城市（群）将累计推广新能源汽车 33.6 万辆。

根据 2014 年 11 月工信部发布的《新能源汽车推广应用示范城市（群）新能源汽车推广情况公示》，39 个城市（群）累计推广新能源汽车 38 616 辆，相比其规划的 335 976 辆目标，完成率仅为 11.5%。其中，推广计划完成最好的城市为合肥，完成进度 72%，其次为浙江省，完成进度 52%。

**表 4-9　　　　　　　　　试点城市私人购买新能源汽车补贴方案**

| 试点城市 | 购车补贴方案 | 其他"特权"政策 | 基础设施建设 | 推广目标 |
| --- | --- | --- | --- | --- |
| 上海 | 2 000 元/(kW·h)。PHEV 最高补助 2 万元/辆；BEV 最高补助 4 万元/辆 | 免征贷款道路通行费，有望免牌照拍卖程序直接上牌登记 | 至 2012 年底建设集中充电站 50 座、充电桩 2.5 万个 | 至 2012 年累计应用 2 万辆 |
| 深圳 | PHEV 最高补助 3 万元/辆；BEV 最高补助 6 万元/辆 | 每辆车给予 9 000 元的用电补贴 | 至 2012 年底建设充电站（桩）2.22 万个，并建立新能源汽车示范运行管理信息化平台 | 至 2012 年累计应用 2.5 万辆 |
| 杭州 | PHEV 最高补助 3 万元/辆；BEV 最高补助 6 万元/辆 | 每辆车给予 3 年或 6 万 km 的免费充电 | 至 2012 年底建成集中充电站 4 座，充换电站 38 座，配送中心 145 座，充电桩 3 500 套 | 至 2012 年累计应用 2 万辆 |
| 长春 | PHEV 最高补助 4 万元/辆；BEV 最高补助 4 万元/辆 |  | 至 2012 年底配套建设充电站 15 座，充电桩 5 000 个 | 至 2012 年累计应用 1.6 万辆 |
| 合肥 | 市级补贴：2010 年，1 万元/辆；2011—2012 年，1 000 元/(kW·h)，最高不超过 2 万元。省级补贴待定 | 停车费、过路费、过桥费减免 | 2012 年底前建设充电桩 2.25 万个、充电站 20 个 | 至 2012 年累计应用 2.11 万辆 |
| 北京 | 3 000 元/(kW·h)。PHEV 最高补助 5 万元/辆；BEV 最高补助 6 万元/辆 | 自 2011 年下半年起，私人购买可直接上牌，无须参加小客车指标申请摇号 | 至 2012 年底建设慢速充电桩 36 000 个，快速充电站 100 座，电池更换站 1 座，电池回收处理站 2 座，专业维修服务站 10 座，信息采集处理站 2 座 | 至 2012 年累计应用 3 万辆，其中 2.3 万辆 BEV，0.7 万辆 PHEV |

我国 2011—2015 年纯电动及插电式混合动力汽车行业产销量如表 4-10 所示[4]。5 年来纯电动汽车产销量分别为 33.42 万辆及 32.43 万辆，插电式混合动力汽车为 12.31 万辆及 12.04 万辆。由表 4-10 不难发现，2015 年纯电动汽车和插电式混合动力汽车销量分别达到了 24.75 万辆和 8.36 万辆，累积新能源汽车产销量分别为 45.73 万辆及 44.47 万辆，距离《节能与新能源汽车产业发展规划（2012—2020 年）》中纯电动汽车和插电式混合动力汽车累计产销量力争达到 50 万辆的目标较为接近。私人用车购买插电式混合动力汽车，既能获得政策红利，也能兼顾使用的便利性。

表 4-10　　2011—2015 年我国纯电动汽车和插电式混合动力汽车行业产销量　　单位：辆

| 年份 | 纯电动汽车 | | 插电式混合动力汽车 | |
|---|---|---|---|---|
| | 产量 | 销量 | 产量 | 销量 |
| 2011 | 5 655 | 5 579 | 2 713 | 2 580 |
| 2012 | 11 241 | 11 375 | 1 311 | 1 416 |
| 2013 | 14 243 | 14 604 | 3 290 | 3 038 |
| 2014 | 48 426 | 45 272 | 29 939 | 29 772 |
| 2015 | 254 633 | 247 482 | 85 838 | 83 610 |
| 合计 | 334 198 | 324 312 | 123 091 | 120 416 |

为保持新能源汽车推广应用补贴政策的连续性，"四部委"在 2016—2020 年继续实施新能源汽车推广应用补助政策，如表 4-11 和表 4-12 所示。

表 4-11　　2016—2020 年国家纯电动汽车和插电式混合动力汽车车型补贴　　单位：万元/辆

| 车辆类型 | 纯电动续驶里程 $R$（工况法）/km | 2016 年 | 2017—2018 年 | 2019—2020 年 |
|---|---|---|---|---|
| 纯电动乘用车 | $100 \leqslant R < 150$ | 2.5 | 2 | 1.5 |
| | $150 \leqslant R < 250$ | 4.5 | 3.6 | 2.7 |
| | $R \geqslant 250$ | 5.5 | 4.4 | 3.3 |
| 插电式混合动力乘用车（含增程式） | $R \geqslant 50$ | 3 | 2.4 | 1.8 |

表 4-12　　国家燃料电池汽车补贴标准　　单位：万元/辆

| 车辆类型 | 补助标准 | 车辆类型 | 补助标准 |
|---|---|---|---|
| 燃料电池乘用车 | 20 | 燃料电池大中型客车、中重型货车 | 50 |
| 燃料电池轻型客车、货车 | 30 | | |

相应地，地方政府也修正了新能源汽车补贴标准。以上海市为例，2017 年 6 月上海市政府发布了《上海市鼓励购买和使用新能源汽车暂行办法（2016 年修订）》，如表 4-13 所示。

表 4-13　　上海市 2017—2018 年纯电动汽车和插电式混合动力汽车车型补贴标准

单位：万元/辆

| 车辆类型 | 纯电动续驶里程 $R$（工况法）/km | 2017—2018 年 | 2019—2020 年 |
|---|---|---|---|
| 纯电动乘用车 | $100 \leqslant R < 150$ | 2 | 1.5 |
| | $150 \leqslant R < 250$ | 3.6 | 2.7 |
| | $R \geqslant 250$ | 4.4 | 3.3 |
| 插电式混合动力乘用车（含增程式） | $R \geqslant 50$ | 2.4 | 1.8 |

截至 2016 年，我国各城市新能源汽车保有量如表 4-14 所示。从中央到地方明确、

持续的鼓励政策产生了显著推动力。

表 4-14　　　　　　　　国内部分城市新能源汽车保有量统计

| 序号 | 城市 | 新能源汽车保有量 |
|---|---|---|
| 1 | 上海 | 2016 年上牌新能源汽车 45 060 辆,保有量为 102 726 辆 |
| 2 | 北京 | 截至 2017 年 2 月,新能源汽车保有量突破 10 万辆 |
| 3 | 深圳 | 截至 2016 年底,新能源汽车保有量为 80 828 辆 |
| 4 | 天津 | 2016 年新能源汽车新增上牌 24 639 辆,保有量为 3.85 万辆 |
| 5 | 杭州 | 截至 2016 年底,累计推广应用新能源汽车已超 3 万辆 |
| 6 | 广州 | 截至 2016 年 9 月,新能源汽车保有量近 2 万辆 |
| 7 | 武汉 | 截至 2016 年 10 月,累计推广新能源汽车 14 639 辆 |
| 8 | 郑州 | 截至 2016 年底,累计推广新能源汽车 1.45 万辆 |
| 9 | 西安 | 截至 2017 年 2 月,推广新能源汽车 1.65 万辆 |
| 10 | 青岛 | 2016 年推广新能源汽车过万辆 |
| 11 | 合肥 | 截至 2015 年 7 月,合肥全市范围新能源汽车推广量近 1 万辆 |
| 12 | 厦门 | 截至 2016 年底,已登记新能源汽车 9 313 辆 |
| 13 | 太原 | 截至 2016 年 9 月,推广纯电动出租汽车 8 292 辆 |
| 14 | 兰州 | 截至 2016 年底,累计推广新能源汽车 7 842 辆 |
| 15 | 重庆 | 截至 2015 年底,累计推广新能源汽车 7 409 辆 |
| 16 | 海口 | 截至 2016 年底,累计推广新能源汽车 6 272 辆 |
| 17 | 宁波 | 截至 2016 年底,拥有国标新能源汽车 6 000 多辆 |
| 18 | 金华 | 截至 2016 年底,推广新能源汽车 4 460 辆 |
| 19 | 无锡 | 截至 2016 年 11 月,新能源汽车保有量为 3 000 多辆 |

数据来源:作者整理。

### 4.1.3　美、日、欧新能源汽车应用现状

1. 美国新能源汽车应用现状

美国长期实施降低石油依赖、确保新能源安全的战略,将发展新能源汽车作为交通领域实现摆脱石油依赖的重要措施,并以法律法规保障新能源汽车的战略地位。早在克林顿政府时期,美国就提出了以提高燃油经济性为目标的计划,混合动力是当时主要的技术解决方案。到布什政府时期,目标提升为追求零排放和零石油依赖,最终技术解决方案主要是氢燃料电池汽车,计划用 10 年的时间实现 20% 的石油替代和节约,主要措施是生物质燃料。国际金融危机以后,奥巴马政府将大力发展电动汽车作为实施新能源战略的重要内容,提出了总额 40 亿美元的动力电池以及电动汽车研发和产业化的计划,产品上选择以插电式混合动力电动车为重点。

2013年美国发布电动汽车2022年发展战略目标,提出力争在10年内,使美国成为世界上第一个能够生产每个家庭都负担得起的插电式电动汽车的国家,其成本与传统汽车相当[5]。

2. 日本新能源汽车应用现状

作为能源极度匮乏的国家,日本长期坚持确保能源安全和提高产业竞争力的双重战略,通过制订国家目标引导新能源汽车产业发展,同时高度重视技术创新。2006年日本提出国家能源战略,目标是到2030年交通领域对石油的依赖从100%降到80%。为了配合这个新能源战略的实施,提出了下一代汽车燃料计划,明确提出改善和提高汽车燃油经济性标准,推进生物质燃料的应用,促进电动汽车和燃料电池汽车的应用等(表4-15)[6]。近期,日本又将大力发展电动汽车作为低碳革命的重要内容,并且计划到2020年普及以电动汽车为主体的下一代汽车。自2012年起,日本正全面发展三类电动汽车,其混合动力汽车全球销量第一;在纯电驱动方面,规划和产业化推进步伐也是最快的;另外,日本燃料电池产品的研发和产业化推进也领先于其他国家[7]。

表4-15 日本下一代汽车推广目标

| 汽车类型 | | 2020年目标(占所有车辆比例) | 2030年目标(占所有车辆比例) |
| --- | --- | --- | --- |
| 传统汽车 | | 50%~80% | 30%~50% |
| 下一代汽车 | 混合动力汽车 | 20%~30% | 30%~40% |
| | 电动汽车 | 15%~20% | 20%~30% |
| | 插电式混合动力汽车 | | |
| | 燃料电池汽车 | 1% | 3% |
| | 清洁柴油车 | 5% | 5%~10% |

为配合电动汽车推广应用,日本经济产业省发布基础设施建设规划,2020年建设5 000座快速充电桩,平均每40辆电动汽车/插电式混合动力汽车设一处快速充电桩[6]。

3. 欧洲新能源汽车应用现状

相对于美国和日本,欧洲更加重视温室气体减排战略,满足日益严格的二氧化碳排放限制要求已经成为欧洲对新能源汽车发展的主要驱动力。欧洲的新能源汽车发展早期主要以生物质燃料、天然气以及氢燃料为主,本世纪初曾经提出到2020年23%的石油替代目标。近期,欧洲则对电动汽车给予高度关注。例如德国2009年下半年发布《德国联邦政府国家电动汽车发展计划》,提出三阶段发展目标:①2020年,德国上路的电动及混合动力汽车达到100万辆;②2030年,德国电动汽车数量至少达到600万辆;③2050年,电动交通网络覆盖所有区域[8]。

德国还组建了国家电动汽车平台,如图4-1所示,从技术、产业、市场等多方面推动新能源汽车加速应用[6]。

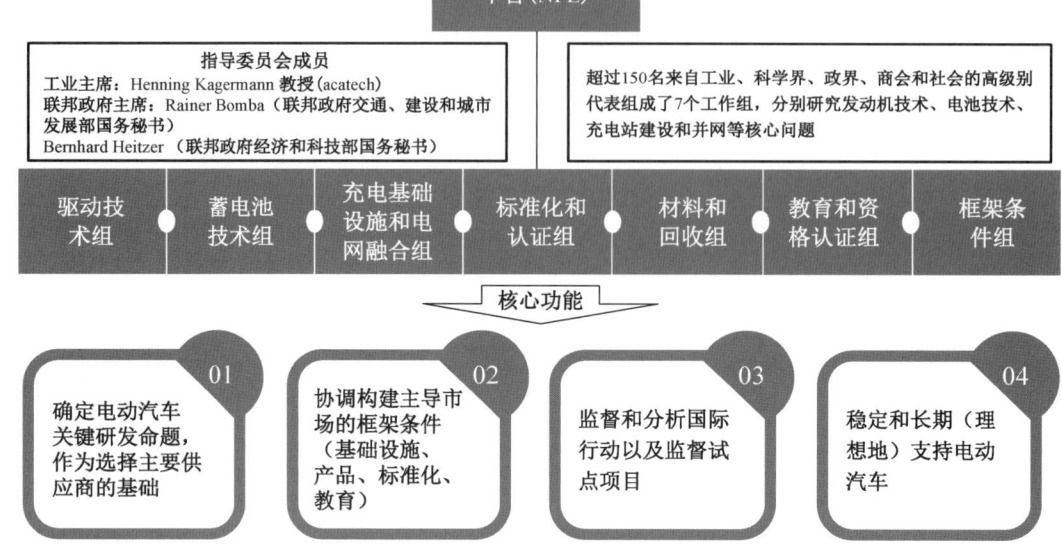

图 4-1　德国国家电动汽车平台架构图

### 4.1.4　新能源汽车应用展望

2011年6月,国际能源署(International Energy Agency,IEA)发布面向2050年的《电动汽车EV与插电式混合动力汽车PHEV技术路线图》,提出到2050年实现电动汽车在全球范围内的广泛应用,温室气体排放和石油使用显著减少。2020年实现全球纯电动汽车年销量至少达到200万辆(图4-2),到2050年其销售份额占到轻型汽车销售份额的一半以上。

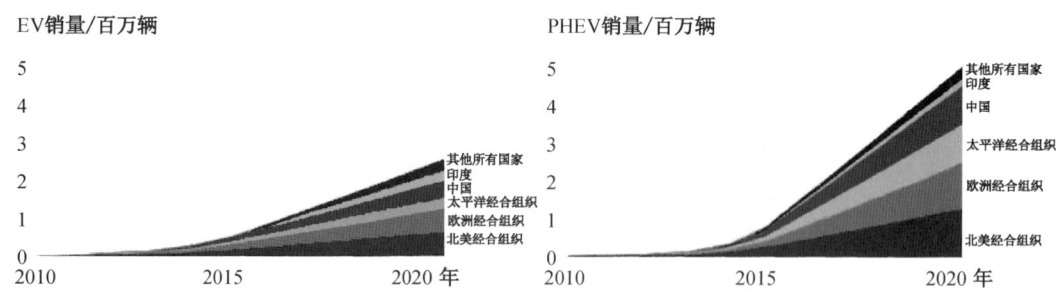

图 4-2　全球电动汽车未来市场分布趋势预测

## 4.2　新能源汽车推广应用的若干争议

尽管新能源汽车的推广应用在国内许多城市"如火如荼"地开展,但目前的车辆推广政策与应用实践也遭到来自企业界和学术界的质疑,存在不少争议。从城市综合交通系统规划和交通政策角度,主要争议包括新能源汽车的节能减排效益,充电设施的建设模式,以及车辆推广应用对用户出行行为、城市交通结构与交通运行状况的影响等。

### 4.2.1 争议一:电动汽车在中国是否为低碳绿色交通

环境效益是电动汽车在中国饱受争议的一个重要因素。争议的根源来源于中国的电力结构——约80%的电力来源于燃煤,而西方很多国家的电力来自于核能、水能、天然气等[9],如表4-16所示,远比中国的电力"清洁"。例如,荷兰、阿根廷等国50%以上的电能来自天然气(气电Ⅰ型);俄罗斯、英国等国电能主要来源是天然气,但所占比例小于50%(气电Ⅱ型);巴西、加拿大等国电能主要来源于水力;法国、比利时等国电能主要来源于核能;日本、芬兰等国属于混合型,即煤电、气电、水电、核电均占有相对均衡的比例。尽管美国、德国、韩国等国家电能主要来源也是燃煤,但所占比例小于50%(煤电Ⅱ型)。只有中国、印度等国家50%以上的电能来自燃煤(煤电Ⅰ型),且中国比例最高,2008年煤电比例为79.1%,2016年为74.37%。

表4-16　　　　　　　　不同国家电能结构比较(2008年)

| 国家 | 煤电 | 油电 | 气电 | 水电 | 核电 | 其他 | 备注 |
|---|---|---|---|---|---|---|---|
| 中国 | 79.1% | 0.7% | 0.9% | 16.9% | 2.0% | 0.4% | 煤电Ⅰ型 |
| 印度 | 68.6% | 4.1% | 9.9% | 13.8% | 1.8% | 1.8% | |
| 美国 | 49.1% | 1.3% | 21.0% | 5.9% | 19.3% | 3.4% | 煤电Ⅱ型 |
| 德国 | 46.1% | 1.5% | 13.9% | 3.3% | 23.5% | 11.8% | |
| 韩国 | 43.2% | 3.5% | 18.3% | 0.7% | 34.0% | 0.3% | |
| 荷兰 | 24.9% | 1.9% | 58.9% | 0.1% | 3.9% | 10.3% | 气电Ⅰ型 |
| 阿根廷 | 2.3% | 11.7% | 53.6% | 24.9% | 6.0% | 1.5% | |
| 俄罗斯 | 18.9% | 1.6% | 47.6% | 15.9% | 15.7% | 0.3% | 气电Ⅱ型 |
| 英国 | 32.9% | 1.6% | 45.9% | 1.3% | 13.6% | 4.7% | |
| 西班牙 | 16.1% | 5.8% | 39.1% | 7.6% | 19.0% | 12.6% | |
| 巴西 | 2.7% | 3.8% | 6.3% | 79.8% | 3.0% | 4.4% | 水电型 |
| 加拿大 | 17.2% | 1.5% | 6.2% | 58.7% | 14.4% | 1.9% | |
| 瑞士 | 0.0% | 0.2% | 1.1% | 53.7% | 41.3% | 3.7% | |
| 法国 | 4.8% | 1.0% | 3.8% | 11.2% | 77.1% | 2.1% | 核电型 |
| 比利时 | 8.7% | 0.5% | 29.5% | 0.5% | 54.5% | 6.3% | |
| 芬兰 | 18.5% | 0.6% | 14.5% | 22.1% | 29.7% | 14.7% | 混合型 |
| 日本 | 26.8% | 13.0% | 26.3% | 7.1% | 24.0% | 2.8% | |

鉴于中国电力近80%来自于燃煤,部分学者认为中国用纯电动汽车替代燃油汽车,等于以煤代油。"燃油汽车和纯电动汽车能耗折算成标准煤之后,两者的能源消耗量基

本上是相等的,但燃油排放的二氧化碳比燃煤少,所以纯电动汽车并不是低碳汽车,用纯电动汽车替代燃油汽车不是减少二氧化碳排放量,而是会增加二氧化碳的排放量""只有当煤炭从中国一次能源消费中退出之后,用纯电动汽车替代燃油汽车才是减排二氧化碳的。所以准确地说,纯电动汽车是未来的低碳汽车"[10-11]。甚至有些专家指出:"目前所有的新能源汽车,没有一辆是低碳的。必须寻找新的技术路线才能生产出低碳汽车来。"中国企业"不能以发展低碳的名义做高碳"[12]等等。

然而,也有部分研究证明,即使电动汽车所用电力全部来自燃煤,在"油井—车轮"全生命周期内,电动汽车仍比传统燃油汽车排放更少的二氧化碳[13]。Ou 等人研究表明,假设电动汽车的电能全部来自燃煤,其全生命周期的温室气体排放比传统燃油车低 3%～36%。如果进一步对发电厂使用碳捕捉与封存技术,电动汽车的温室气体排放将比传统燃油车低 60%～70%[14]。更重要的是,在电能生产环节的环境影响监测与治理,比之于车辆使用环境的排放管理,其可控性和关键技术改善贡献率更高,也有利于综合治理成本的降低。

### 4.2.2 争议二:充电设施建设是否符合能源供给策略

促进电动汽车的推广应用,充电设施建设已成为目前电动汽车市场各方利益主体关注的焦点之一。现有充电设施包括三大类:慢速充电桩、快速充电站、电池交换站等。慢速充电桩占用空间少,可为车辆提供常规充电服务;快速充电站占地面积几百至几千平方米不等,如表 4-17 所示,为车辆提供快速充电服务;电池交换站占地面积与快速充电站接近,直接为用户更换已充满电的电池。三大类充电设施具有不同的服务功能和建设要求,在大规模建设充电设施之前,有必要确定这三类设施在整个能源供给体系中的定位,承担何种功能,明确相应的服务对象,即首先明确能源供给策略和模式。

但目前关于电动汽车的能源供给策略尚未形成统一认识,而充电设施,尤其是大型快速充电站建设已经在不少城市启动了。截至 2010 年底,北京、上海、深圳等 41 个重点城市已建成电动汽车充电站 76 座[15],典型充电站建设情况如表 4-17 所示。拥有电源和输配电优势的电网企业(国家电网公司、南方电网公司)和拥有网络优势的石化企业(中石化、中石油、中海油等)是充电设施建设的两股主导力量。根据相关规划,国家电网公司将分三个阶段大力建设充电设施:第一阶段(2010 年)在 27 个网省公司建设 75 座充电站;第二阶段(2011—2015 年)使电动汽车充电站规模达到 4 000 座,同步推广建设充电桩;第三阶段(2016—2020 年)使电动汽车充电站达到 10 000 座,同步开展充电桩配套建设。截至 2016 年底,南方电网在深圳拥有集中式快速充电站 6 座,充电桩 20 万台;计划"十三五"期间投资 0.6 亿元建设投运 13 800 个充电桩[16]。中石化以北京为试点,计划将全市规模较大的加油、加气站改建成油(气)电综合服务站,并逐渐向全市乃至全国推广。中海油也计划通过合资公司(普天海油)在两个以上省会城市建设充电站。

表 4-17　　　　　　　　　　中国已建典型充电站占地规模

| 充电站名称 | 占地规模/m² | 投资规模/万元 | 备　注 |
| --- | --- | --- | --- |
| 上海漕溪路充电站 | 400 | 508 | 4 个路边充电车位,5 个站内充电车位 |
| 北京市市政环卫电动汽车分布式充电站 | 739.8 | — | 5 个 14 kW 交流充电桩,可同时为 10 辆 2 t 环卫电动汽车充电 |
| 深圳大运中心站 | 1 092 | 1 051.5 | 6 台快速充电机,可同时容纳 12 辆电动汽车驶入 |
| 北京朝阳北土城充电站 | 1 151.5 | — | 电动公交车充换电站,可同时为 240 块电池充电 |
| 江苏盐城东环路充电站 | 2 914 | 1 070 | 2 个中型直流充电机,2 个小型直流充电机,2 个交流充电机,可同时为 6 辆车充电 |
| 长春高新充电站 | 4 000 | — | 1 个大型直流充电机,9 个中型直流充电机,5 个中型交流充电机,可同时为 15 辆车充电 |
| 山东临沂焦庄充电站 | 13 653 | — | 21 个直流充电机,15 个交流充电机,可同时为 20 台电动公交车、15 辆社会乘务车提供充电服务 |

　　充电设施建设无疑是电动汽车推广不可或缺的一环,但目前的建设实践仍存在一定争议。一个核心议题是大规模的快速充电站建设是否符合将来电动汽车用户的充电行为与需求,是否与电动汽车储能技术的发展方向相符。Pierre 等人研究指出位于公共场所的充电设施并没有被频繁利用,电动汽车用户会通过合理规划出行以尽可能满足电池续驶里程的要求[17]。Skippon 等人指出绝大部分电动汽车潜在用户倾向于选择在自家为电动汽车充电[18]。麦肯锡在上海的调查也表明合意的充电设施建设是以居家充电为主,辅以少量的公共充电站[19]。因此,如果用户倾向于选择在家通过慢速充电桩来为电动汽车充电,那么目前盲目地建设大型快速充电站,很有可能将来得不到充分利用而成为巨大的投资浪费。

　　在统一的能源供给策略、规划缺失的条件下,一哄而上的充电站建设甚至被理解为背后另有意图——"跑马圈地"[20]。充电站占地几百至几千平方米,通过建设充电站,开发商可以拿到相应的土地使用权。因此,"在当前土地资源越来越稀缺的条件下,电力公司和石油公司只要圈到地,不管以后做什么,都是稳赚不赔。"

### 4.2.3　争议三:新能源汽车推广应用是否会恶化城市交通运行

　　新能源汽车作为战略型新兴产业,对于未来中国汽车工业发展、能源结构优化、环境质量改善等都将起到积极作用,这也是国家当前力推新能源汽车(尤其在私人用车领域)的重要原因。但从交通系统自身来看,小汽车是城市交通拥挤的始作俑者,电动汽车仍然属于个体机动化交通工具,相对于公共交通、步行、自行车交通而言,是道路资源利用效率较低的交通方式。因此,考虑到目前国内很多城市普遍面临的严峻交通拥挤形势,新能源汽车在私人用车领域的推广还须慎之又慎。

Paul等人研究表明,由于使用成本降低,电动汽车的出行里程数也会相应增加,出现车辆使用"反弹效应"[21]。因此,新能源汽车推广可能导致的一种不利结果是:技术进步克服了电动汽车的电池续航能力缺陷、国家强有力的政策扶持、充电站等基础设施的配套完善等,都使得电动汽车的拥有成本与使用成本大大降低,这将很有可能吸引部分原本采用公交、自行车、步行等交通方式的居民转向电动汽车出行,城市交通结构进一步向私人机动化转变。同时,由于电动汽车出行成本低,还会诱发更多的电动汽车出行,小汽车使用强度提高,由此进一步加剧中国城市面临的交通拥挤局面。

自2005年国家颁布《关于优先发展城市公共交通的意见》以来,优先发展城市公交已获得广泛共识,并成为一项基本国策加以推进。当前国家大力推广新能源汽车在私人用车领域的普及与应用,在一定程度上与公交优先发展政策相互抵触。如何协调、平衡新能源汽车产业与城市交通系统(尤其是公共交通系统)的良性发展,是目前城市交通工作者面临的又一重要任务。

另外,对新能源汽车的高额补贴还可能会恶化交通系统内的不公平现象。中国长期以来都是小汽车导向的交通系统投资、建设,已构成了对公交、步行、自行车出行者的不公平。当前又对电动汽车实行高额补贴,而且以节能减排的名义,这可能会招致步行、自行车交通出行者的质疑:无论节能还是减排,步行与自行车无疑都比电动汽车更具有优势,为何不对行人和骑车者进行补贴?从公平的角度说,国家补贴应该是拿给最贫困、最弱势的人群[22],能购买电动汽车的人群,在中国显然不是最贫困、最弱势的。

## 4.3 应对新能源汽车推广争议的研究重点

科学决策、理性推广新能源汽车以及开展面向绿色交通的新能源车辆系统规划设计,必须对上述有争议的问题开展研究并达成基本共识。有必要在分析争议产生的理论与现实背景下,按照绿色交通发展理念提出相应的解决思路。

### 4.3.1 制定全面分析电动汽车节能减排效益的规程

回答电动汽车在中国特定的一次能源结构及发展前景下是否为低碳汽车,需要以全寿命周期的视角比较电动汽车与传统燃油汽车的碳排放,基于燃料的全寿命周期(燃料生产、运输、使用)和车辆的全寿命周期(车辆制造、使用、报废),如图4-3所示,系统分析电动汽车的环境效益。应在技术研究基础上制定法定的论证规程,给出全寿命周期分析流程、关键参数及民众可认知、可判断的结果,进而在全社会统一认识,明确电动汽车在中国的节能减排效益。

由于电动汽车与传统燃油车辆除动力装置外在车辆构造上差别不大,重点是对燃

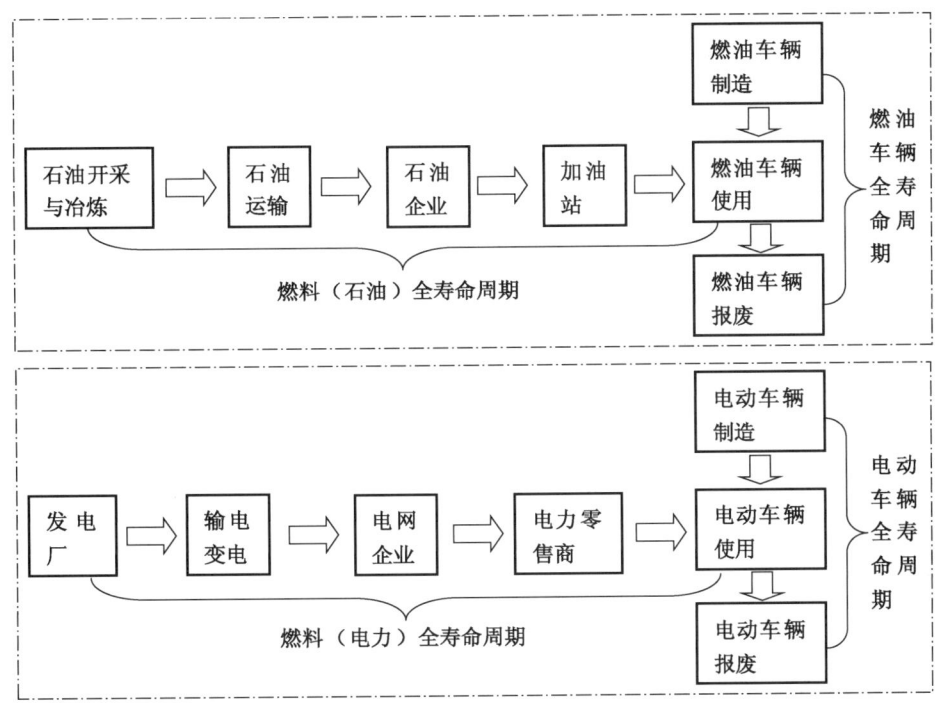

**图 4-3 燃油/电动汽车节能减排效益全寿命周期分析示意图**

料进行全寿命周期分析。在比较电动汽车与燃油车辆的环境效益过程中,以下两个常被忽视但很重要的问题值得关注:

(1) 电动汽车的净用电量。火力发电为 24 h 不间断生产,夜间随着用电需求的下降,存在较大的电力盈余而产生储能需求,以提高电力生产和传输能力的利用效率。如果电动汽车能够利用夜间盈余电力进行充电补电,则可很好地利用夜间富裕电力资源。在这种情况下,计算电动汽车使用火力发电的污染排放,需考虑在电动汽车总用电量($E_{total}$)中,有多少是电厂原本就已产生但未被充分利用而闲置的电量($E_{waste}$),有多少电量是由于电动汽车使用而额外产生的,即需计算电动汽车的净用电量($E_{net}$)。电动汽车的能耗与排放应基于 $E_{net}$,而不是 $E_{total}$。

$$E_{net} = E_{total} - E_{waste} \tag{4-1}$$

(2) 发电厂集中式排放控制带来的环境效益。尽管电动汽车将其运行过程中的碳排放转移至发电厂,但相对于一辆辆在道路上行驶的汽车,发电厂的碳排放固定、集中,易于处理。未来很多先进的碳捕捉与封存技术可以在发电厂得到应用。因此,在相同的碳排放量下,集中式排放显然较移动式排放更具减排可能,管理成本更低。另外,电厂通常建设在远离人口密集的地区,与车辆排放相比,污染源要更加远离人群,更方便对污染进行统一处理和控制。

电动汽车的净用电量与电厂的集中式排放都是电动汽车相对于传统燃油车辆在节

能减排上的优势。因此,在利用全寿命周期方法比较两类车辆的节能减排效益时,还需考虑将这两项优势量化、整合到计算分析过程与结果中。

### 4.3.2 制定适合国情的电动汽车能源供给策略

在大规模开展电动汽车充电设施建设之前,必须在宏观层面确定能源供给策略,即明确不同类型充电设施在供能体系中的地位与作用,由此制订相应的充电设施建设规划,明确相应的设施规模与空间布局。

显然,能源供给策略的制定需要基于当地的实际情况,须考虑的要素包括用户的用车与充电行为、电网运行特征及对纯电动汽车充电模式的要求、电动汽车在交通系统中的合理定位、最大化电动汽车的节能减排效益,以及空间资源约束等。本书第 5 章将另文论述电动汽车的能源供给策略,此处不再赘述。

### 4.3.3 依托新能源汽车培育适度、有节制的用车行为

电动汽车产业属于国家战略型新兴产业,但对城市交通系统而言,电动汽车这一新型交通工具的推广应用无疑是一把"双刃剑":既可能带来节能减排的社会效益,也可能加剧城市已经相当严峻的交通拥挤状况。国家与地方交通政策对于电动汽车购置的优惠,很有可能诱增购买的欲望、突破限购的限制,导致一些大城市和特大城市交通拥挤形势更趋严重。但另一方面,汽车产业的电气化升级也可能为城市交通结构升级提供机遇。较传统燃油汽车而言,电动汽车续驶里程短,出行更依赖于充电设施,其使用便捷性短期内还无法达到燃油车的水平。在推广电动汽车的同时,若能充分利用其小型化、本地化性能特征和充电设施布局特征,改变小汽车用户的用车行为,倡导有节制地适度用车,则将有利于引导小汽车出行回归理性,改善日趋恶化的大城市交通拥挤状况。

特大城市家庭用小汽车出行强度高是我国城市居民用车的一个典型特征。如北京市私人小汽车年平均行驶里程达 1.5 万 km[23],是伦敦的 1.5 倍,东京的 2 倍多;上海市私人小汽车年平均行驶里程则约为 1.4 万 km[24]。尽管我国小汽车保有量较发达国家低,但使用强度却远高于发达国家。过度的小汽车使用是导致我国城市交通拥挤的一个重要原因。

利用电动汽车的特点来引导、重塑合理的用车行为,特别是城市核心区的用车模式,是新能源汽车推广政策中必须考虑的一个关键要素,也是绿色交通发展的要求。Pierre 等人的研究表明,电动汽车的使用在一定程度上重构了新的生活模式,使用户逐渐养成根据电动汽车续驶里程合理规划当天出行的用车习惯[17]。这一研究表明,利用电动汽车特征来培育一种新的用车行为是可能的。

较燃油车而言,电动汽车出行更依赖于供能设施。供能设施的合理布局在很大程度上能够引导电动汽车的出行分布。可在充电设施的规划布局之初就考虑对小汽车合

理出行的引导。可能的措施包括:

(1) 坚持倡导"夜间常规充电、白天合理使用"的能源供给策略与用车模式,避免设置过多的大型快速充电站,快速充电仅作临时应急之用,逐渐培养电动汽车用户按照车辆续驶里程有计划出行的用车习惯。

(2) 利用停车场布局充电设施。可将充电设施与停车场紧密关联,尽可能减少停车场以外的设施布局。由于停车场可作为调节小汽车出行的重要工具,减少停车供给、提高停车费用均可不同程度降低小汽车出行强度[25]。因此,绑定充电设施与停车场,有助于进一步约束、引导电动汽车的出行。可考虑在城市核心区减少停车设施与充电设施供给,减少进入核心区的小汽车交通;在城市外围区结合公共交通枢纽设立停车场与充电设施,引导停车换乘模式。

(3) 利用充电价格杠杆引导电动汽车错峰出行。可根据小汽车出行强度高的区域/时段,充电价格也高的原则,设置充电价格体系,如核心区充电价格高于外围区、工作日高于休息日、夜间高于白天。

## 4.4 本章小结

引导与鼓励政策是推动新能源车辆发展的第一和主要推动力。在政策推动与技术完善的双重作用下,中国新能源车辆的发展相当迅速,尤其在公共交通领域的应用。大城市和特大城市针对交通拥挤的现状制定车辆拥有管理政策而对清洁能源车辆"网开一面",也使得新能源车辆在私人用车领域具有相对优势,而补偿了在使用过程中的相对不便。

然而,推广应用新能源汽车,并不一定会产生预期的绿色交通效果,相关的争议也一直持续不断。在节能减排效益方面,鉴于国内近80%的电力来自燃煤,存在"电动汽车在中国是否为低碳汽车"的争论。本章虽未给出电动汽车与传统燃油汽车在节能减排效益上的对比结果,但指出电动汽车的净用电量和电厂的集中式排放是电动汽车相对于传统燃油车辆在节能减排上的优势,在利用全寿命周期方法比较两类车辆的节能减排效益时,需要考虑将这两项优势量化、整合到计算分析过程与结果中。

充电设施长期规划与近期建设方面,大规模充电设施布局之前首先须确立能源供给策略,明确不同类型充电设施在供能体系中的地位与作用,充分考虑用户的用车与充电行为、电网运行特征及对纯电动汽车充电模式的要求、电动汽车在交通系统中的合理定位、最大化电动汽车的节能减排效益,以及城市建成地区空间资源约束等。

绿色交通不仅要求交通系统节约能源、保护环境,还要求适当限制个体机动化方式、建立以公共交通为主导的交通模式。在私人用车领域大规模推广新能源汽车,如政策不当,可能会诱发更多的私人小汽车出行,使交通出行结构向个体机动化方式倾斜。因此,须审慎制定新能源汽车的推广政策,尽可能利用新能源汽车在续驶里程与充电设施上的受限性,培育适度的、有计划的用车行为,改变大城市小汽车过度使用的局面。主要手段可包括:坚持倡导"夜间常规充电、白天合理使用"的能源供给策略与用车模式,统筹停车设施与充电设施布局,并利用充电价格杠杆引导电动汽车错峰出行。

## 参考文献

[1] 陈万吉,郭家强,尤可为,等.新能源汽车"十城千辆"示范运行节能减排效果预测[J].新能源汽车,2010,(1):34-35.

[2] 车讯网."十城千辆"工程初探新能源汽车市场化[EB/OL].[2013-12-11]. http://www.chexun.com/2013-12-11/102214914.html.

[3] 交通部.去年全国新能源公交车总量已超 16 万辆[EB/OL].[2017-2-27]. http://www.chinanews.com/cj/2017/02-27/8160812.shtml.

[4] 中国汽车技术研究中心,日产(中国)投资有限公司,东风汽车有限公司.中国新能源汽车产业发展报告[M].北京:社会科学文献出版社,2016.

[5] 李晓慧,贺德方,彭洁.美国发展新能源汽车的政策及未来趋势[J].全球科技经济瞭望,2016,31(3):63-71.

[6] 中国汽车工业协会.新能源汽车发展现状与前景[R].2015.

[7] 王晓明.我国新能源汽车发展现状及趋势[EB/OL].[2011-7-20]. http://www.drcnet.com.cn/DRCNET.Channel.Web/gylt/20110720/index.html.

[8] Federal Ministry for the Environment, Nature Conservation, Building and Nuclear Safety. National Electromobility Development Plan[R]. 2009.

[9] 国家统计局能源统计司.中国能源统计年鉴(2010)[M].北京:中国统计出版社,2011.

[10] 朱成章.对我国发展纯电动汽车的质疑与思考[J].中外能源,2010,15(9):11-15.

[11] 程振彪.仅凭纯电动汽车难破中国汽车可持续发展困局[J].交通世界,2011,(2):32-33.

[12] 李俊峰.新能源发展展望[EB/OL].[2011-7-30]. http://auto.qq.com/a/20100517/000204.html.

[13] Holdway A R, Williams A R, Inderwildi O R, et al. King. Indirect emissions from electric vehicles: emissions from electricity generation[J]. Energy and Environmental Science, 2010, (3): 1825-1832.

[14] Ou X, Yan X, Zhang X. Using coal for transportation in China: Life cycle GHG of coal-based fuel and electric vehicle, and policy implications[J]. International Journal of Greenhouse Gas Control, 2010, (4): 878-887.

[15] 北京水清木华科技有限公司(水清木华研究中心).2010 年中国电动汽车充电站市场研究报告[R].2010.

[16] 南方电网.十三五期间将在深圳建设 13 800 个充电桩[EB/OL].[2017-2-27]. http://finance.sina.com.cn/stock/t/2017-02-27/doc-ifyavrsx5239465.shtml.

[17] Pierre M, Jemelin C, Louvet N. Driving an electric vehicle: A sociological analysis on pioneer

users[J]. Energy Efficiency, 2011, 4: 511-522.

[18] Skippon S, Garwood M. Responses to battery electric vehicles: UK consumer attitudes and attributions of symbolic meaning following direct experience to reduce psychological distance[J]. Transportation Research Part D, 2011, 16(7): 525-531.

[19] Woetzel J, Sha S, Zhang H. Electric vehicles in megacities-Shanghai charges up[R]. 2010, 1-17.

[20] 张喆,李洪超. 谁的地盘谁做主？电动汽车充电站上演跑马圈地![J]. 中国汽车市场,2010,(32):10-11.

[21] Paul B M, Kockelman K M, Musti S. The light-duty-vehicle fleet's evolution: anticipating PHEV adoption and greenhouse gas emissions across the U.S. fleet[C]//Transportation Research Board 90th Annual Meeting Compendium of Papers DVD, 2011, 11-1649: 1-21.

[22] 宋健. 新能源汽车补贴政策在中国行不通[EB/OL]. [2011-8-1]. http://info.auto.hc360.com/2010/01/150943362407.shtml.

[23] 北京交通发展研究中心战略研究部. 关于机动车总量调控与需求管理问题的调研报告[R]. 2010:1-16.

[24] 上海市第三次综合交通调查总报告编委会. 上海市第三次综合交通调查总报告[R]. 上海:上海市城市综合交通规划研究所,2004.

[25] Ison S Rye T. The implementation and effectiveness of transport demand management measures: an international perspective[M]. Ashgate Publishing Ltd., 2008.

# 5 电动汽车能源供给策略与充电设施建设

5.1 能源供给策略的规划要素
5.2 中国电动汽车能源供给策略
5.3 本章小结
参考文献

对于电动汽车的推广应用,充电设施规划与建设是基础,决定了电动汽车使用的便利性。由于电动汽车和传统燃油汽车在车辆性能、适宜的交通出行模式上都存在显著差异,沿袭传统加油站布局思路,通过新建和加油站改建充电站、充电桩,逐步形成高覆盖率的充电网络并不恰当。纯电动汽车相比传统燃油车具有较短的续驶里程、较长的充能时间,决定了其使用场所主要是城市内部、适用对象是日行驶距离 100 km 左右的出行者。传统加油站布局模式不适合电动汽车能源供给特征与要求。而且,电动汽车承担着交通节能减排的使命,充电设施建设也不仅仅是为电动汽车提供电能,还要考虑如何促使电动汽车更加"绿色"。因此,在大规模建设充电设施之前,有必要在宏观层面明确电动汽车的供能策略,即采用何种主导模式(慢速充电、快速充电、更换电池组等)为电动汽车充电,以及相应的慢速充电桩、快速充电站、电池更换站等充电设施在供能体系中的功能定位与服务对象,从而基于供能策略进一步对充电设施制订适度超前的建设规划,确定各类设施的规模与空间布局。

## 5.1 能源供给策略的规划要素

电动汽车以电力为驱动,供能策略首先须考虑城市电网运行特征及其对电动汽车充电模式的要求。其次,电动汽车作为一种新型交通工具融入城市交通系统,在可获得的电池续驶里程水平与充电技术条件下,必须明确纯电动汽车的合理定位、使用模式及能源供给要求。再次,电动汽车须依据电力来源与资源供给模式,最大程度发挥其节能减排效益。最后,有限的城市土地资源与城市建成环境也是供能设施建设不得不面临的约束。

### 5.1.1 电网运行特征

由于人口、产业高度集聚,城市用电需求负荷密度高,且随着社会经济的快速发展,电力需求不断增长。以上海为例,2008—2015 年间,上海市年用电量由 1 138.22 亿 kW·h 增加到 1 405.55 亿 kW·h,年均增长 3.1%;日最高用电负荷由 2 243.2 万 kW 增加到 2 982 万 kW,年均增长 4.2%。另一方面,电网供电侧发电设备容量增长有限,速度增长滞后。2008—2015 年上海年末发电设备容量由 1 679.74 万 kW 增加到 2 080.69 万 kW,年均增长 3.1%[1]。用电需求与供给的差异,导致了"用电荒"现象时常发生。

除电力总供给不足外,城市电网需求侧还面临逐年扩大的用电峰谷差困扰。2015 年上海电网日最大峰谷差达 1 313.7 万 kW,约占最高用电负荷的 44%[1]。一方面,高峰用电负荷超出发电设备最高出力,造成电力紧缺;另一方面,低谷电力负荷远小于发电设备最高能力,又形成电力相对过剩。高峰紧缺与低谷过剩并存成为城市电网系统运营的典型特征[2]。

在电网能力不宽裕且峰谷差特征显著的运行环境下,如果大量电动汽车在白天充电,势必会造成更严重的高峰紧缺与低谷过剩,不得不投入更多资金解决电力负荷问题。仍以上海为例,若2020年上海充电式混合动力和纯电动汽车达到35万辆规模[3],考虑80%的日出车率以及10%的车辆同时使用快速充电方式(以30 kW充电功率计),另有10%的车辆同时使用慢速充电方式(以3 kW充电功率计),则最大可能增加的电网负荷为92.4万kW,约占2015年上海电网最高负荷(2 982万kW)的3.1%,占发电设备容量(2 080.69万kW)的4.4%。若有更多的电动汽车在白天充电,则对城市电网运行无疑是"雪上加霜"。相反,如果电动车在夜间低谷时段充电,则既可以降低充电成本(夜间电价减半),又可对电网运行起到"削峰填谷"作用,有利于提高电网及电力设备的供电效率,降低需求侧用电成本。因此,在住宅区修建更多的充电设施鼓励夜间充电,对电动汽车与电网运行是一种双赢模式。

### 5.1.2 电池性能与充电技术

电池单次充电续驶里程直接影响电动汽车的推广与普及程度,也在很大程度上决定了电动汽车用户的出行模式。表5-1总结了几款典型纯电动汽车电池技术性能参数,可以发现:目前技术水平下纯电动乘用车电池单次充电的理想续驶里程在150~300 km,百公里耗电在15 kW·h左右,最高车速为100~150 km/h。

表5-1 典型纯电动乘用车电池技术性能参数

| 车 型 | 电池类型与容量 | 工信部续驶里程/km | 百公里耗电/(kW·h) | 最高车速/(km·h$^{-1}$) |
|---|---|---|---|---|
| 秦 EV300 | 磷酸铁锂电池,47.5 kW·h | 300 | — | 150 |
| 奇瑞 eQ1 | 三元锂电池,18.2 kW·h | 151 | — | 100 |
| 众泰 E200 | 三元锂电池,24.52 kW·h | 160 | — | 120 |
| 知豆 D2 | 三元锂电池,18 kW·h | 155 | — | — |
| 荣威 e50 | 镍钴锰电池,22.4 kW·h | 170 | 15 | 130 |
| 力帆 330EV | 三元锂电池,22 kW·h | 160 | — | 100 |

说明:表中各类车型电池技术性能参数来源于汽车厂商网站发布数据。

电动汽车能源供给有慢速充电、快速充电和更换电池组三种充电方式(图5-1)。慢速充电采用小电流恒压或恒流方式,电流约为15 A,充电需5~8 h;快速充电采用150~400 A的高电流,20~30 min就能使蓄电池电量达到80%~90%;更换电池组是在蓄电池能量耗尽时,用充满电的电池组更换已经耗尽的电池组,更换过程可在10 min内完成。更换电池组模式融合了慢速充电与快速充电的优点,在某种意义上也极大弥补了电池组续驶里程不足的缺陷。但在目前各种汽车厂商电池、充电机和充电接口标准尚未取得统一的情形下,电池更换模式的优势无法得到很好发挥,只能适合于某些特定类型车辆如公交车的能源供给。

   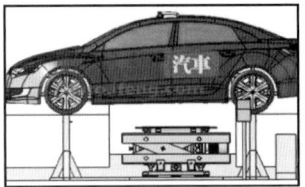

　　车载充电机　　　　充电桩　　　　快速充电机　　　更换电池组

图 5-1　电动汽车典型充电方式示意图

　　三类充电方式的优缺点、适用性已有较多研究,从充电设施规划、建设、运营角度分析三类充电方式的基础设施要求如表 5-2 所示。

表 5-2　　　　　　　　　　不同充电方式对基础设施的要求

| 充电方式 | 充电及配套设施 | 设施规划要求 | 设施建设要求 | 设施运营要求 |
|---|---|---|---|---|
| 慢速充电 | ①车载充电机+充电插口;②充电桩;③电力计量收费装置 | ①慢速充电设施在供能体系中的服务定位;②设施规划总量与空间布局;③与建筑停车配建规划协调 | 可结合居住区/楼宇/商场/超市的停车场以及社会公共停车场建设,无须额外占用土地 | 充电过程由用户自己完成,除日常维护外无特殊运营要求 |
| 快速充电 | ①大型充电机;②电力计量收费装置 | ①快速充电设施在供能体系中的服务定位;②设施规划总量与空间布局;③与城市规划、电网规划协调 | 一般宜结合 10 kV 变电站建设,需要独立空间,占用一定土地 | 充电过程由专人完成,需要智能化充电管理系统,专业化操作与维护 |
| 更换电池组 | ①备用电池组;②电池充电装置;③电池更换装置 | ①电池更换站在供能体系中的服务定位;②设施规划总量与空间布局;③与城市规划、电网规划协调 | 结合特定车型的运行特征布点,需要独立空间,占用一定土地 | 由专人专业机械更换电池组,可在夜间对能量耗尽电池组充电,辅以电池物流配送,形成工厂式电力综合服务站 |

### 5.1.3　电动汽车交通功能定位

　　在当前电池性能与充电条件下,纯电动汽车较传统燃油车在使用便捷性、可靠性等方面仍有一定差距。普及型电动汽车主要适合于城市范围内、日出行距离在 100 km 左右、行驶速度不超过 100 km/h 的工况。根据国内城市居民日均出行次数、出行里程、出行空间分布等特征,纯电动汽车对于城区使用模式具有良好的可行性。2008 年中国汽车技术研究中心联合新浪汽车开展的乘用车行车习惯调查表明,工作日约 83% 的乘用车日均行驶里程小于 50 km,96% 的乘用车日均行驶里程小于 100 km;休息日约 70% 的乘用车日均行驶里程小于 50 km,93% 的乘用车日均行驶里程小于 100 km(图 5-2)[4]。由于该调查样本有一半来自地级市与县城城镇,大城市乘用车日均行驶里程可能稍高于调查值。上海市 2014 年客车出行特征如表 5-3 所示,数据显示,私人小客车平均每日行驶里程约 32 km,平均每车次出行距离约 14.5 km[5]。如果电动汽车电池单次充电续驶里程达到100～200 km,可基本满足自用车辆白天行驶、夜间充电的需求。对于出租车而言,其日行驶里程维持在340 km左右,按照目前的电动汽车续航历程,需要在运营过程中快速充电1～2次。若采用更高续驶里程的车辆,也可以基本满足一天运营要求。如太原市出租车选用了比亚迪E6纯电动车,该车辆2 h可充满电,续驶里程达400 km,可满足全天运营需求。

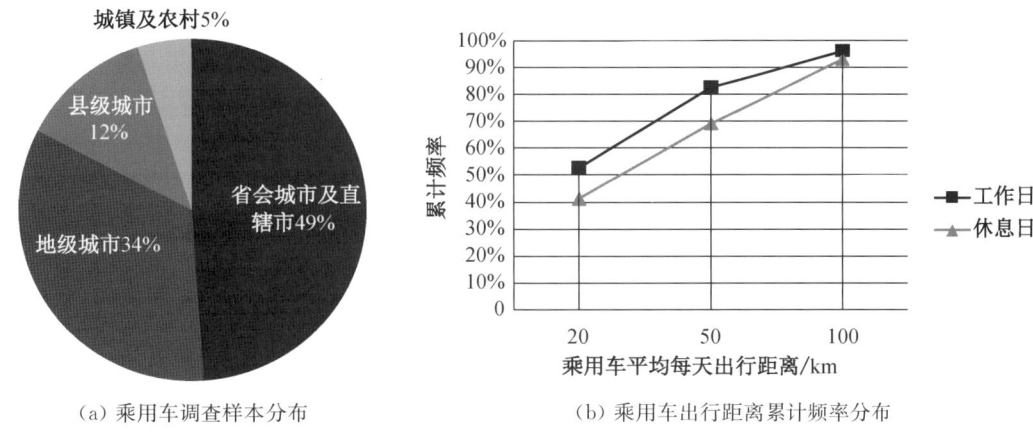

(a) 乘用车调查样本分布　　　　(b) 乘用车出行距离累计频率分布

图 5-2　乘用车调查样本分布和乘用车出行距离累计频率分布

表 5-3　　　　　　　　　　上海市客车出行特征(2014年)

| 机动车类型 | | 平均每车每日出行次数/车次 | 平均每车每日行驶里程/km | 平均每车次出行距离/km |
|---|---|---|---|---|
| 社会客车 | 小客车 | 2.2 | 31.9 | 14.5 |
| | 大客车 | 3.0 | 48.0 | 16.0 |
| 出租车 | | 32(载客车次) | 344 | 7.1(载客里程) |

纯电动汽车续航里程与充电设施普及性是制约其普遍使用的主要因素。一般情况下如果以增加电池数量达到更大续航里程,不仅会增加车辆购置成本,也会直接影响车辆能耗指标而降低经济性。因此,考虑纯电动汽车的供能模式,其功能定位与适宜的使用场合如下:

(1) 日行驶里程、线路固定,便于能源补充管理的车辆:公共汽车、邮政车辆、市政服务车辆(洒水车、清洁车等),采用集中充电或固定地点换电模式。

(2) 日间行驶里程在续航里程范围内的车辆:家庭日常使用车辆,特别是家庭第二辆车。通常夜间慢充就能符合需求。

(3) 有稳定使用间隔便于定点补充能量的车辆:电动汽车分时租赁。主要在城区内与其他方式配合使用,有固定停车点并可充电。

### 5.1.4　土地资源约束

有限的土地资源和城区可建设用地的充分开发是国内几乎所有城市发展面临的主

要约束条件。在现有三种充电方式中,慢速充电桩一般与既有固定停车位结合,基本不需要额外建设用地,而集中的快速充电站和电池更换站都需要单独安排建设用地,根据规模不同占地面积几百至几千平方米不等。

在城市建成区有限空间内,按传统加油站布设密度大规模建设快速充电站、电池更换站已不太可能。土地资源约束决定了慢速充电桩必须承担电动汽车供能的主体作用。

## 5.2 中国电动汽车能源供给策略

根据城市电网运行特征、纯电动汽车交通功能定位以及城市建设用地约束等因素,结合电动汽车合适的使用模式,从总体供能模式以及供能设施服务定位、布局方面考虑电动汽车供能策略。

### 5.2.1 总体供能模式

以夜间低谷慢速充电为主,白天快速补电与更换电池组为辅,结合各类型交通方式出行特征,城市应发展组合型供能结构[6]。表5-4根据私人小客车、特定用户租赁车、出租车、公交车、政府及企事业单位车等不同用户的交通出行特征,提出了相应的供能策略与要求。

表5-4　　各类交通方式供能策略与要求

| 交通方式 | 供能策略 | 供能要求 |
| --- | --- | --- |
| 私人小客车 | ①以夜间低谷时段在居住区停车场充电为主,白天在办公场所或社会停车场利用慢速充电方式补电;②行车途中可利用快速充电方式应急补电 | ①高密度分布的车载充电机插口和充电桩;②智能化电能显示与快速充电站地理位置指示系统;③便利的计费与付费模式 |
| 特定用户租赁车 | ①以夜间低谷时段在停车场充电和白天慢速充电为主;②行车途中可采用更换电池组方式快速补电 | ①结合车辆行驶线路布置充电插口和充电桩;②结合车辆运营调度满足使用需求 |
| 出租车 | 以快速充电为主,选用续驶里程高的车型 | ①较高密度分布的快速充电设施;②智能化电能显示与快速充电站地理位置指示系统;③便利的计费与付费模式 |
| 公交车等固定线路用车 | ①以更换电池组方式为主,电池更换站在夜间低谷时段对能量耗尽电池组进行慢速充电;②运行途中可以通过无线充电方式补电 | ①车辆电池组尽可能标准化;②结合车辆日行驶里程计算供能强度;③结合首末站用地设置无线充电位 |
| 政府及企事业单位用车 | ①以夜间停驶状态下低谷充电为主,白天在办公场所或社会停车场利用慢速充电方式补电;② 行车途中可利用快速充电方式应急补电 | ①单位停车场自备车载充电机插口和充电桩;②智能化电能显示与快速充电站地理位置指示系统 |

### 5.2.2 供能设施服务定位与布局

**1. 慢速充电桩**

慢速充电桩在能源供给体系中占主导地位,以体现夜间低谷充电为主的供能策略。其服务对象包括各种交通方式的纯电动汽车,尤其是满足私人小客车、政府及企事业单位用车的充电需求。空间布局上,在居住社区、办公楼宇、商场超市、交通枢纽以及社会停车场(库)等安装车载充电接口或充电桩,构建高覆盖率的公共充电网络,方便车辆停驶时就近接入电网充电。

**2. 快速充电站**

快速充电站在能源供给体系中处于补充地位,主要服务于出租车、私人小客车、政府及企事业单位用车在使用途中应急补电需求。空间布局上,由于快速充电电流大,对电网运行影响程度高,宜结合 10 kV 变电站设置。同时,考虑服务车辆的出行空间分布特征,优化快速充电站选址。

**3. 电池更换站**

在各种汽车厂商电池、充电机和充电接口难取得统一的情形下,电池更换站在能源供给体系中也只能处于补充地位。由于公交车、租赁车等集团化用车模式使用的车辆类型较统一,且对能源补给时间要求高,电池更换站特别适用于这类用车模式。空间布局上,应结合车辆行驶路线、区域集中设置一定数量电池更换站,根据车辆运营特征配备电池组,更换下来的电池组在夜间利用常规方式集中充电。

慢速充电桩、快速充电站、电池更换站在能源供给体系中的功能定位、服务对象与空间布局总结如表 5-5 所示。

表 5-5　　电动汽车供能设施功能定位、服务对象与空间布局

| 供能设施 | 功能定位 | 服务对象 | 空间布局 |
| --- | --- | --- | --- |
| 慢速充电桩 | 主导地位 | 为所有交通方式电动汽车提供慢速充电服务,重点满足私人小客车 | 居住社区、办公楼宇、商场超市、交通枢纽以及社会停车场(库) |
| 快速充电站 | 补充地位 | 为所有交通方式电动汽车提供应急补电服务,重点满足出租车、私人小客车、政府及企事业单位用车 | 结合 10 kV 变电站设置,并考虑车辆出行的空间分布特征进行优化 |
| 电池更换站 | 补充地位 | 为所有交通方式电动汽车提供更换电池服务,重点满足公交、租赁等集团化用车 | 结合车辆行驶路线、区域集中设置 |

## 5.3 本章小结

电动汽车的能源供给策略是确定各类充电设施在供能体系中的功能定位、指导充电设施建设与空间布局的主要依据。通过对城市电网运行特征、电动汽车在交通系统中的合理定位、最大化电动汽车的节能减排效益以及有限的空间资源约束等因素的分

析,确定适合我国电动汽车发展的供能策略为:以夜间低谷慢速充电为主,白天快速补电与更换电池组为辅,结合各类型交通方式出行特征,提供组合型供能模式。相应地,慢速充电桩在能源供给体系中占主导地位,为所有交通方式的电动汽车提供慢速充电服务;快速充电站和电池更换站在能源供给体系中处于补充地位,前者主要服务于车辆使用途中应急补电需求,后者服务于公交、租赁等集团化用车模式。

以夜间慢速充电为主导的供能策略,也符合电动汽车用户倾向于在家用停车位充电的习惯。更重要的是,这种供能策略有助于培养用户有节制、有计划的用车行为,改善目前私人小客车过度使用的局面,调节个体机动化出行需求,因而也是符合绿色交通发展要求与目标的供能模式。

## 参考文献

[1] 上海市统计局.上海统计年鉴[M].北京:中国统计出版社,2016.

[2] 上海市电力公司.电动汽车能源供给体系思考与实践[R].2007,1-42.

[3] 腾乐天,何维国,杜成刚,等.电动汽车能源供给模式及其对电网运营的影响[J].华东电力,2009,37(10):1675-1677.

[4] 中国汽车技术研究中心.乘用车行车习惯调查[EB/OL].[2011-8-3].http://survey.news.sina.com.cn/voteresult.php?pid=27024.

[5] 上海市第五次综合交通调查联席会议办公室.上海市第五次综合交通调查成果报告[R].上海:上海市城乡建设和交通发展研究院,2015.

[6] 叶建红,陈小鸿.纯电动汽车供能策略研究[J].同济大学学报(自然科学版),2011,39(10):1531-1536.

# 6 电动汽车应用策略与商业模式

6.1 国外典型城市新能源汽车应用策略与实施路径
6.2 国内主要城市新能源汽车应用模式
参考文献

## 6.1 国外典型城市新能源汽车应用策略与实施路径

### 6.1.1 伦敦:由易到难的推广策略

**1. 伦敦人口及机动车保有量**

伦敦是四大世界级城市之一。"大伦敦"地区由"伦敦市"和32个自治市组成,面积为1 572 km²。在伦敦城周围的12个市,组成了伦敦市区,为"内伦敦",面积为319 km²。其中,伦敦中心区约28 km²,空间范围如图6-1所示[1-2]。通常所说的伦敦是指大伦敦范围。

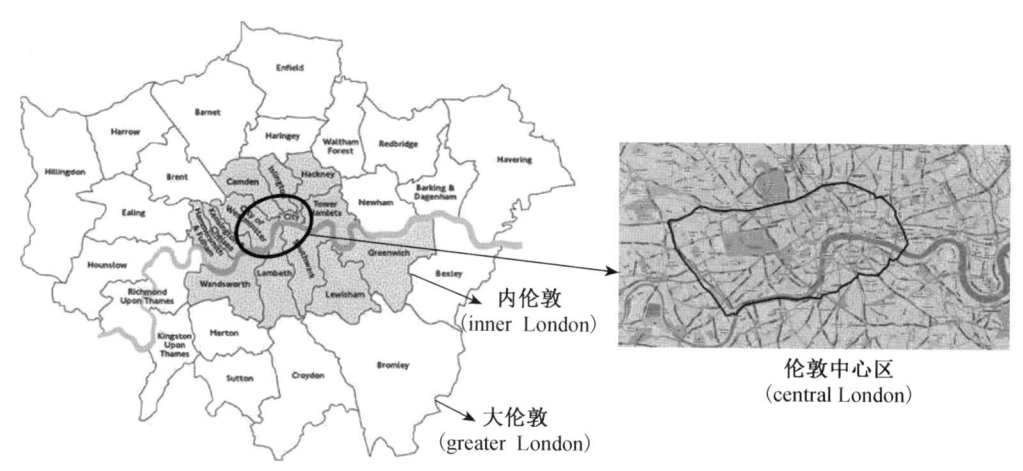

图6-1 大伦敦、内伦敦及伦敦中心区示意图

2011年人口普查显示,伦敦常住人口为817万人,每天还约有100万的外来人口穿梭于伦敦城,包括伦敦城外的通勤人员和游客。根据2011年居民调查统计,2009—2010年伦敦家庭车辆拥有情况如表6-1所示[3]。

表6-1 伦敦家庭车辆拥有情况

| 2009—2010年 | 无 | 1辆 | 2辆 | 3辆及以上 | 百户家庭保有量/辆 |
| --- | --- | --- | --- | --- | --- |
| 内伦敦 | 57% | 37% | 6% | 1% | 52.5 |
| 大伦敦 | 42% | 43% | 12% | 3% | 77.5 |
| 外伦敦 | 32% | 47% | 17% | 4% | 95 |

内伦敦每百户家庭机动车保有量要远低于大伦敦和外伦敦。伦敦在2011年共有327万户家庭,由此可以初步估算伦敦私人机动车保有量为253万辆左右。

**2. 伦敦地面交通污染物排放状况**

《伦敦交通报告》给出了伦敦地面交通2008年及2010年交通污染物($PM_{10}$和$NO_x$)及二氧化碳($CO_2$)的排放量,包括地面交通设施建设、运行全过程。伦敦交通局在2013年提出了新的排放物计算方法,但为了保证与2008年及2010年数据的可比性,2010年数据仍然采用原计算方法。

1) 伦敦地面交通 $PM_{10}$ 污染物排放量

2010年伦敦地面交通 $PM_{10}$ 污染物的排放量为 735 t，相较于 2008 年（排放量为 839 t）下降了 12.4%。表 6-2、图 6-2 和图 6-3 分别给出了 $PM_{10}$ 污染物排放来源。

表 6-2　　　　　　　　　　伦敦地面交通 $PM_{10}$ 污染物排放源

| 交通方式 | $PM_{10}$ 排放量/t | | 相较于 2008 年的变化率 |
| --- | --- | --- | --- |
| | 2008 年 | 2010 年 | |
| 道路交通 | 705 | 597 | -15% |
| 铁路 | 126 | 129 | 2% |
| 水运 | 8 | 9 | 13% |
| 总计（不包括航空） | 839 | 735 | -12% |
| 航空 | 97 | 93 | -4% |
| 总　计 | 936 | 827 | -12% |

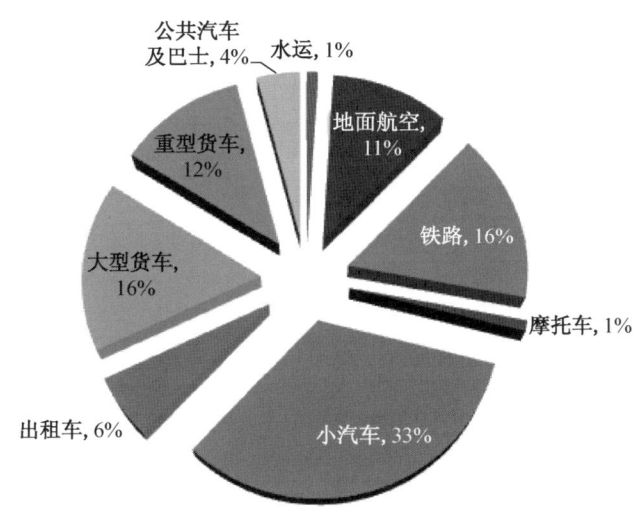

注：地面航空——机场内部地面上运输货物或人的设备。

图 6-2　2010 年伦敦地面交通 $PM_{10}$ 污染物排放源

从图 6-2 可以看出，伦敦地面交通污染物 $PM_{10}$ 排放来源最大的是小汽车（33%），货车排放也占据了很大的比重（各类货车排放总和为 28%），公共交通（公共汽车及巴士、出租车）所占比例不大于 10%。此外，各方式 2010 年排放量相较于 2008 年，道路交通下降了 15%。这是汽车排放标准提高以及对伦敦低排放区（基本涵盖了伦敦大部分地区）收费措施（只针对排放严重的车辆收费）实施的效果。铁路交通排放上升是由于铁路设施建设导致，航空则采用了更为低排放的飞机发动机。总体上 $PM_{10}$ 排放总量下降了 12%。

图 6-3 是伦敦中心区 28 km² 范围内 $PM_{10}$ 的排放源，78% 的 $PM_{10}$ 排放来源于交通

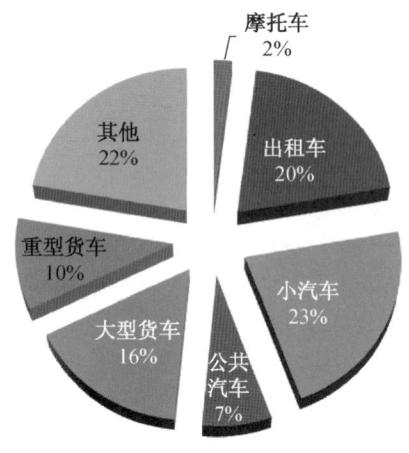

图6-3 2008年伦敦中心区 $PM_{10}$ 排放源

系统。其中,不同交通方式的排放量包含了各种摩擦、轮胎等产生的排放,不仅仅是来自排气管的污染物。公共交通(公共汽车+出租车)排放占据了最大的比重(占27%),小汽车占据了23%[4]。

2) 伦敦地面交通 $NO_x$ 排放量

所有的燃烧过程都会产生 $NO_x$(一氧化氮 NO 和二氧化氮 $NO_2$)。NO 在一定的情况下会转化为 $NO_2$,而 $NO_2$ 对人体健康会产生危害。2010年伦敦地面交通 $NO_x$ 的排放量为27 945 t,相较于2008年(排放量为33 424 t)下降了16.4%。表6-3及图6-4给出了 $NO_x$ 污染物排放来源。

表6-3　　　　　伦敦地面交通 $NO_x$ 污染物排放源

| 交通方式 | $NO_x$ 排放量/t | | 相较于2008年的变化率 |
| --- | --- | --- | --- |
| | 2008年 | 2010年 | |
| 道路交通 | 29 236 | 23 657 | -19% |
| 铁路 | 3 825 | 3 920 | 2% |
| 水运 | 363 | 368 | 1% |
| 总计(不包括航空) | 33 424 | 27 945 | -16% |
| 航空 | 4 163 | 3 871 | -7% |
| 总　计 | 37 587 | 31 816 | -15% |

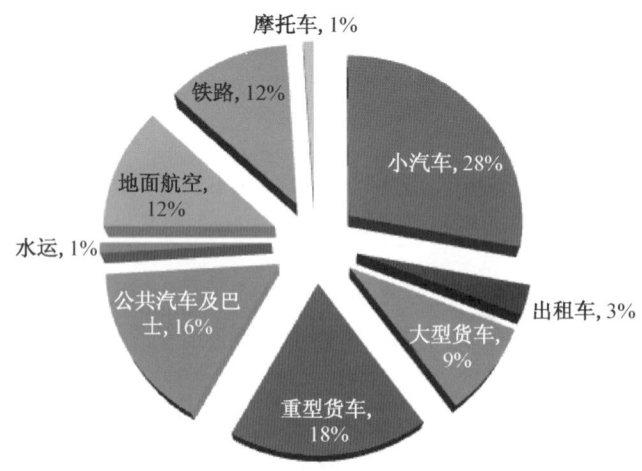

图6-4 2010年伦敦地面交通 $NO_x$ 污染物排放源

据统计,所有 $NO_x$ 排放源中有 63% 的比重来源于地面交通[3]。从图 6-4 可以看出,伦敦地面交通污染物 $NO_x$ 的排放来源最大的是小汽车(28%),货车也占据了很大的比重(27%),公共交通贡献比重达到了近 19%。此外,各方式 2010 年排放量相较于 2008 年,道路交通下降的比重最大(19%),这反映了汽车排放标准提高的贡献。

3) 伦敦地面交通 $CO_2$ 排放量

2010 年伦敦地面交通 $CO_2$ 的排放量为 842 万 t,相较于 2008 年(排放量为 879 万 t)下降了 4.2%。表 6-4 及图 6-5 给出了 $CO_2$ 排放来源。

表 6-4 伦敦地面交通 $CO_2$ 排放源

| 交通方式 | $CO_2$ 排放量/万 t | | |
|---|---|---|---|
| | 2008 年 | 2010 年 | 相较于 2008 年的变化率 |
| 道路交通 | 718 | 677 | -6% |
| 铁路 | 159 | 163 | 2% |
| 水运 | 2 | 2 | 0% |
| 总计(不包括航空) | 879 | 842 | -4% |
| 航空 | 108 | 100 | -7% |
| 总 计 | 987 | 942 | -5% |

据统计,$CO_2$ 排放源中有 21% 来源于地面交通[3]。图 6-5 表明,伦敦地面交通 $CO_2$ 排放最大的来源是小汽车和摩托车,占据了近一半(47%);铁路其次,占到 18%;货车排放比重为 16%。此外,各方式 2010 年排放量相较于 2008 年,道路交通下降了 6%,航空交通下降了 7%。所有机动源 $CO_2$ 总量下降了 5% 左右(包括航空)。

3. 伦敦交通减排目标设定

欧洲采取统一的污染物浓度控制标准,英国也采用同样的空气污染物控制标准。具体数值如表 6-5 所示,表中主要列出了与交通排放相关的污染物控制标准[5]。

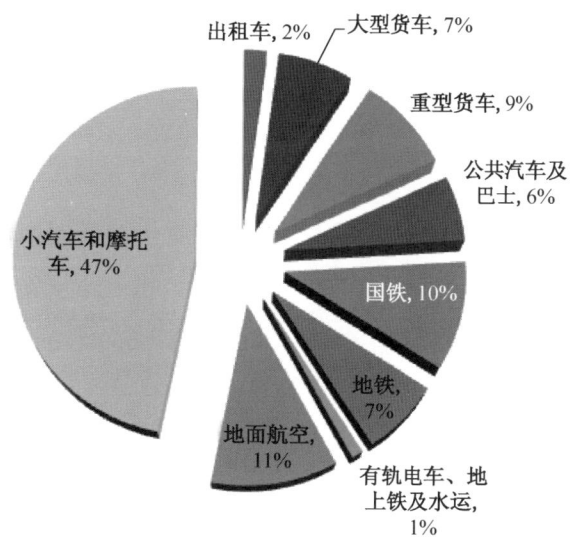

图 6-5 2010 年伦敦地面交通 $CO_2$ 污染物排放源

表 6-5　　　　　　　　　　　　　欧洲空气环境浓度标准

| 污染物 | 浓度 | 平均期间 | 法律效力开始年份 | 允许超过次数 |
| --- | --- | --- | --- | --- |
| $PM_{2.5}$ | 25 μg/m³ | 1 年 | 2015 年 | — |
| $SO_2$ | 350 μg/m³ | 1 h | 2005 年 | 24 |
| | 125 μg/m³ | 24 h | 2005 年 | 3 |
| $NO_2$ | 200 μg/m³ | 1 h | 2010 年 | 18 |
| | 40 μg/m³ | 1 年 | 2010 年 | — |
| $PM_{10}$ | 50 μg/m³ | 24 h | 2005 年 | 35 |
| | 40 μg/m³ | 1 年 | 2005 年 | — |
| CO | 10 mg/m³ | 最大 8 h 日均值 | 2005 年 | — |

在表 6-5 中，仅有 $PM_{2.5}$ 的浓度限制值至 2015 年才开始具备法律效力，其他 4 种污染物目前均已具有法律效力。该表给出的只是各污染物浓度的限制标准，并没有指出相关污染物排放的目标控制值。需要指出的是，伦敦将上表中的控制标准作为监控目标。伦敦《市长清洁空气计划》(*Clearing the air—The Mayor's Air Quality Strategy*) 报告设定 2015 年伦敦中心区 $PM_{10}$ 的排放总量较 2008 年下降 31%，大伦敦 $NO_x$ 排放总量较 2008 年下降 35%，如表 6-6 所示。

表 6-6　　　　　　　　　　　　　　伦敦减排目标

| 污染物（区域） | 2008 年排放值 | 2011 年排放值 | 2015 年要求值 | 2015 年较 2008 年下降率 |
| --- | --- | --- | --- | --- |
| $PM_{10}$（伦敦中心城） | 135 t | 119 t | 93 t | 31% |
| 氮氧化物 $NO_x$（大伦敦） | 5.6 万 t | 4.5 万 t | 3.6 万 t | 35.7% |

伦敦《健康、安全及环境》(*Health, Safety and Environment*) 报告中也给出了伦敦公共交通的减排目标：目标年份 2017—2018 年乘客人公里的 $CO_2$ 排放量较 2005—2006 年下降 20%，$NO_x$ 总量下降 40%，$PM_{10}$ 总量下降 50%，如表 6-7 所示。

表 6-7　　　　　　　　　　　　　伦敦公共交通减排目标

| 排放物 | 2005—2006 年排放值 | 2011—2012 年排放值 | 变化率 | 2017—2018 年目标值 | 变化率 |
| --- | --- | --- | --- | --- | --- |
| $CO_2/[g \cdot (w \cdot km)^{-1}]$ | 86 | 70 | −18% | 69 | −20% |
| $NO_x/t$ | 8 650 | 7 439 | −14% | 5 190 | −40% |
| $PM_{10}/t$ | 180 | 137 | −24% | 90 | −50% |

伦敦 $CO_2$ 排放统计不包括出租车和私人出租车 (Private Hire Vehicles, PHV) 排放，而 $NO_x$ 和 $PM_{10}$ 包括了出租车和 PHV 的排放。2011—2012 年 $PM_{10}$ 总排放量为 137 t，出租车和 PHV 占据了 79%，为 109 t。至 2017—2018 年，设定目标是氮氧化物 ($NO_x$) 较 2005—2006 年降低 40%、$PM_{10}$ 降低 50%。

### 4. 伦敦交通节能减排策略

为了提升伦敦空气质量,需要从控制污染物的排放源入手。在交通排放源中,$PM_{10}$减排重点关注出租车、小客车以及重型或大型货车,氮氧化物($NO_x$)减排关注小客车、公共汽车以及重型货车。伦敦市政府投入了大量资金,采取多种策略降低排放,包括鼓励自行车出行、实施智慧出行策略、研发电动汽车以及改进公共汽车为混合动力或低排放汽车。

(1) 更换公共汽车。至2015年,所有公共汽车达到欧Ⅳ排放限值标准;相较于欧Ⅲ排放标准,一辆公共汽车可以减少1/3的氮氧化物($NO_x$)排放量。

(2) 更换出租车以及租赁车。淘汰使用年限长、污染排放大的车辆。至2020年,争取投放零排放的出租车。

(3) 在政策上鼓励使用更为清洁的车辆。2012年1月起,面包车或迷你巴士达到欧Ⅲ排放标准可免费进入伦敦低排放区(基本涵盖了所有的大伦敦地区);对纯电动汽车或者低排放车辆提供免费停车等;政府车队、承包商建设机械等使用更为清洁的能源。

(4) 通过实施运输(服务)计划和集中货车的策略来减少货车排放。

(5) 降低车辆的空转和空载率,实现更为顺畅的交通:制定车辆停车空转罚款政策,政策上规定整个伦敦为无空转区等。

各种策略的组合实施,使得伦敦中心城$PM_{10}$排放量从2008年的135 t降低到2011年的119 t以及2015年的93 t,分别下降了13%和31%。至2015年,大伦敦氮氧化物($NO_x$)排放大约降低2万t,较2008年下降了35%。

### 5. 伦敦电动汽车推广计划

2009年伦敦市长提出了新能源汽车的推广目标:电动或插电式混合动力汽车保有量在2020年达到10万辆(或者是占到总量的5%)[6]。为此,伦敦从基础设施、车辆推广途径以及相关的激励措施三个方面提出了实施途径。

从汽车推广的难易程度以及对排放影响的程度两个角度,制订伦敦电动汽车推广途径并明确相关计划:①至2015年,大伦敦政府用车中有1 000辆为纯电动汽车,政府总拥有的电动车辆数大于8 000辆;②促成内伦敦政府和伦敦行政区使用纯电动汽车;据不完全统计,属于政府的汽车保有量大于8 000辆,鼓励各行政区政府使用电动汽车,形成示范作用;③鼓励公共汽车及出租车使用节能与新能源汽车,并给予一定的政策支持;④鼓励与政府合作的商业公司使用纯电动汽车;⑤面向市场销售,鼓励

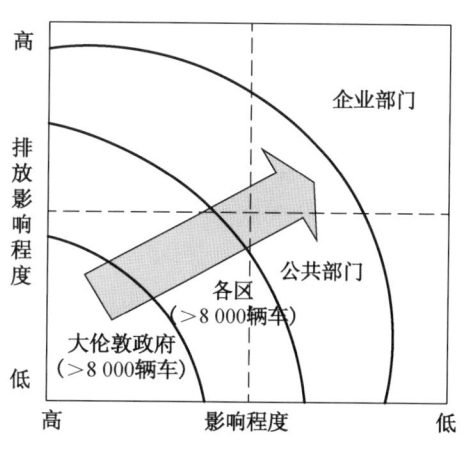

图6-6 伦敦电动汽车推广策略

私人购买纯电动汽车。

伦敦政府在购车、停车以及拥挤收费等方面给予新能源车一定的激励措施：①购买纯电动或者混合动力小汽车最高有5 000英镑的补贴，厢式货车最高有8 000英镑的补贴；②对于纯电动小汽车，免除伦敦核心区拥挤费(一年可有1 700英镑的优惠)；③各区制定纯电动汽车停车优惠政策(一年停车费用大约为200英镑，包含充电费用)；④允许纯电动汽车使用公交专用道，甚至在高峰期间，等等。

图6-7是伦敦在2013年已经投入使用的1 367个充电站分布图[7]。至2015年，建设完成2.5万个充电站，对新建设场所要求按照标准配置一定数量的充电站。伦敦充电基础设施的最终目标是在1 mile范围内均有充电站。

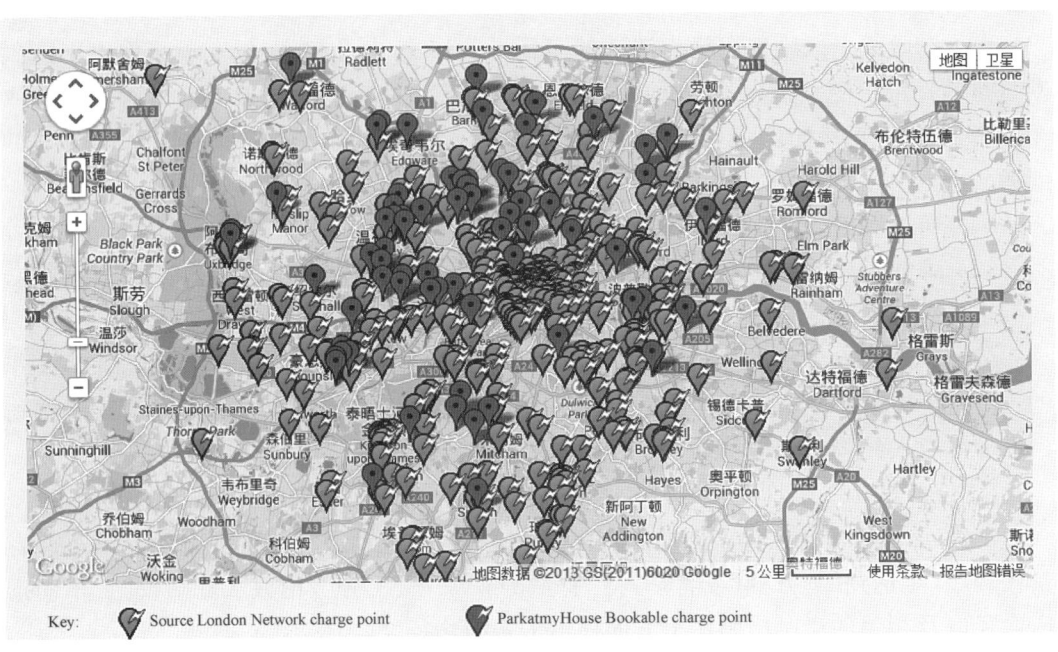

图6-7　2013年伦敦充电站分布图

### 6.1.2　纽约：多车型组合推广策略

1. 纽约人口及机动车保有量

纽约是美国最大的城市及第一大港，下辖曼哈顿、史坦顿岛、布朗克斯、布鲁克林及皇后5个区。纽约是美国的金融经济中心，也是全世界经济中心城市之一。纽约市面积为1 213 km²，其中陆地面积为784 km²，核心区曼哈顿面积为59 km²(表6-8)，中央商务区(面积22 km²)位于下曼哈顿。2012年纽约人口为833.7万，人口密度约为1.06万人/km²。预计2030年纽约市人口将会超过900万[8]。

纽约市机动车约195万辆，日均行驶里程计1.2亿 km。

表 6-8　　　　　　　　　　　　　纽约市五大区人口及面积

| 所辖区 | 人口/万 | 陆地面积/km² |
|---|---|---|
| 曼哈顿 | 161.9 | 59 |
| 布朗克斯 | 140.8 | 109 |
| 布鲁克林 | 256.6 | 183 |
| 皇后 | 227.3 | 283 |
| 史坦顿岛 | 47.1 | 151 |
| 总　计 | 833.7 | 785 |

2. 纽约道路交通污染物排放状况

美国环境保护部跟踪 6 个标准污染物指标。根据纽约州环境保护部的数据,纽约市有 55% 的 $PM_{2.5}$ 来自市外。根据 2013 年发布的《纽约城市规划》,在本地 $PM_{2.5}$ 污染源方面,机动车排放贡献了纽约 $PM_{2.5}$ 排放的 11%,如图 6-8 所示。

此外,污染物氮氧化物($NO_x$)排放中,机动车占到了 52%;挥发性有机物排放中,机动车占到 32%。2005 年纽约排放了 5 830 万 t 的温室气体,道路交通温室气体排放占全社会总排放量的 23%,其中,私家车和货车占 20%,公共交通占 3%,如图 6-9 所示。

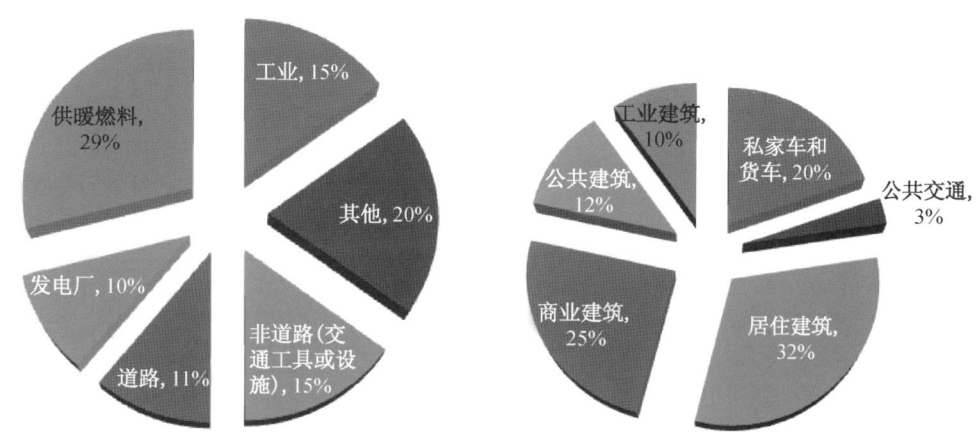

图 6-8　纽约本地 $PM_{2.5}$ 污染源　　图 6-9　2005 年纽约全社会温室气体排放来源分布

3. 纽约交通减排目标设定

如果不采取节能减排行动,至 2030 年纽约市的碳排放将达到 7 400 万 t(2005 年为 5 830 万 t),较 2005 年增加 27%。碳排放主要受三种因素的影响:其一为居住房屋的效率,其二为产生电能的方式,其三是交通。

纽约政府设定了温室气体减排目标:至 2030 年,温室气体排放较 2005 年下降 30%。要求交通运输业每年减排 610 万 t 温室气体,至 2030 年,交通系统温室气体排放下降 44%。具体各部门减排目标如图 6-10 所示[9]。

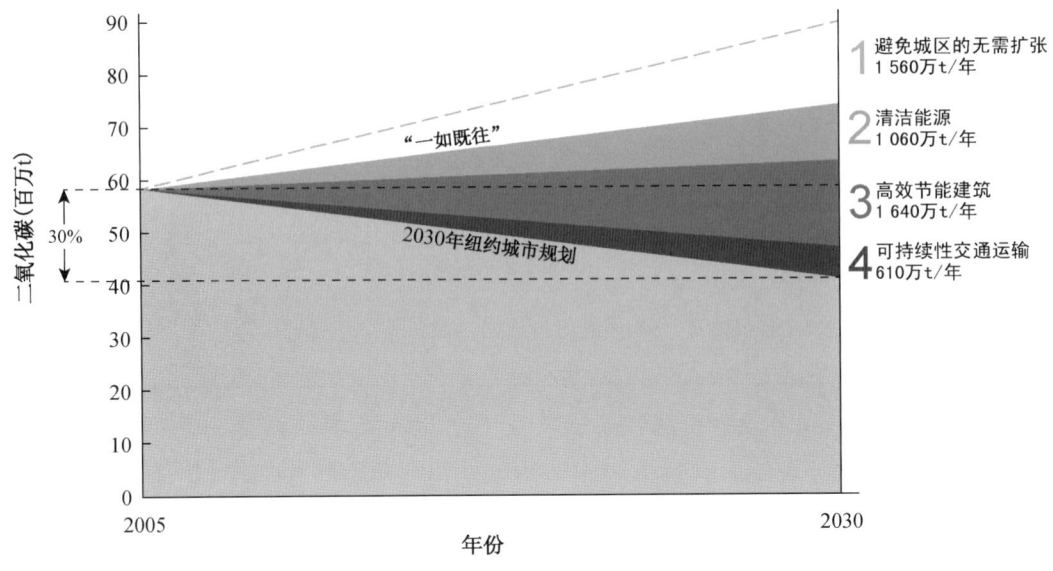

图 6-10 纽约市 2030 年 $CO_2$ 减排目标

**4. 纽约交通节能减排策略**

纽约市交通节能减排策略主要体现在四个方面：①提高公共交通使用比例；②降低车辆交通拥堵，减少车辆无效出行；③提高车辆能源效率，采用更清洁的燃料；④废气排放之前进行净化处理。其中，第三个策略的重点是节能与新能源汽车的推广应用。纽约交通排放现状、减排措施及预期效果如表 6-9 所示。

表 6-9　　　　　　　　　纽约市车辆减排措施及预期效果

| 序号 | 交通类型 | 排放现状 | 减排措施 | 预期效果 |
|---|---|---|---|---|
| 1 | 私家车 | 与货车一起占全社会排放的 20% | 提高车用燃料标准（加州标准） | 可使全市二氧化碳（$CO_2$）排放量下降 6% |
|  |  |  | 对购买包括双动力混合汽车在内的清洁车辆，免征销售税 | ·若清洁车辆占有率达到 10%，可使全市二氧化碳（$CO_2$）排放量减少 1%；<br>·若市场趋势持续增加，2030 年全市 $PM_{2.5}$ 可减少超过 3% |
| 2 | 出租车、私人运营车辆、租赁车 | ·1.3 万辆出租车、1.0 万辆私人运营车辆、2.5 万辆租赁车；<br>·出租车二氧化碳（$CO_2$）排放量占全市二氧化碳（$CO_2$）排放量的 1% | ·抗引擎空转技术（冷却台技术、抗空转法）；<br>·提高新车燃油标准 | 至 2017 年该行业车辆二氧化碳（$CO_2$）排放量减少 50% |
| 3 | 柴油卡车 | 城市总体标准污染物排放量的 25%~50% | 生物柴油与普通柴油混合（B5，B20）、超低硫柴油、柴油氧化剂、柴油颗粒过滤器、CNG 货车等 | 可实现每辆卡车 $PM_{2.5}$ 的排放减少 85%~90% |

(续表)

| 序号 | 交通类型 | 排放现状 | 减排措施 | 预期效果 |
|---|---|---|---|---|
| 4 | 校车 | 3 800 辆校车执行了市 42 号法案,但还约有 2 700 辆小型校车没有执行 | • 纽约市 42 号法案,要求校车必须使用超低硫柴油和减排技术如氧化剂、过滤器等;<br>• 缩短校车退役年限 | 每辆校车减少 85% 的细小颗粒物排放 |
| 5 | 施工车辆 | 施工机械排放了非道路车辆 13% 的氮氧化物($NO_x$)、30% 的颗粒物质 | 纽约市 77 号法案,要求必须在工地采用减排技术,如柴油颗粒过滤器、柴油氧化催化剂,以及可让车辆不用燃烧燃料而依靠电能运行的插件技术等 | — |
| 6 | 渡轮 | 8 km、25 min 的史坦顿岛渡轮线,年输送旅客 1 900 万人 | • 发动机改造与替换;<br>• 使用超低硫柴油、柴油氧化催化剂 | 使得 8 艘渡轮船队每年减少 570 t 氮氧化物($NO_x$)排放 |
| 7 | 机场与港口设施 | 排放了 11% 的颗粒物质和 23% 的氮氧化物($NO_x$) | • 清洁的辅助供电装置;<br>• 用牵引方式使飞机在登机口之间移动 | — |

5. 纽约电动汽车推广计划

2014 年 5 月,美国政府计划加利福尼亚州、马里兰州、康涅狄格州、马萨诸塞州、俄勒冈州、罗得岛州、佛蒙特州及纽约州在 2025 年零排放汽车保有量达到 330 万辆[10]。2016 年,纽约零排放汽车推广目标为:新购私用零排放汽车占比至少为 50%[11]。推广的 3 类车型如图 6-11 所示,其技术特征如表 6-10 所示。要求车辆保障 7～10 年,电池保障 10 年(或者是车辆累计行驶里程 15 万 mile)。

Plug-in hybrid electric vehicle: GM Chevy Volt
Credit: © GM Corporation

Electric city car: Mitsubishi i-MiEV
Credit: http://media.mitsubishicars.com/

Full-range electric car: Tesla Model S
Credit: www.teslamotors.com

图 6-11 纽约推广的 3 种车型

表 6-10　　纽约三类推广车型的基本特征

| 型 号 | 里 程 | 充电时间 | |
|---|---|---|---|
| | | 240 V | 120 V |
| 插电式混合动力汽车(PHEV) | 540 mile(40 mile 电力驱动 + 500 mile 石油驱动) | 2～3 h | 7 h |
| 纯电动汽车(EV) | 40～60 mile | 3～4 h | 10 h |
| Full-range 纯电动汽车 | 100～200 mile | 4～5 h | 34 h |

注:1 mile=1.61 km。

基础设施保障方面，美国政府在车辆购置及基础设施建设中共投入了40亿美元，对家用充电设施进行补贴。同时与停车场管理公司、商业中心管理部门等合作建设充电设施，保证在公共领域中能够提供一定的充电服务。纽约市也相应地设定了一系列的激励措施，包括购买纯电动汽车有7 500美元的补贴[12]；15%~30%的停车补贴以及拖车免费、提供一年免费的捷运卡等，并且允许取得清洁能源标志的车辆使用高占有率(High Occupancy Vehicle，HOV)车道，这对于纽约需要在高峰期使用道路通勤的车主，具有相当吸引力。

## 6.2　国内主要城市新能源汽车应用模式

推广新能源汽车面临的主要问题，包括车辆续驶里程短、价格昂贵、基础设施不健全、充电时间长等。自从国家启动"十城千辆"节能与新能源汽车示范推广应用工程以来，25个示范城市结合各地实际情况，形成了各具特色的电动汽车商业发展模式。其中，具有代表性的新能源车辆发展模式包括：本地新能源汽车产业链完整的"深圳模式"、产业政策与行业政策相结合实现出租车全电动化的"太原模式"、以换电为主的纯电动公交"青岛模式"、乘用车定向购买的"合肥模式"、电动汽车分时租赁的"上海模式"。各种模式的市场切入点不同，有其不同的特色，可为其他城市新能源汽车推广应用提供思路和借鉴。

### 6.2.1　新能源车产业化发展的"深圳模式"

深圳是国家在公共和私人领域推广新能源汽车的"双试点"城市，在公交、出租、公务及私人用车方面，新能源汽车推广应用处于国内领先水平。"深圳模式"作为国内新能源汽车推广应用的一类典范，与政府政策和资金配套、本地较为完善的新能源汽车产业链，以及部门间推动新能源汽车发展的合力密不可分。

1. 城市概况

2016年末，深圳市常住人口为1 190.84万人，机动车保有量为322.58万辆，公交车辆15 483辆，出租车保有量为17 842辆（纯电动出租车2 971辆）；常住人口人均GDP为16.74万元[13]。

2. 示范运营情况

截至2016年底，深圳共有各类新能源汽车80 828辆，其中纯电动汽车保有量44 099辆，占新能源汽车总量的54.55%，与2015年相比，增加21 360辆，增长93.93%。相较于2013年深圳市新能源汽车总量，2016年新能源汽车总量增长了11.7倍。

截至2016年底，深圳新能源公交车为8 075辆，新能源出租车为3 571辆，深圳在公交行业示范推广的新能源汽车占公交、出租车辆总数的34.95%。在"十三五"期间，深圳计划到2017年底公交车纯电动化率达到100%；到2020年底，计划累计推广应用新能源汽车约12万辆。深圳将建设公交综合车场13个，公交快速充电桩8 246个，社会公共快速充电桩 1.08 万个,慢速充电桩 11.5 万个[14]。

**3. 组织管理**

深圳市新能源汽车的发展得益于市政府不遗余力的推动,"政府主导、产业引领、市场化手段"是深圳新能源汽车快速发展的"秘诀"。

2009 年初深圳市被确定为新能源汽车示范推广城市之一后,为统筹协调深圳市新能源汽车的示范运营、加快新能源汽车的产业化步伐,深圳市政府于 2009 年 12 月 1 日成立深圳市节能与新能源汽车示范推广领导小组,由市发改委牵头起草了《深圳市节能与新能源汽车示范推广实施方案》。同时成立了由各相关机关职能部门组成的领导小组办公室,负责新能源汽车示范推广的组织、协调和实施等工作,建立了高效工作推进机制,有效促进了全市新能源汽车产业发展及示范推广工作的展开。

**4. 产业带动**

深圳以新能源汽车整车为核心,以动力电池、驱动电机、动力总成控制等关键零部件为主线,初步形成了一个种类齐全、重点突出、特色鲜明的新能源汽车产业集群。纯电动、混合动力汽车整车领域有比亚迪、五洲龙等企业,动力电池领域有比亚迪、沃特玛、长河动力等企业,驱动电机领域有比亚迪、大地和、陆地方舟等企业,动力总成控制系统领域有比亚迪、五洲龙、航盛、汇川等企业,充电设备领域有奥特迅、科陆电子、巴斯巴、比亚迪等企业。

**5. 扶持政策**

根据深圳市《私人购买新能源汽车补助试点实施方案(2009—2012 年)》,在国家为插电式混合动力车每辆最高补贴 5 万元、纯电动车每辆最高补贴 6 万元的基础上,深圳地方财政为两款车分别最高追加 3 万元和 6 万元补贴,此补贴款项将直接补贴给车企,并由车企在销售时降价返还给消费者。深圳还规定,消费者使用电动车,将获得 9 000 元电力补贴。另外,2010 年,深圳市政府部门为鼓励消费者乘坐电动出租车,推出"免除 2 元燃油附加费"的优惠政策。

表 6-11 为 2011—2012 年深圳市新能源公交车辆差价补贴费用明细,表 6-12 为 2009—2012 年深圳市政府对新能源汽车以及配套设施的补贴费用。

表 6-11　　　　　　深圳市新能源公交车辆差价补贴　　　　　　单位:万元

| 汽车类型 | 补贴类别 | 2011—2012 年 |
|---|---|---|
| 混合动力大巴 | 与同型传统燃油车基础差价 | 45 |
| | 生产企业承担 | 5 |
| | 国家补贴 | 30 |
| | 地方财政补贴 | 10 |
| | 补贴后购车成本 | 43 |
| 纯电动公交大巴 | 与同型传统燃油车基础差价 | 62 |
| | 生产企业承担 | 5 |

(续表)

| 汽车类型 | 补贴类别 | 2011—2012年 |
|---|---|---|
| 纯电动公交大巴 | 国家补贴 | 50 |
| | 地方财政补贴 | 7 |
| | 补贴后购车成本 | 43 |

**表 6-12　　深圳市政府对新能源汽车以及配套设施的补贴　　单位：万元**

| 补贴对象 | 2009年 | 2010年 | 2011年 | 2012年 | 合计 |
|---|---|---|---|---|---|
| 混合动力及纯电动公交大巴 | 8 697 | 9 870 | 9 300 | 26 328 | 54 195 |
| 公交慢速充电站 | 3 180 | 3 180 | 4 452 | 5 088 | 15 900 |
| 公交快速充电站 | 1 500 | 1 500 | 2 100 | 2 400 | 7 500 |
| 公务车慢速充电桩 | 500 | 600 | 700 | 700 | 2 500 |
| 社会公共慢速充电桩 | 1 625 | 2 500 | 2 750 | 3 125 | 10 000 |
| 社会公共快速充电桩 | 7 200 | 9 200 | 10 800 | 12 800 | 40 000 |

2015年3月深圳市人民政府办公厅发布了《深圳市新能源汽车发展工作方案》，旨在深入推进新能源汽车推广应用，努力加快新能源汽车产业的发展。该方案的发展目标是到2015年，新能源汽车推广应用规模显著扩大，产业及技术创新能力整体水平居于全国前列，推广应用和产业发展支撑环境基本完善，表现在推广应用、创新发展、产业培育和支撑环境四个方面。

随后，2016年2月，深圳市发展改革委、财政委、交通运输委联合发布了《关于临时延续新能源乘用车地方财政补贴政策的通知》。为进一步推动新能源汽车推广应用，促进深圳市新能源汽车市场繁荣发展，经市政府同意，决定临时延续执行《深圳市新能源汽车推广应用若干政策措施》（深府〔2015〕2号）中新能源乘用车的购置补贴和使用环节补贴政策，直至深圳市颁布实施新的财政支持政策为止。紧接着发布了《深圳市2016年新能源汽车推广应用财政支持政策》，以乘用车为例，购置补贴如表6-13所示。其他方面的优惠补贴包括有：一次性充电补贴、纯电动出租车营运（购车环节）补贴、充电设施建设补贴以及动力电池回收补贴。

**表 6-13　　深圳市新能源汽车 2016 年补贴标准　　单位：万元**

| 车辆类型 | | 纯电续航里程 | | | |
|---|---|---|---|---|---|
| | | 100 km≤里程<150 km | 150 km≤里程<250 km | 里程≥250 km | 里程≥50 km |
| 纯电动乘用车 | 国家补贴 | 2.50 | 4.50 | 5.50 | |
| | 地方补贴 | 2.50 | 4.50 | 6.00 | |
| | 总计 | 5.0 | 9.00 | 11.50 | |
| 插电式混合动力乘用车（含增程式） | 国家补贴 | | | | 3.00 |
| | 地方补贴 | | | | 3.15 |
| | 总计 | | | | 6.15 |

需要说明的是,2014年12月深圳市人民政府发布了《关于实行小汽车增量调控管理的通告》,通告中指出全市小汽车增量指标额度每年暂定为10万个,按照公开、公平、公正的原则,小汽车增量指标通过摇号或竞价方式取得。在增量指标管理方面,按照2∶4∶4的比例分配,并按照以下三种方式配置:①以摇号方式配置的电动小汽车增量指标为2万个;②以摇号方式配置的普通小汽车增量指标为4万个;③以竞价方式配置的普通小汽车增量指标为4万个。由此可见,深圳小汽车增量调控的初期,即给予电动小汽车20%的份额。由于电动汽车配额使用不掉,2015年深圳公布了新能源汽车刺激政策,即申请电动汽车的单位和个人可不用摇号,直接获得指标上牌,上述的"不用摇号"只针对摇号后剩余的电动汽车指标。2016年5月,为进一步落实新能源汽车发展战略,深圳发布公告:小汽车增量指标由电动小汽车增量指标、普通小汽车增量指标两类,调整为纯电动小汽车增量指标、混合动力小汽车增量指标、普通小汽车增量指标三类,进一步缩小了普通小汽车增量配额的份额,凸显了深圳市对新能源汽车的大力扶持政策。

6. 运营模式

针对新能源汽车购置价格相对较高、动力电池寿命与车辆使用期不完全匹配,配套充电设施网络需要建立完善等问题,深圳按照"政府扶持监管、企业融资运营、技术创新规范"的基本思路,在特许经营框架下,探索"融资租赁,车电分离,充维结合"的新能源公交车运营模式[15]。

"融资租赁"即公交企业同车辆制造商、充电站服务商、融资租赁金融机构共同签订了车辆购买、融资租赁等协议,缓解了高额购置成本对公交企业现金流的冲击,保证了新能源车辆的顺利投放和公交企业的平稳经营。

"车电分离"即在新能源车辆购置过程中区分裸车和动力电池价格,车辆制造商按补贴后的整车卖出,公交公司按裸车价格购置,充维运营商购置电池,如100万元的新能源车,公交公司向整车企业支付65万元裸车价格,剩余的35万元电池费用由充电桩建设公司普天购买,解决了新能源车辆的成本分摊。

"充维结合"的基础在于"车电分离",充维服务商进行动力电池购置投入,并对新能源车辆进行充电服务、动力电池的维护和回收,向公交企业提供充维服务,充维服务总成本原则上不高于同类燃油车辆的燃油成本。

在深圳市政府的组织下,中国普天作为新能源电动公交汽车动力供给网络运营方,南方电网公司作为供电方,比亚迪、五洲龙和ATL等汽车厂及电池厂作为电动车供应方,公交公司作为使用方,创新的运营模式使得深圳公交找到了一条适合发展新能源车辆商业化运营的道路,构建了电动汽车商业化应用的完整产业链。

7. 发展规划

根据《深圳市新能源汽车产业基地"十二五"规划》,"十二五"期间市政府在坪山新区规划13.5 km²,建设新能源汽车产业基地。深圳将在10年内累计投入800亿元,将基地打造成集生产、制造、研发于一体的国家级新能源汽车城,实现 20 万辆新能源汽车整车、60 万套电动汽车动力总成的产能规模,建立 2~3 个国家级新能源汽车及关键零部件研发测试中心,使深圳成为全国乃至全球重要的新能源汽车整车与关键零部件研发、测试、制造中心之一。

"十二五"期间,在公交客运行业持续投放新能源车辆,3 年内实现新能源大巴和纯电动出租车分别占全市大巴和出租车总数的 50% 和 20%;推广使用液化天然气(LNG)货车 2 万辆,同时,配套建立充足、稳定、便捷的加气网络。

深圳市将进一步扩大补贴范围,将优惠补贴鼓励政策从购买环节延伸至使用环节,在停车费、充电费、检测费、过路过桥费及禁行限行路段等方面给予新能源汽车一定的优惠。继续推进公交充电站建设,加快推进社会公共充电设施建设,新建公共停车场按 20% 配套建设充电桩,探索公共充电桩社会化投资新模式。

至 2015 年,能源强度指标比 2010 年营运车辆单位运输周转量能耗下降 5%,其中,营运客车下降 3.1%,营运货车下降 6.2%,城市公交下降 5%,出租汽车下降 10%。二氧化碳($CO_2$)排放强度指标比 2010 年营运车辆单位运输周转量二氧化($CO_2$)碳排放下降 6%,其中,营运客车下降 3.6%,营运货车下降 6.7%,城市公交下降 7%,出租汽车下降 13%。

根据最新的《深圳市科技创新"十三五"规划》可知,深圳市将在新能源技术方面,围绕能源结构优化发展需求,促进新能源技术提升和应用。重点研究新能源汽车、核电、可再生能源等领域的关键点,突破燃料电池和氢能关键技术;探索能源互联网先进理论和核心技术。其中,新能源汽车关键技术,是重点研究整车集成和机电耦合系统控制技术;重点突破新能源汽车轻量化和电池热管理技术、高能量密度/高安全性动力电池技术和超级电容/动力电池协同互补技术;探索废旧动力电池的修复和回收、功率组件高密度集成、电池热—电耦合和智能辅助驾驶等技术。

此外,根据相关规划,2020 年深圳力争新能源汽车保有量占到全社会汽车保有量的 3%~5%,计 12 万~15 万辆。与此同时,深圳还将加大充电设施基础建设的规划,实现全市充电设施公共服务半径 1.3 km,至 2020 年全市将累计建设各类充电桩接近 20 万台,其中,快充 2 万台,慢充 17.5 万台[16]。

8. 经验总结

1)以大型活动为依托,规模化示范推广新能源车辆

深圳以 2011 年世界大学生运动会为契机,推动新能源汽车示范应用,规模化推广新能源汽车 2011 辆,新建改建充电设施 57 座。新能源车辆的成功运行为深圳市新能源汽车的进一步示范推广奠定了坚实的基础。

2)以规划和政策为先导,加大新能源汽车产业扶持力度

深圳在"十二五"规划中明确提出要重点发展新能源汽车产业,并作为战略性新兴产业发展的重要内容,先后组织编制了多项实施方案,财政每年安排专项资金持续资助

新能源汽车项目。据统计,2009—2013年期间,深圳市在新能源汽车科研、产业化及示范推广方面投入财政资金超过10亿元,先后资助了20多个新能源汽车项目。

3) 以机制创新和技术创新推进新能源汽车产业的发展

通过机制创新,探索各类示范运营的盈利模式,使之可持续运营;鼓励技术创新,积极推动新能源汽车产学研联盟建设,创建国家级新能源车共性技术研发平台和产业化示范基地,重点加快纯电动车和插电式混合动力汽车产业化,形成可持续的新能源汽车产业发展格局。

### 6.2.2 纯电动公交换电的"青岛模式"

青岛市纯电动公交车营运采用公交公司与国家电网合作模式,由供能企业建设换电站并合作经营,是国内新能源公交发展的一个典范。

1. 城市概况

截至2016年末,青岛市常住总人口为920.4万人,城镇化率达71.53%;机动车保有量为233.9万辆(私人汽车保有量为191万辆);市区公共汽、电车线路451条,营运的公交汽、电车7 210辆;地铁通车运营线路1条,在建线路5条;出租车保有量为10 048辆;人均GDP为109 407元[17]。

2. 青岛市新能源车辆及换电站发展现状

青岛市政府非常重视节能和新能源汽车产业的发展,要求2010年以后采购的公交车均为节能和新能源车辆。截至2016年底,青岛市共运行新能源公交车2 688辆,包括申沃等13个车辆品牌[18]。青岛市同时也注重发展节能型天然气公交车,2013年拥有液化天然气(LNG)公交车451辆、压缩天然气(CNG)公交车215辆。截至2017年5月,青岛公交集团拥有天然气车2 210辆。

青岛市2011年7月建成世界上功能最全、规模最大、服务能力最强的电动汽车充换电站——青岛薛家岛智能充换储放一体化示范电站。充换电站占地面积为5 814.2 m²,按照"换电为主,插充为辅,集中充电、统一配送"要求及变电站与集中充电站一体化建设模式,由3条车道、6个换电工位及辅助办公楼组成。辅助办公楼内设集中控制室,对充电、换电、车辆运行状况、集中充电站进行集中监控,为青岛市公交公司、黄岛区公交公司、青岛市交运集团电动公交车提供换电服务。薛家岛站充换电设备升级后,电池的充电时间由原来的3 h左右缩短至2.5 h以内,换电速度提升约15%,充换电站的综合服务能力提高20%。截至2016年底,该站累计换电105.79万次,服务车辆行驶总里程达到11 523万km,消耗电量12 233万kW·h。全市已建成公交充电站50余座,充电桩600余个,可满足2 000余辆公交车充电需求;已建成并投入使用薛家岛、延安一路、深圳路、莱西、武昌路、永平路、流清河七座充换电站,可满足750辆公交车充换电服务需求。

2015年8月,全国第一条电动汽车城际公交线路——青岛至莱西市公交线正式开通,实现电动汽车在城际交通领域的突破。截至2015年底,青岛市新能源公交车创造了单车换电平均耗时 10 min、单车每次换电最大行驶里程 225 km、单车日均行驶里程 229 km、单车最大行驶里程 405 km 等多项纪录,已逐步构建起以公交充换电站、公共停车场、政府机关、科技园区及高校、企业和具备条件的居民小区为主体的公共充换电服务网络。

3. 青岛市新能源车运营情况

青岛新能源公交采用"主业管理、运维外包"的运营模式[19]。薛家岛充电站建设投资近 2 亿元,一个工位建设费用约 2 000 万元。政府采购裸车,约 108 万元(不含电池)/辆,电池的购置及运维由国家电网承担。同时建立了一整套充换电站管理标准:采用电池租赁模式,对电池进行集中管理维护,延长使用寿命,规避电池性能下降风险。

收费标准创新:收费价格与油价联动,采用电池度结算费用。安装车载电能表计算客户用电量,电池度包括基本电费和均摊的电池租赁费用、运维成本,其中基本电费采用低压非普工业电价,而电池租赁费用和运营维护成本根据实际核算。按照"比燃油公交车每公里燃料成本低 0.05 元"的优惠标准,确定电池度数值支付给国家电网,2013 年约为 2.45 元/电池度。

根据青岛薛家岛智能充换储放一体化示范电站运营两年多数据统计,公交车单车运行里程平均为 8 万 km/年,每车日行驶里程为 220～230 km,与燃油公交车类似,平均日耗电 200 多度。集中换电模式使得电池与车辆的配比,从之前分线供应的 1∶1.67 下降至集中 1∶1.5 以下,换电时间为 6～8 min/辆。

电池充电存在一定的能量损耗,大约为 14%,包括 9% 的充电损耗和 5% 的放电损耗。使用两年后电池最大衰减为 10.02%,衰减多数情况下处于 5%～7%,衰减至 80% 时可以向供货商要求无条件退货。值得关注的是电池的温度性能:高温参数要求使用环境低于 50 ℃,可以满足国内大多数城市夏天的温度环境;低温参数高于 $-4$ ℃ 时电池性能衰减明显,在环境温度低于 0 ℃ 时电池不能直接充电,需要用加热板先加热再充电,冬天运行需要增加维护工作量。

运营中存在的不足有:公交线路续航里程受道路路况影响很大,隧道(长 7 km)公交线路运行效果较好,续航里程可达 150 km;双休日不拥堵的路况下,一般线路续航里程能达到 120～130 km,但在高峰时段续航里程约 110 km。续航里程还受低温的影响,相同路况冬季续航里程从 150 km 降低至 130 km。夏季则因空调用电量较高,达 6～8 度/h,5 h 空调耗能相当于行驶约 30 km 里程。

4. 新能源公交取得的成效

据有关统计,自 2011 年新能源公交车推广运用至 2016 年 11 月,累计节约 40 471 t 标准煤,共减少排放 PM 27 520 t,$CO_2$ 105 224 t,$SO_2$ 971 t,$NO_x$ 364 t,HC 20 t,环境效益显著。

5. 青岛市新能源车发展规划

2017 年,青岛市将更新新能源公交车 914 辆,进一步改善市民乘车条件,促进节能减排。青岛供电公司积极推进电动汽车充换电设施建设,搭建并优化充换电服务网络布局,在已开工建设黄岛灵山卫西、黄岛薛家岛枢纽站及城阳白沙湾公交停车场快充站的基础上,逐步形成以充换电站为主站、以快充站为应急站的电动公交车充换电服务网络,可为 2 000 辆纯电动公交车提供充换电服务,最终形成覆盖青岛市的"七换十二充"的网络格局。

在"十三五"期间,青岛市计划打造全国地级市最大的电动公交车充换电服务网络,力争在世界范围内国际化大城市的电动汽车同行业领域中处于领先地位;在青岛全市范围内形成充换结合、安全可控、全市城乡区域全监控全覆盖的成熟电动公交车充换电网络,打造具有"运行最安全、网络最坚强、功能最全面、信息最密集、布点最科学、调度最灵活、线路最高效、营业最经济、合作最紧密、社会最关注"十大特点的电动公交车充换电服务网络[20]。

6. 经验总结

1) 以大型活动为契机,政府重视,规划先行,政策配套

尽管青岛不是国家"十城千辆"工程试点城市,在推广应用新能源客车的过程中,缺乏国家补贴、税收减免等政策支持,但青岛市政府非常重视新能源车辆的推广应用。自 2008 年奥运会前夕,国家电网赠送青岛公交的 4 台环保型混合电能超级电容公交车试运行开始积累经验,青岛以 2014 年世界园艺博览会在青岛市举行为契机,大力推进新能源汽车应用及新能源汽车产业化发展。

2011 年青岛市政府在新能源汽车推广应用方面明确提出学习调研、试点运行、制订规划、加快推进的四阶段性发展步骤。青岛市政府要求 2010 年以后采购的公交车均为节能和新能源车辆;"十三五"规划建设"七换十二充"全国地级市最大的可为 2 000 辆纯电动公交车提供服务的电动公交车充换电服务网络。

2) 高度重视试运行,确立以"换电为主、插充为辅"为发展原则

2011 年 4—6 月,青岛公交公司经过两个多月的试运行,为克服纯电动公交车充电时间长、充电频率高、续航能力受限等困难,确定了"换电为主、插充为辅、集中充电、统一配送"的纯电动汽车发展路径,建立了适合纯电动公交车发展的运行模式。

3) 采用"电池租赁、服务外包"营运模式

青岛公交推广应用纯电动客车的成功,与其相配套的基础设施建设、运营模式创新等相关。由于电池价格及寿命是电动汽车发展的瓶颈之一,青岛采用电池租赁模式(快换模式),即电池由电网公司向电池厂商租赁,使得车辆厂商、电池厂商、电网公司与公交公司成为利益共同体,保证了电池在使用期内车辆的续驶里程不受影响,即保证了电动公交车的使用效率。此外,电池的维护保养工作也全部由电网公司负责,公交企业只需向电网支付电费即可。电池租赁模式(快换模式)大大保证了车辆的利用率。

## 6.2.3 纯电动出租车的"太原模式"

太原市在产业转型升级过程中顺应国家发展新能源汽车的趋势,抓住出租车陆续

达到报废期限的机会,深化产业转型升级与创新,通过政府协议、补贴、设施建设等实现全市 8 292 辆传统出租车全部油气改电,成为首个实现纯电动出租车的城市,在电动出租车使用情况、运营状况和保障体系等方面积累了丰富的经验,起到一定的示范作用[21]。

1. 城市概况

截至 2016 年末,太原市常住人口为 434.44 万人,民用汽车保有量为 127.23 万辆(私人汽车 114.34 万辆),公交运营车辆 2 253 辆,纯电动出租车 8 292 辆,人均 GDP 为 68 234 元[22]。

2. 太原市纯电动出租车及换电站发展现状

随着近年来空气污染治理的政策力度越来越大及对长期的能源策略的展望,能源大省山西面临着能源转型的巨大压力。作为山西的省会城市,太原市多年来都与重度空气污染、煤炭产地等形象绑定在一起。2013 年和 2014 年,太原先后被列入全国"新能源汽车示范城市""新能源汽车试点城市",在新能源汽车生产、购置、使用等方面获得了国家政策和资金支持。为推进节能减排,促进大气污染治理,太原市政府于 2014 年 9 月出台了《太原市新能源汽车推广应用实施方案》,以指导全市范围内电动车及配套设施的推广。至 2015 年,太原市推广应用新能源汽车 5 000 辆,其中城市公交、出租、公务、环卫、物流、旅游等公共领域推广应用 4 000 辆,形成新能源汽车应用服务示范体系。

2015 年底,山西省政府出台《关于加快推进电动汽车产业发展和推广应用的实施意见》,明确指出要加快电动汽车产业发展和推广应用;同时,按照国家出租汽车营运车辆 8 年报废的规定,2015 年底太原市城六区出租汽车陆续到达报废期限。为应对挑战、谋求产业转型,太原市抓住机会,创新理念,顺应发展新能源汽车的趋势,在 2016 年上半年,太原市生产的新能源汽车 229 辆,推广纯电动汽车 7 389 辆,逐步进行电动化出租车更换。截至 2016 年底,太原市城六区 8 292 辆出租汽车全部更换完毕。

太原电动汽车充电桩产业同步发展。太原精简了新充电站建设的审批手续,利用中环、高架桥下停车场和太原南站、长风商务区等地下停车场,采取政府主导、国有企业大力推进、社会力量参与的形式,建设充电桩。截至 2017 年 8 月,共有 8 家国有企业,50 家民营企业入局,总投资约为 5 亿元,累计建设充电站 117 处,充电桩 6 293 个,总电容量达到 31 万 kV·A。此外,结合充电桩建设,太原还配套建起了餐厅、休息室,提供洗车、维修服务,同时解决了出租行业管理长期存在的如厕难、吃饭难、维修难等诸多问题,特别是充电休息,缓解了司机疲劳驾驶的压力。

3. 太原市纯电动出租车运营情况

在购车定价方面,相关职能部门按相关意见要求,以国家、省、市 1∶1∶2 的标准补贴,最终政府补贴 22 万元,车主个人只支付 8.98 万元,购车价格比传统燃油出租车更低。在充电定价方面,太原市实行阶段式充电价格(基本电价加上充电服务费 0.45 元/度),高峰期充电价格为 1.2 元/度,平峰时 0.97 元/度,合理降低了出租车司机的充电成本。

此项目政府购车补贴 8 亿元人民币,另外补贴 1.29 亿元用于建设 1 800 个充电站。

太原市比亚迪 E6 纯电动出租车 2 h 可充满电,续驶里程达 400 km,可满足全天运营需求;充电费用每天为 70～80 元,比燃油汽车节省约 180 元,比燃气汽车节省费用约 50%。

运营中存在的不足:

(1) 冬季充电面临考验。气温对电池和充电桩性能产生一定影响。太原 1 月份平均最低气温为 -12 ℃,该低温下电池性能衰减明显;同时,目前太原市电动车充电主要依赖室外充电桩。冬季低温电池续航能力下降范围为 10%～20%,相当于 15～30 km,充电时间延长,车辆续航里程降低,易影响车主使用。

(2) 充电基础设施未实现多样化与均衡化。由于目前太原市出租车更换时间短、数量大,充电基础设施以充电桩为主,采用了短平快的模式。以政府为主导,在太原市环路高架桥下、人流聚集地、大型公共服务场所等的停车场内设置充电桩,覆盖的方式以点和线为主,未能以面的形式展开,覆盖面积有限;配套设施较为完善的充电站、充电塔建设滞后,短期内无法与充电桩相结合,形成多样化、覆盖面广的电动车充电体系。

(3) 用电负荷压力增大。纯电动出租车全年用电量超过 2 亿 kW·h,给太原市供电网络带来新的挑战。充电桩及充电站、充电塔的配电网改造工程项目在规划和建设当中,存在变电站选址及电源通道资源难以落地,供电线路路径涉及的电缆管沟未贯通等问题,严重影响充电桩的按时供电。

4. 纯电动出租车取得的成效

对出租车驾驶员而言,纯电动车充电费用比燃油汽车节省约 180 元,比燃气汽车节省费用约 50%,仍可满足全天运营需求。

在社会环境方面,一辆比亚迪 E6 纯电动汽车一年可节省燃油 14 120 L,减少 $CO_2$ 排放 32 t,相当于种植阔叶林 32 万 $m^2$。通过更换纯电动车,太原市 8 292 辆出租汽车 $CO$、$HC$、$NO_x$ 等污染物的排放每年至少可以削减 12%:可减少 $CO_2$ 排放 20 万 t,减少 CO 21 176 t,HC 2 451 t,$NO_x$ 3 478 t,环保效益显著。

在产业转型方面,8 292 辆纯电动出租汽车年用电量达 2.78 亿 kW·h,这对于解决山西省煤电困境、推动山西煤炭清洁利用、延伸煤电产业链,具有重要意义。

在就业机会与经济发展方面,伴随出租车电动化升级,太原的电动车相关产业得到了巨大发展,新建了包括比亚迪、远航、华夏动力等 6 个新能源汽车产业项目,企业总投资约 5 亿元,创造了众多新的工作岗位。同时,在电网电力消纳、电动车生产、充电设施建设及车辆和充电设施的运营维护等领域产生了显著的拉动效应。

因此,出租车的电动车转型使太原在空气质量提升、产业转型升级、就业机会增加、经济快速发展等多方面都取得了实际的成效。

5. 太原市纯电动出租车发展规划

山西省经信委 2015 年底发布《太原市电动汽车产业基地发展规划(2015—2020 年)》

《太原市燃气汽车产业基地发展规划(2015—2020年)》。根据规划,到2020年,太原电动汽车产业要形成1家客车、1家乘用车电动汽车整车企业和5~8家关键零部件企业,电动汽车产量达到2万辆,产值达到500亿元,具备电动汽车核心零部件自主研发和产业化能力,建设充换电站20座、充电桩3000个,电动汽车产业基地基本建成。

在吸收出租车更换和充电设施建设经验基础上,太原计划逐步更换公交客车,进而拓展太原市电动客车、电动物流车、环卫专用车等市场。2016—2018年,太原将每年更新纯电动公交车1000辆。

6. 经验总结

1) 电动车转型优先从出租车、公交车等公共交通入手

太原市传统出租车向纯电动出租车转型过程中,拥有制度支持保障,政策落实相对顺利,环境效益明显,快速实现了充电桩等基础设施的覆盖。同时政策有利于吸引私家车车主更换电动车,助力电动车的全面推广。

2) 政府组织协调措施得力,创新投融资方式

太原市由市长牵头成立了新能源汽车推广应用工作领导组,明确了领导组办公室和各部门的职责,并对新能源汽车推广任务及指标进行分解;广泛宣传和全部贯彻落实国家和省对新能源汽车推广应用的各项法规、政策,积极帮助企业申报补助。

定期召开政府协调会,推进新能源汽车推广应用,形成合力;通过招商引资,引进国内大型投资商的产业化。

鼓励银行业金融机构基于商业可持续原则,建立适应新能源汽车行业特点的信贷管理和贷款评审制度,创新金融产品,满足新能源汽车生产、经营、消费等各环节的融资需求;支持符合条件的企业通过股权融资、发行债券等方式,拓宽企业融资渠道;鼓励汽车金融公司发行金融债券,开展信贷资产证券化,增加其支持个人购买新能源汽车的资金来源。

积极引导,消除顾虑。太原市政府出台出租车更换补贴政策,经国家、省、市各级补贴后,购买市场价为30.98万元的比亚迪E6纯电动汽车只需支付8.98万元;在更换电动车初期,太原市选择了一部分车开展试点,让参与试点的出租车司机去传播真实的用车体验。因此,在后期大范围推广阶段,司机对于出租车更换方案的接受程度有了大幅度提升。

3) 充电等综合配套设施先行,创造有利环境

在电动车更换前期,规划管理部门及设计单位对出租车拉客、人流集散的区域进行了分析,划定充电桩合理分布区域并现场踏勘,因地制宜确定太原市充电桩设置比例为1∶4。

政府制定纯电动汽车充换电价格优惠政策,通过手机APP服务平台,保障出租车日常充电需求。

除充电桩之外,太原还新建了充电站、充电塔。其投资模式主要分为三种:政府投资、企业投资及个人投资,尤其鼓励企业及个人投资,有利于充电站的推广。

同时,对建设项目场地及功能布局提出了基本要求。建设项目可分为营运管理、充电、临时停车、生活和供配电设施五个区域。建设规模每处用地面积不少于 3 500 m²,地块形状以方形或长方形为宜,且短边不小于 50 m。选址区域要求交通可达性较好,周边电力供应设施相对完善。根据以上条件,相关单位在太原市中心城区范围内选择了 18 个场地,重点分布于中环桥下、车站、市级文化活动场馆等人口密集场所,逐步形成完善的城市公用充电服务体系。另外,项目用地通过财政补贴、无偿划拨等方式降低建设运营成本。

### 6.2.4 乘用车定向购买的"合肥模式"

合肥市是全国首批节能与新能源汽车示范推广试点城市及首批私人购买新能源汽车补贴试点城市之一,采取以纯电动车、慢速充电模式为主的发展路径。合肥市在示范推广中探索了多种商业模式,公共领域推广纯电动客车采用电池租赁模式,新能源乘用车推广采用定向购买模式。其中合肥市江淮汽车的定向购买模式,是国内节能与新能源车示范推广运作中一种较为典型的推广模式。

1. 城市概况

截至 2015 年底,合肥市常住人口为 779 万人,民用汽车保有量为 116.88 万辆(私人汽车 96.43 万辆),民用轿车拥有量为 75.59 万辆(私人轿车 69.32 万辆),公交车 10 594 辆,出租车 9 402 辆;人均 GDP 为 73 102 元[23]。

2. 新能源车发展现状

截至 2015 年 7 月底,合肥市在全国范围内累计推广新能源汽车 1.6 万辆,包括新能源客车 4 800 多辆,新能源乘用车近 1.1 万辆,新能源汽车在机动车保有量中的占比为 0.83%。在公交车领域推广新能源汽车近 1 100 辆,其中纯电动汽车 860 辆,插电式混合动力汽车 150 辆、增程式混合动力汽车 100 辆[24]。

3. 乘用车定向购买模式

江淮汽车将纯电动轿车定位为城市代步车,目标是终端消费者家庭的第二辆用车。江淮汽车对该类消费者采用定向消费的模式,即按照产品成本定价,并在扣除国家、地方政府及企业补贴后,对特定人群进行销售。

合肥推行的"定向购买"政策分三步走:一是产业链企业间定向购买;二是整车厂零配件供应体系购买;三是面向合肥市普通消费者的定向购买。目前主要处于第二步,即销售新能源汽车的目标客户购买,主要包括江淮汽车集团内部、电池和关键技术核心企业以及国家电网公司。主要选择用车线路相对固定、用途相对单一的使用人群,降低了对汽车续驶里程和充电的要求。在定向购买消费者集中区域内,由国家电网或普天集团建设充电桩,供定向购买人群使用。

4. 购车补贴

《合肥市私人购买新能源汽车补贴试点实施方案》于 2010 年 10 月开始实施,合肥市对插电式混合动力乘用车补助标准为 1.5 万元/辆,纯电动汽车补助标准为 1 万元/辆,江淮汽车再对纯电动汽车补助 3 万元/辆。

2016 年 8 月合肥市人民政府发布了《关于支持新能源汽车发展的若干意见》,对单位和个人购买续驶里程(工况法)大于 150 km 的纯电动乘用车,按照中央财政补助标准 1∶1 的比例给予地方配套补助;其他类新能源汽车原则上按中央财政补助标准 1∶0.2 的比例给予地方配套补助。地方配套资金含省市两级资金,中央和地方补助资金总额不超过车辆售价的 60%。根据产品类别、性能指标等进一步细化补助标准。

2017 年 5 月合肥市人民政府办公厅发布了《关于调整新能源汽车推广应用政策的通知》,文件指出对单位和个人购买续驶里程(工况法)大于 150 km 的纯电动乘用车,按照中央财政补助标准 1∶0.5 的比例给予地方配套补助;对纯电动客车、纯电动货车和专用车按中央财政补助标准 1∶0.5 的比例给予地方配套补助。相较于 2016 年 8 月颁布的意见通知,合肥市收紧了对新能源汽车的地方补贴政策。

5. 经验总结

创新"定向购买"模式,在国家和地方政府对购车及车企有补贴的情况下,起到了积极的推动作用。消费者购车费用相对较低,扣除中央、市级和企业的补贴,最终江淮同悦三代纯电动汽车购车价为 4 万元左右,在基础设施配套较完善的情况下,用户有一定积极性;对于企业本身,销量提升有利于获得各级政府的补贴及研发补助,对企业发展有利。

定向购买模式适合于电动车推广初期。由于主要针对线路固定、用途相对单一的消费者,充电地点固定,即只要在固定地点设置充电桩,就能满足消费者绝大部分充电需求。这种模式一定程度上解决了纯电动汽车目前性能不足及充电设施普及程度不高的困难。随着车辆各方面性能的提高和成熟,新能源乘用车与传统车一样面向普通消费者时,定向购买模式将会逐渐淡出。

### 6.2.5 电动汽车分时租赁的"上海模式"

由于价格昂贵、续航里程较短以及充电等配套基础设施不完善,私人购买电动汽车一直未有大的进展,这也催生了另一种商业模式——分时租赁的诞生和发展。分时租赁是以分钟或小时等为计价单位,利用移动互联网、全球定位等信息技术构建网络服务平台,为用户提供自助式车辆预订、车辆取还、费用结算为主要方式的小微型客车租赁服务,是传统小微型客车租赁在服务模式、技术、管理上的创新,为城市出行提供了一种新的选择。电动汽车分时租赁很好地克服了个人购买电动汽车的障碍,已成为各地政府推广新能源汽车的重要手段。上海市于 2013 年开始探索电动汽车分时租赁,截至 2017 年 7 月底,上海分时租赁车辆数已超过 4 500 辆,分时租赁网点数接近 3 000 个,累计注册会员人数超过 67 万人,日订单量近 1.4 万单[25],已成为全国最大的电动汽车分时租赁运营城市。

1. 城市概况

2015年,上海市常住人口为2 415.27万人,民用汽车保有量为289.2万辆(私人汽车保有量为207.4万辆),公交车辆16 531辆,2015年末出租车保有量为48 926辆;人均GDP为10.38万元[26]。

2. 电动汽车分时租赁发展现状

上海地区电动汽车分时租赁品牌包括EVCARD、e享天开(后期与EVCARD合并)、微公交以及格林出行,其中以EVCARD规模和影响力最大。EVCARD早期由上海国际汽车城新能源汽车运营服务有限公司负责运营,坐落于新能源试验基地"上海汽车城"嘉定区。EVCARD模式在一定程度上受到了当地政府的支持,在政府政策的"倾斜"和技术支持下,以"分时租赁、按需付费、全程自助、随借随还"为特点的EVCARD分时租赁一经推出就进入一个快速发展的阶段。2013—2015年期间,EVCARD新能源分时租赁与多家汽车公司达成合作,分批多次引进购买了奇瑞eQ、荣威E50、宝马之诺1E三类新能源车型投入运营,迅速建立多个分时租赁点,仅在2~3年间就实现了上海地区的分时租赁覆盖。目前,上海所有的行政区都有EVCARD服务。

2016年,上海汽车集团股份有限公司旗下的分时租赁品牌e享天开,与上海国际汽车城(集团)有限公司旗下的分时租赁品牌EVCARD整合,双方合资成立注册资金2亿元的环球车享汽车租赁有限公司(环球车享),负责整合后的分时租赁业务发展。按照之前上汽集团提出的分时租赁业务发展计划:上汽分时租赁业务计划三年内布局全国一线和重点城市,达到1.2万辆车、4 000个网点、100万左右会员、创收10亿元左右的目标。

3. 新能源汽车分时租赁政策支持

2016年,上海市出台《关于本市促进新能源汽车分时租赁业发展的指导意见》(以下简称《指导意见》),提出坚持以纯电驱动为新能源汽车发展的主要战略取向,以加快充电设施布局建设为主要突破口,进一步加大对新能源汽车分时租赁业的政策支持力度,鼓励租赁企业围绕市场需求创新经营与服务模式,满足市民多样化的出行需求。

《指导意见》提出到2016年底,新能源汽车分时租赁服务与经营初具规模,服务网点超过1 000个,纯电动汽车超过3 000辆,充电桩超过5 000个。到2020年底,基本形成覆盖广泛、互联互通的充电设施网络,中心城充电服务半径小于1 km,基本满足中心城4 000万人次/年以上的出行需求。全市新能源汽车分时租赁服务网点超过6 000个,纯电动车超过20 000辆,充电桩超过30 000个。

《指导意见》要求原则上所有规划建设充电设施或预留建设安装条件的公共及专用停车场,都应为分时租赁车辆充电提供便利。鼓励建设占地少、成本低、见效快的机械式与立体式停车充电一体化设施,鼓励在具备条件的加油站配建公共快充设施,为分时租赁车辆充电提供便利。鼓励金融机构在商业可持续发展情况下,采用绿色信贷、融资租赁及项目收益权质押等融资方式,拓宽新能源汽车分时租赁企业的融资渠道。鼓励租赁企业通过与整车制造企业、充电服务企业合作等方式,创新经营模式,开发电子商务和广告等增值服务,提高企业可持续发展能力。

对于分时租赁车辆牌照额度与车辆购置,《指导意见》提出按照全市小客车总量控制要求,优先保障用于分时租赁的纯电动汽车额度需求。原则上按需核发,每年额度安排不少于4 000辆。对分时租赁企业购买新能源汽车给予补贴(表6-14),对用于分时租赁服务的充电设施建设和运营给予补贴(建设补贴:补贴设备投资的30%,上限为直流——600元/kW、交流——300元/kW;运营补贴:0.2元/(kW·h),上限为1 000 kW·h/(kW·h,年))。对新能源汽车分时租赁企业联盟开发或委托开发的分时租赁服务平台,采用"以奖代补"方式,在本市促进"四新"经济发展相关资金和项目立项中予以支持。

表6-14　　　　　　　　　上海电动汽车分时租赁购车补贴

| 车辆类型 | 纯电动续驶里程 $R$(工况法,km) | | | |
|---|---|---|---|---|
| | $100 \leqslant R < 150$ | $150 \leqslant R < 250$ | $R \geqslant 250$ | $R \geqslant 50$ |
| 纯电动乘用车 | 国家:2.5万元<br>上海:1.0万元 | 国家:4.5万元<br>上海:3.0万元 | 国家:5.5万元<br>上海:3.0万元 | — |
| 插电式混合动力乘用车(含增程式) | — | — | — | 国家:3.0万元<br>上海:1.0万元 |

注:插电式混合动力乘用车(含增程式),发动机排量≤1.6 L,油耗≤5.9 L/100 km,油箱≤40 L,再补1.4万元/辆。

4. 新能源汽车分时租赁企业联盟

为促进上海市新能源汽车分时租赁业的健康发展,上海国际汽车城新能源汽车运营服务有限公司(EVCARD)与上海赛可汽车租赁有限公司(e享天开)共同发起成立新能源汽车分时租赁企业联盟。在上海市交通委的指导下,该联盟是参与单位以合作、分项、共赢为原则建立的非盈利社团组织。联盟将成为上海市新能源汽车分时租赁交流互动、信息发布、沟通合作的平台,凝聚上海市相关企事业单位的纽带,商业模式创新、技术开发交流、科学管理与培训咨询的载体,相关政府部门的智囊团。

5. 经验总结

(1) 企业主导,政府支持。国内外分时租赁企业众多,发展背景和运营模式各不相同,综合起来主要有3种:第一种模式是以汽车企业为主导,目的是推广车型、培育用户,如Car2Go项目即是戴姆勒旗下的汽车共享项目,主要采用奔驰smart车型;DriveNow项目则归属于宝马公司,车型以i系列和MINI车型为主。第二种模式是政府主导、商业运营,典型代表是法国的Autolib公司。2011年,巴黎政府将分时租赁作为城市公共服务,采用"公共服务委托合同"形式公开招标运营商,波洛莱(Bolloré)集团中标并成立Autolib,依据合同巴黎政府负责投资租车点建造,而波洛莱集团负责经营管理,双方共享收益、共负盈亏。第三种模式是搭建共享平台、整合社会资源,这种模式是纯粹的共享模式,将个人或者企业闲置的汽车放到统一的平台上出租,"justshareit"是此类模式的代表,国内的宝驾租车、PP租车也属于此种模式。上海电动汽车分时租赁采用企业主导,政府在车辆额度、车辆购置、项目运营、充电设施建设等方面给予强力支持,形成快速扩张模式。

(2) 由外到内,由点到面。上海 EVCARD 电动汽车分时租赁首先在嘉定区开始运营。2014 年 1 月,开通同济大学嘉定校区与四平路校区两个服务站点,并投入 10 辆车开始实验运营。2014 年 8 月在嘉定区安亭镇已累计开通 10 个站点,EVCARD 进入试运营阶段。截至 2014 年 12 月,累计开通 17 个站点,投入 79 辆运营车辆,完成了在嘉定区的试运营。2015 年开始从嘉定区开始向其他区县布设服务网点,形成由外围到内部、由重点区域到全市区域的成长模式。

## 参考文献

[1] Inner London. [EB/OL]. https://en.wikipedia.org/wiki/Inner_London.

[2] City of London. [EB/OL]. https://en.wikipedia.org/wiki/City_of_London.

[3] Mayor of London. Travel in London Report 5[R]. 2012.

[4] City of London. City of London air quality strategy 2011-2015[R]. 2011.

[5] National air quality objectives and European directive limit and target values for the protection of human health[EB/OL]. https://uk-air.defra.gov.uk/assets/documents/Air_Quality_Objectives_Update.pdf.

[6] Mayor of London. An electric vehicle delivery plan for London[R]. 2009.

[7] London charging points. [EB/OL]. https://www.zap-map.com/location-search/london-charging-points/.

[8] New York City. [EB/OL]. https://en.wikipedia.org/wiki/New_York_City.

[9] The City of New York. Inventory of New York City greenhouse gas emissions[R]. 2010.

[10] 8 US states target 3.3 million electric vehicles on the road by 2025[EB/OL]. [2013-10-24]. https://cleantechnica.com/2013/10/24/8-us-states-target-3-3-million-electric-vehicles-on-the-road-by-2025/.

[11] Electric vehicle programs. [EB/OL]. https://www.nyserda.ny.gov/Researchers-and-Policymakers/Electric-Vehicles/Electric-Vehicle-Programs.

[12] How the drive clean rebate works. [EB/OL]. https://www.nyserda.ny.gov/All-Programs/Programs/Drive-Clean-Rebate/How-it-Works.

[13] 深圳市交通运输委员会.2016 深圳市综合交通年度评估报告[R].深圳:深圳市城市交通规划设计研究中心,2016.

[14] 深圳制定新能源汽车发展目标 公交车纯电动化率将达到 100%[EB/OL].[2016-7-19]. http://www.ce.cn/xwzx/gnsz/gdxw/201607/19/t20160719_13919197.shtml.

[15] 深圳新能源公交推广实践研究[EB/OL].[2016-1-8]. http://www.txlunwenw.com/zhuankelunwen/201601084262.html.

[16] 深圳推动新能源汽车产业发展[EB/OL].[2017-9-7]. http://chinasei.com.cn/lsdt/xnyqc/

201709/t20170907_19618.html.

[17] 2016青岛市综合交通发展年度报告[R].深圳:深圳市城市交通规划设计研究中心,2016.

[18] 市办实事:今年计划再更新新能源公交车914辆[EB/OL].[2017-5-30]. http://news.qingdaonews.com/qingdao/2017-05/30/content_12057882.htm.

[19] 以电代油的山东路径——山东电力智能充换电服务模式探究[EB/OL].[2014-1-10]. http://www.cpnn.com.cn/zdyw/201401/t20140110_647338.html.

[20] 青岛欲打造地级市最大电动公交充换电服务网络[EB/OL].[2016-3-11]. http://news.qingdaonews.com/qingdao/2016-03/11/content_11516171.htm.

[21] 太原成为全国首个实现纯电动出租车城市[EB/OL].[2016-10-17]. http://news.ifeng.com/a/20161231/50506589_0.shtml.

[22] 太原市统计局.太原统计年鉴2017[M].北京:中国统计出版社,2017.

[23] 合肥市统计局.合肥统计年鉴2016[M].北京:中国统计出版社,2016.

[24] 安徽合肥新能源汽车推广全国"领跑"[EB/OL].[2015-8-27]. http://www.most.gov.cn/dfkj/ah/zxdt/201508/t20150826_121319.htm.

[25] 同济大学,上海国际汽车城(集团)有限公司.电动汽车分时租赁运行特征与效益评价——基于EVCARD探索[R].2017.10.

[26] 上海市城乡建设和交通发展研究院.上海市综合交通年度报告[R].上海:上海城市综合交通规划研究所,2016.

# 7 新能源公交车运行特性

7.1 电动公交车发展关键技术
7.2 电动公交整车运行特征分析
7.3 电池组充放电特征分析
参考文献

由于公共财政资助以及确定线路、确定时间、确定行驶里程的运行方式,公交车因而成为各类清洁能源车辆特别是电动车应用最多的车型。电动公交车作为一种新型交通工具、新能源公交车的典型应用,其运行特性、电池充放电特征是开展充电站设施容量规划以及车辆行车计划优化的基础。2010年上海世博会是世界上最大规模的节能与新能源汽车集中示范,也是电动公交车在公共交通领域第一次大运量、长时间示范运营,为电动公交车的推广、运营积累了宝贵的经验。本章以电动公交车运营数据为基础,分析电动公交车辆在实际道路工况下的续驶里程、可靠性以及车载动力电池组充电时间、放电深度、电池寿命等关键指标,为电动公交车线路规划提供控制指标。

## 7.1 电动公交车发展关键技术

纯电动公交车大规模应用于城市公共交通时间不长。本节首先从技术发展和理论研究两方面,综述电动公交车辆、电池、充电等技术进展以及关于电动公交充电站设施容量规划、行车计划优化等研究进展。

### 7.1.1 电动公交车技术发展

1. 整车技术

电动公交车的整车工作原理如图7-1所示,由电力驱动系统、底盘、车身、电气设备等部分组成。在电动公交车结构中,车载动力电池组是车辆行驶的能量来源,电机是驱动车辆行驶的动力来源。驱动控制系统是整车控制的核心,其作用是把电能转换成机械能,直接驱动车辆,也可根据需要连接变速箱来控制车速,提高车辆行驶效率[1-2]。

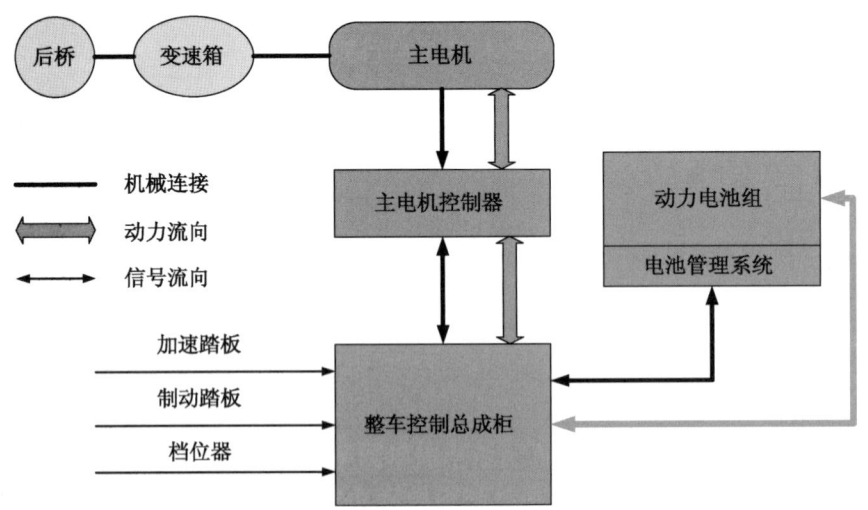

图7-1 电动公交车工作原理示意图

2010年,上海世博会是纯电动汽车在公共交通领域第一次大运量、长时间示范运营,代表了国内电动公交车主流技术方向与整车技术水平。世博园区示范运营的电动公交车主要技术参数如表7-1所示。

表 7-1　　　　　　　　　　世博电动公交车主要技术参数

| | 形式 | 纯电动公交 | 柴油动力公交 |
|---|---|---|---|
| 整车动力参数 | 型号 | SWB6121EV | SWB6115HP-3 |
| | 外廓尺寸($L\times W\times H$)/mm | 11 980×2 550×3 160 | 11 500×2 500×3 150 |
| | 加速时间(0~50 km/h)/s | ≤25 | ≤25 |
| | 最高速度/(km·h$^{-1}$) | ≥70 | ≥80 |
| | 最大爬坡度/% | ≥20 | ≥20 |
| | 电/油耗 | 100 kW·h/100 km | 43 L/100 km |
| | 城市工况一次充电续驶里程(满载全负荷:km) | 100 | ≥350 |
| 动力电池系统 | 形式 | 锰酸锂 | — |
| | 容量/Ah | 360 | |
| | 额定电压/V | 312~437 | |
| | 最大放电功率/kW | 142 | |
| | 质量/kg | 1 700 | |
| 主驱动系统 | 形式 | 交流异步 | 柴油内燃机 |
| | 型号 | JD132 | M906LAG CG-250 |
| | 额定/峰值功率/kW | 100/150 | —/184 |
| | 额定/峰值扭矩/N·m | 470/850 | —/895 |

说明:1. 表中各类车型车辆及电池技术性能参数来源于文献[3]。
　　　2. SWB6121EV 与 SWB6115HP-3 为上海申沃客车有限公司的同平台车型。

从整车动力参数看,电动公交车主要技术参数如50 km加速时间、最高速度、最大爬坡能力等均与传统柴油动力公交汽车相当。从主驱动系统动力性能看,电动公交车上安装的驱动电机额定/峰值功率、扭矩也与传统内燃机在同一水平上,电动公交车与传统内燃机公交车的差异主要体现在续驶里程上。

世博电动公交车辆配置动力电池组的容量为360 A·h,城市工况下单次充电的续驶里程为100 km,仅为传统柴油公交汽车的1/4左右。锰酸锂离子电动公交车电池组的质量约为1 700 kg,占整车配重的15%左右。车载动力电池组能源密度较低是造成动力电池组储能不足的原因。

电动公交车的整车技术、主驱动系统技术较为成熟,动力表现与常规柴油公交无显著性差异;其主要技术短板是由于车载动力电池储能能力不足,导致车辆单次充电的续驶里程较短。

图 7-2 是国内几款在用电动公交车照片。

(a) 电动公交车宇通ZK6125BEVG6

(b) 电动公交车申沃SK6812EV32

(c) 电动公交车BK6122EV（奥运用车）

(d) 电动公交车SWB6121EV（世博用车）

图 7-2 国内在用纯电动公交车

2. 车载动力电池技术

车载动力电池主要有铅酸电池、镍镉电池、镍氢电池、锂离子电池四类[4-6]，电动公交车动力电池主要使用锰酸锂电池、磷酸铁锂电池。

1) 电动公交车动力电池性能需求

动力电池技术是电动汽车的关键技术之一。电动公交车动力电池需要适应不同使用环境，启动、匀速行驶和加减速、爬坡等不同工况。根据实际运行需要，电动公交车对电池性能具有一定的要求，主要包括[7]：

(1) 高能量密度：以提高运行效率和续航里程；
(2) 高功率密度：以满足驾驶性能的要求；
(3) 宽广的工作温度范围：以满足夏季高温和冬季低温的运行需要(-40 ℃～+50 ℃)；
(4) 较长的循环寿命：保证电池的使用年限和行驶总里程，日均 200 km、8 年；
(5) 无记忆效应：以满足车辆在使用时常处于非完全放电状态下充电需要；
(6) 自放电率小：满足车辆较长时间的搁置需求。

铅酸电池、镍镉电池、镍氢电池和锂离子电池的主要性能指标及优缺点如表 7-2[8]、

表7-3所示[9]。

表7-2 常见车用动力蓄电池主要性能比较

| 项目（单位） | 铅酸电池 | 镍镉电池 | 镍氢电池 | 锂离子电池 |
|---|---|---|---|---|
| 工作电压/V | 2 | 1.2 | 1.2 | 3.6 |
| 质量比能量/(W·h·kg$^{-1}$) | 35～40 | 40～60 | 60～80 | 90～140 |
| 体积比能量/(W·h·L$^{-1}$) | 70 | 150 | 200 | 270 |
| 充放电寿命/次 | 300～500 | 500～1 000 | 500～1 000 | 800～1 200 |
| 自放电率/(%·月$^{-1}$) | 5 | 25～30 | 30～50 | 6～9 |
| 记忆效应 | 无 | 有 | 无 | 无 |

表7-3 常见车用动力蓄电池优缺点对比

| 电池类别 | 铅酸电池 | 镍镉电池 | 镍氢电池 | 锂离子电池 |
|---|---|---|---|---|
| 优点 | 1. 工艺成熟；<br>2. 大电流放电性能良好；<br>3. 安全性能较好；<br>4. 资源丰富，价格低廉；<br>5. 电池回收率高等 | 具有很好的充放电倍率特性 | 1. 充放电倍率大；<br>2. 无环境污染隐患；<br>3. 无记忆效应 | 1. 工作电压高；<br>2. 比能量和比体积大；<br>3. 自放电率低；<br>4. 无记忆效应；<br>5. 充放电效率高；<br>6. 循环寿命长；<br>7. 无污染性等 |
| 缺点 | 1. 质量比能量和体积比能量值都较小，使得电动汽车的一次性充电行驶里程和运行效率都不能较好地满足实际运行需要，严重制约其在电动汽车领域的应用；<br>2. 主要原材料铅有污染 | 1. 具有记忆效应；<br>2. 含重金属，存在环境污染等问题 | 1. 工作电压低（1.2 V）；<br>2. 不宜并联使用，为了达到一定的功率和电压等级需要大量地串联电池，使其在大容量（如纯电动汽车等）场合的应用受到限制 | 成本偏高 |
| 现状 | 逐步淘汰 | 没有被广泛使用 | 在小功率电器上具有较好应用前景 | 被认为是电动汽车理想的动力源 |

锂离子电池从端电压、能量密度、比能量、自放电率以及循环寿命等方面均优于铅酸电池、镍镉及镍氢电池，被认为是电动汽车的理想动力源。铅酸电池因其能量密度较低及重金属污染等缺陷，已在逐步淘汰。镍氢电池虽然在能量密度、比能量等方面优于铅酸电池，但有明显的记忆效应，循环寿命较低，限制了其大规模使用。镍氢电池的主要缺陷则在其不适宜并联使用，限制了在车用大功率动力电池方面的应用。

近年来，锂离子电池在电动汽车领域中得到广泛应用，越来越显示出其优越性。在电池技术方面，通过在正负极材料[10]、添加剂[11]、粘结剂[12]、掺杂和包覆[13]、电解液配方[14]以及工艺等方面的持续改善，单体锂离子电池在能量密度、功率特性、安全性、寿命等方面的性能得到显著提高，电池温度适用范围也进一步拓展[15]。锂离子电池随着技术的不断发展，已成为电动汽车的主要动力来源。

2）电动公交车动力电池应用状况

为满足车辆运行动力需要，电动公交车上通常装备一套由若干单体电池串并联组成的锂离子电池组,如图 7-3 所示。电动公交车动力电池组由若干电池箱组成,每一个电池箱由若干单独锂离子电池构成。以世博园区使用的 SWB6121EV 型电动公交车为例,动力电池组共有 104 节单体电池构成,其中 16 节/箱的电池箱 3 箱、8 节/箱的电池箱 7 箱,电池组基本参数如表 7-4 所示。

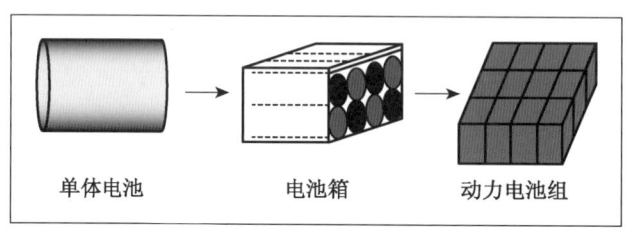

图 7-3  电动公交车动力电池组的编组

表 7-4  SWB6121EV 型电动公交车动力电池组基本参数

| 序号 | 参数名称 | 指　　标 |
| --- | --- | --- |
| 1 | 动力电池组类型 | 锰酸锂离子 |
| 2 | 电池组额定容量 | 360 A·h |
| 3 | 单体最高电压 | 4.23 V |
| 4 | 电池组最高电压 | 440 V |
| 5 | 单体电池数量 | 104 节 |
| 6 | 电池组编组 | 16 节/箱×3 箱,8 节/箱×7 箱 |

电动公交车锂离子电池组的工作原理与单体锂离子电池基本相同。电池组内各单体电池被电解质(通常为高分子聚合物组成的胶状物质)隔开。当电池充电时,锂离子将从阳极(由金属锂制成)通过电解质迁移至阴极(一般为碳)。放电时则恰巧相反,锂离子从阴极游回阳极,这一过程会导致与电池相连的外电路产生电流,供车辆使用。

### 7.1.2  电动汽车充电站设施容量

**1. 电动车充电需求特征分析**

电动车辆充电需求特征分析是充电桩数量及布局规划、充电站设施容量规划的基础。分析方法大致有以下 3 类。

1) 趋势分析法

根据电动车辆发展趋势或规划来推测电动车辆的保有量、车型、出行特征等,在此基础上计算电动车辆规模化应用的充电负荷。

加拿大安大略省曾分析利用电网非高峰时段电力为插电式混合动力汽车充电的可行性,在不额外增加电力输送与发电投资的情况下,电力系统可提供约 50 万辆电动汽车在非高峰时段的充电容量[16]。美国也分析过不同插入式混合动力汽车的发展场景的充电负荷及其对电网的影响,若将研究区域内的车辆全部替换为电动车辆,将引发电网5%~10%的电能需求增长[17]。

2) 概率统计法

采用统计学方法获取电动车辆日行驶里程、充电时间分布、起始电池组电池的荷电状态(State of Charge,SOC)等主要参数的概率分布,计算服从预期概率分布的电动车辆充电负荷。

车辆充电负荷的影响因素主要包括电动车保有量、车辆日均行驶里程、车辆动力电池特性、充电频率等[18]。考虑电动车辆的类型、充电开始时间等因素,假设所有车辆开始充电时间满足均匀分布,可采用蒙特卡洛法等仿真电动车辆的充电负荷曲线、车辆的日充电功率需求。通过单车充电功率需求的累积得到一定车辆规模下的日充电功率总需求,在此基础上,可建立包含工业负荷、居民日常生活负荷、商业负荷等多种负荷条件下的电动车辆充电负荷模型[19]。

3) 特定车辆分析法

针对特定的电动车辆类型,通过分析该类型车辆运行、充电特征或对其运行、充电行为提出若干假设条件,计算该类型车辆的充电负荷。

以电动公交车为例。如果采用整车充电模式,假设电动公交车辆的充电时段为白天 9:00—15:30,夜间 23:00—5:00,且车辆起始充电时间在白天时段内符合均匀分布、夜间时段内则符合对数正态分布,通过蒙特卡洛仿真方法可估算电动公交线路的充电负荷[20]。如果采用电池组更换供能模式,需要考虑电动公交线路车辆日返回充电站更换电池组的总次数、单次电池组更换的时刻以及被更换下电池组的 SOC 与线路长度、总班次数以及线路时刻表的关系。充电需求可通过分析电动公交车辆的行车规则及行驶轨迹定量计算。

2. 充电站设施容量分析

电动车辆充电站设施容量分析的目的,是确定充电站配电容量、电池充电系统的电气设计等。主要分析方法有用电负荷法、电池功率模型法及充电机功率模型法等。

1) 用电负荷法

电动车辆充能将引发电网负荷增长[21],用电负荷法从电动车辆运行与电网的交互关系入手,通过分析电动车辆运行过程中的电力消耗,估计电动车辆充电站的配电容量。但不同充电模式如夜间充电(充电起始时间为 18:00—20:00)与两次充电(充电起始时间为 8:00—9:00 和 14:00—15:00),所需快速充电站和普通充电站的配置规模会有较大区别,但规划区域内充电站额定容量应不小于电动车辆的最大充电负荷需求。

2) 电池功率模型法

电池功率模型法从电池电路结构出发,通过分析电池充电过程中电池输入电压/电流的变化趋势,计算电池充电过程中的功率需求,进而推算充电站内电池充电系统的配电容量。

电池功率模型是建立电动车辆充电功率需求模型的基础。电动车辆电池的仿真模型有多种,其中以等效电路模型、经验模型及神经网络模型等3种模型应用最广。等效电路模型因其建模相对简单、电池充放电动态特性反应精确等优势,成为目前最常用的电池功率模型。

3) 充电机功率模型法

充电机功率模型从充电机的工作状态出发,通过分析电池充电过程中充电机输出电压/电流的变化趋势,计算单台充电机的容量配置,进而计算充电站的配电容量。

(1) 充电机类型

充电机由功率转换单元和执行充电过程控制的控制器组成。充电机工作的输出功率与充电机类型有关,根据不同的分类标准,电动车辆充电机可分为几种类型,如表7-5所示[22]。

表7-5　　　　　　　　　　　电动公交车充电机类型

| 分类标准 | 充电机类型 | |
| --- | --- | --- |
| 安装位置 | 车载充电机 | 地面充电机 |
| 输入电源 | 单相充电机 | 三相充电机 |
| 连接方式 | 传导式充电机 | 感应式充电机 |
| 功能 | 普通充电机 | 多功能充电机 |

充电机选择需要满足高频化、高效率、高功率密度等要求。近年来随着高频电子技术的发展,新型高频充电机逐渐取代传统相控充电机,成为电动公交车锂离子电池充电的首选。高频充电机通过一个隔离型DC-DC变换器拓扑,提供了非直接的AC-DC转换,从而克服了传统整流充电机效率低、体积大等缺点,成为现有技术条件下最适宜锂离子电池组的充电机类型[23]。

(2) 充电机能源控制策略

根据充电过程中电流/电压控制策略差异,锂离子动力电池的充电方法可分为恒流充电法、恒压充电法、恒流限压充电法、脉冲充电法、特定曲线充电法等[24]。其中,恒流限压充电法的首先进行恒定电流充电,即以恒定电流充电至预定的电压值;然后改为恒定电压充电,同时充电电流自动衰减直至电池充满。该充电方法的主要优点是通过在充电电源和被充电蓄电池之间串联一个限流电阻,实现充电电流的自动调节功能。该充电方法被广泛应用于锂离子电池的充电设备,成为锂离子电池的主要充电方法。

既有研究一般针对私人乘用车展开,对电动公交充电站设施容量规划的特殊性考虑较少。电动车公交线路的车辆按照线路及时刻表运行,其运行规则与私人乘用车有较大区别。电动公交车的充电需求与线路长度、总班次数及时刻表有关。对于电动车公交线路,充电需求可通过分析电动公交车辆的行车规则及行驶轨迹定量计算,包括线路日返回充电站更换电池组的总次数、单次更换电池组的时刻及被换下电池组的

SOC 等。

对于电动公交车充电站,需要整体考虑一条甚至多条线路的需求。设施容量规划主要针对电池组充电机、电池组快速更换机构及动力电池组配置规模等三个方面。电动公交车辆充电站设施配置规模需要考虑充电机、电池组快速机构及动力电池组等多个系统的配合。

### 7.1.3 电动公交行车计划优化

电动公交行车计划优化是一个多目标优化问题,需要综合考虑公交行车计划优化、电动公交车能源补充、动力电池与整车性能。

1. 公交行车计划优化

公交行车调度分为单线调度和区域调度(也称跨线调度)两种形式。单线调度模式的公交行车计划优化针对以下约束条件与目标[25]:

(1) 一个中心场站、多个车次,每个车次均有不同的开始和结束时间。

(2) 如果一个车次的开始时间晚于另一车次的结束时间,则此两个车次可由同一车辆执行。

(3) 优化目标是满足相关约束条件下使执行所有车次需要的车辆数最小。

与单线调度不同,区域调度允许车辆、人员在多条线路上相互调用。在跨线行车调度模式下,当某线路处于高峰运营时段,可从处于低峰运营时段的线路抽调车辆和人员,从而节约运营资源。

传统公交行车计划优化考虑了各类型的车次任务在总体数量上的对应关系、车次任务与车辆的对应关系、车次任务的衔接关系,一般不涉及车辆执行某车次任务所涉及的行驶里程等条件。电动公交车辆由于其续驶里程的限制及能源补给的需要,行车组织时需考虑车载电池组的 SOC、车辆的剩余续驶里程等信息,并记录车辆返回充电站补充能量的时刻及换下电池组的 SOC 等。传统内燃机公交线路的行车计划模型与方法不能满足电动公交行车计划优化的需要。

2. 电动公交行车计划优化

电动公交行车组织涉及车次任务分配、电池组更换、电池组充电等多方面内容。基于电动公交车续驶里程短、充电时间长的特点,可将电动公交车行车计划问题转化为"有续驶时间和充电时间约束"的常规公交行车调度问题,并进一步分解成"有续驶里程时间约束的行车调度问题(Vehicle Scheduling Problem with Route Time Constraint,VSPRTC)"和"有充电时间约束的车辆调度问题(Vehicle Scheduling Problem with Fueling Time Constraint,VSPFTC)"[26]。

电动公交行车计划优化本质是一类多目标组合优化问题,其求解涉及多个优化目标,且各优化目标之间存在较强的相关性。

## 7.2 电动公交整车运行特征分析

用于上海世博园区的电动公交车采用 12 m 低地板车型,配置了 360 A·h 的锂离子动力电池组,城市工况下单次充电续驶里程为 100 km。

### 7.2.1 世博新能源车应用示范

**1. 车辆与线路概况**

2010 年上海世博园区实现了交通零排放运行。世博会期间共约 1 147 辆新能源汽车在世博园区及周边区域承担各类客货运任务(表 7-6),在世博会 184 天中,各类新能源汽车总行驶里程达到近 3 000 万 km,车辆总体运行情况平稳、良好。

表 7-6  上海世博会新能源车辆应用

| 车辆用途 | 车辆类型 | 车辆数/辆 |
| --- | --- | --- |
| 世博园区内公共交通 | 纯电动大巴 | 120 |
|  | 超级电容大巴 | 61 |
|  | 燃料电池大巴 | 6 |
| 世博园区内观光车 | 燃料电池 | 100 |
|  | 纯电动 | 130 |
| 世博园区内场馆车 | 纯电动 | 140 |
| 世博园区 VIP 用车 | 燃料电池轿车 | 90 |
| 世博园区外公交车 | 混合动力大巴 | 150 |
| 世博园区外出租车 | 混合动力轿车 | 350 |

共有 120 辆纯电动公交车承担园内 3 条公交线路运行服务:世博大道越江线、世博大道越江线(区间)和世博国展线。车辆日均出行 31 车次,载客 4 100 人次,行驶 180 km。线路及车辆运行特征如表 7-7 所示。

表 7-7  电动公交车示范线路特征

| 线路名称 | 线路长度/km | 平均站距/m | 运营时间/h | 发车频率/min | 单车日均行驶里程/km | 单车日均载客量/(人次·车$^{-1}$) |
| --- | --- | --- | --- | --- | --- | --- |
| 世博大道越江线 | 6.7 | 727 | 15 | 1~3 | 181.8 | 4 090 |
| 世博国展线 | 4.2 | 514 |  |  |  |  |
| 世博大道越江线(区间) | 1.8 | 525 |  |  |  |  |

电动公交示范线路在运营时间、线路长度、平均站距、单车日行驶里程等方面均与常规公交线路相差不大。

2. 充电站设施容量

世博园区的电动公交车采用电池快速更换的供能模式，设置一座充电站。电动公交车辆运行一定班次任务后，进入充电站将已消耗的动力蓄电池卸下，更换一组已充满电的动力蓄电池，随即进入发车序列，执行下一个车次任务。更换下来的电池按有无故障就地分离，故障电池送入维护车间，无故障的电池则送充电区；电池送入充电区进行分箱充电，充满后进行编组操作，按电池组为单位进入备用电池库，并送至电池更换区储存，进入待命状态。车辆卸下的故障电池，则在维护车间进行筛选、维护、充电和装箱；检测无故障后，按电池组为单位送至电池更换区待命。

电动公交车充电站的工作流程如图 7-4 所示。

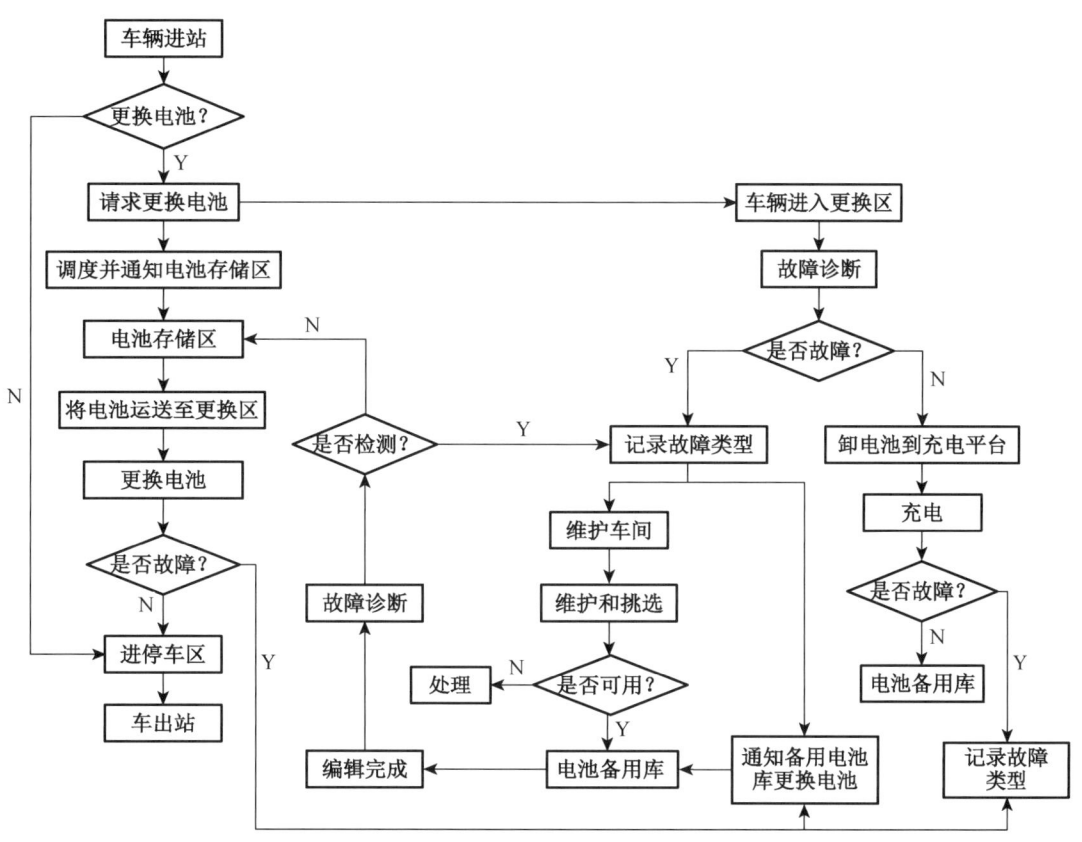

图 7-4 电动公交车充电站工作流程图

世博园区电动公交充电站内设有 4 个同样结构的电池更换工段，每个更换工段内有 2 套(4 个)电池快换机器人，可容纳 2 辆车同时更换电池。充电站可同时为 8 辆公交车提供电池组更换服务。充电站共配置 112 组备用电池，分别被安置在 112 个电池充电及存储架上并与一套电池组充电单元相连接(表 7-8)。

表 7-8　　　　　　　　　　　世博电动公交车充电站设施概况

| 占地面积 | 服务车辆 | 备用电池及存储架数量 | 快速更换设备数量 | 电池组充电单元 | 配电容量 |
|---|---|---|---|---|---|
| 3 400 m² | 120 辆 | 112 套 | 8 套 | 112 组 | 4×2 000 kV·A<br>1×800 kV·A |

注：800 kV·A 变压设备主要满足充电站照明、生活用电。

### 3. 数据采集

充电站配备了电动公交车电池监控系统，由中心服务系统、电动公交车载电池监控器和电动公交车 GIS 监控系统三个子系统构成，系统总体构架如图 7-5 所示。

（a）车载电池监控器　　　　　　　　（b）电池监控系统结构

图 7-5　电动公交车载电池监控器和电池监控系统结构示意图

电动公交车载电池监控器是安装在车上的信息采集与传输设备，将采集的数据通过 GPRS 网络传输至中心服务器，中心服务器进行数据存储，并将数据转发给电动公交车辆数据管理子系统和电动公交车 GIS 监控系统。数据管理子系统和 GIS 监控子系统通过接受的数据实时监控电动公交车辆运行过程的电池状态和位置等信息。车载电池数据（Engine Management System，EMS）包括电池的 SOC、端电压、总电流、最高电压值、最低电压值、最高电压单体电池箱号、最低电压单体电池箱号、最高温度值及其对应的电池箱号等信息；GPS 数据包括车辆的经纬度信息、速度、车辆行驶方向等信息，生成"车辆周转运行日表"（.xls 格式），如图 7-6 所示。

车辆运行监控数据主要包括以下内容：

（1）时间信息：日期、天气、时刻编号（与车辆及电池实时状态对应）等。

（2）车辆状态信息：车号、车辆累计行驶里程、车辆单次行驶里程、单公里电耗等。

（3）电池状态信息：电池号、电池架号、总电压、单体最高电压、单体最低电压、SOC、电能表度数、电池单次充电量等。

车辆周运行日表

| 序号1 | 序号2 | 车号 | 日期 | 时间 | 车辆进站电池号 | 车辆进站里程/Km | 总电压/V | 单体最高/V | 单体最低/V | SOC% | 电能表/Kwh | 电池架号 | 电池号 | 左侧充电量/Kwh | 右侧充电量/Kwh | 电池单次充电量/Kwh | 电池单次行驶里程/Km | 单公里能耗/(Kwh/Km) |
|---|---|---|---|---|---|---|---|---|---|---|---|---|---|---|---|---|---|---|
| 1 | 1 | 61 | 8月30日 | 10:58 | 99 | 27353 | 553 | 3.27 | 3.25 | 50% | 37192.7 | 9上 | 101 | 29.4 | 42.1 | 71.5 | 57 | 1.25438596 |
| 2 | 2 | 61 | 8月30日 | 14:36 | 101 | 27409 | 550 | 3.24 | 3.21 | 49% | 37278.6 | 7上 | 116 | 32.9 | 47.3 | 80.2 | 56 | 1.43214285 |
| 3 | 3 | 61 | 8月30日 | 19:37 | 116 | 27484 | 545 | 3.23 | 3.19 | 37% | 37383.8 | 6下 | 117 | 40.6 | 58 | 98.6 | 75 | 1.31466666 |
| 4 | 4 | 61 | 8月30日 | 23:03 | 117 | 27539 | 554 | 3.27 | 3.25 | 29% | 37460.6 | 1 | 4 | 29.4 | 41.8 | 71.2 | 55 | 1.29454545 |
| 5 | 5 | 61 | 8月31日 | 13:23 | 4 | 27607 | 550 | 3.25 | 3.23 | 47% | 37554.8 | 8上 | 131 | 31.8 | 45.5 | 77.3 | 68 | 1.13676470 |
| 6 | 6 | 61 | 8月31日 | 19:06 | 131 | 27700 | 543 | 3.21 | 3.19 | 36% | 37666.7 | 6上 | 56 | 42 | 60.1 | 102.1 | 93 | 1.09784946 |
| 7 | 7 | 61 | 8月31日 | 22:31 | 56 | 27756 | 554 | 3.27 | 3.24 | 58% | 37737.7 | 10下 | 116 | 24.3 | 35.8 | 59.8 | 56 | 1.06785714 |
| 8 | 8 | 61 | 9月1日 | 22:58 | 116 | 27800 | 544 | 3.21 | 3.17 | 44% | 37843.3 | 4上 | 135 | 40.1 | 57 | 97.1 | 44 | 2.20681818 |
| 9 | 9 | 61 | 9月2日 | 12:26 | 135 | 27857 | 548 | 3.25 | 3.22 | 47% | | 4上 | 118 | 34.3 | 49.1 | 83.4 | 57 | 1.46315789 |
| 10 | 10 | 61 | 9月2日 | 16:32 | 118 | 27926 | 547 | 3.23 | 3.20 | 40% | | 2上 | 124 | 39.3 | 55.8 | 95.1 | 69 | 1.3782608 |
| 11 | 11 | 61 | 9月2日 | 21:41 | 124 | 28007 | 545 | 3.23 | 3.20 | 38% | 38159.4 | 11上 | 31 | 23.9 | 57.2 | 97.1 | 81 | 1.1987654 |
| 12 | 12 | 61 | 9月3日 | 12:15 | 130 | 28071 | 547 | 3.24 | 3.21 | 41% | 38232.9 | 8下 | 114 | 33 | 47.5 | 80.5 | 64 | 1.2578125 |
| 13 | 13 | 61 | 9月3日 | 15:59 | 31 | 28127 | 554 | 3.27 | 3.24 | 55% | 38309.8 | 11上 | 31 | 29.9 | 42.9 | 72.8 | 56 | 1.3 |
| 14 | 14 | 61 | 9月3日 | 20:42 | 114 | 28195 | 545 | 3.22 | 3.20 | 38% | 38410.5 | 12上 | 99 | 36 | 51.8 | 87.8 | 68 | 1.29117647 |
| 15 | 15 | 61 | 9月4日 | 11:00 | 99 | 28271 | 546 | 3.23 | 3.22 | 43% | 38507.6 | 1下 | 85 | 37.6 | 59.5 | 90.6 | 76 | 1.19210526 |
| 16 | 16 | 61 | 9月4日 | 15:28 | 85 | 28327 | 544 | 3.23 | 3.20 | 44% | 38598.4 | 10上 | 135 | 32.1 | 47 | 79.1 | 56 | 1.4125 |
| 17 | 17 | 61 | 9月4日 | 19:44 | 126 | 28383 | 551 | 3.26 | 3.23 | 47% | 38685.5 | 8下 | 129 | 37.5 | 53 | 89.9 | 56 | 1.52142857 |
| 18 | 18 | 61 | 9月4日 | 23:00 | 129 | 28439 | 553 | 3.27 | 3.23 | 51% | | 1上 | 126 | 31.9 | 45.2 | 77.1 | 56 | 1.37678571 |
| 19 | 19 | 61 | 9月5日 | 11:50 | 126 | 28508 | 546 | 3.23 | 3.20 | 36% | 38871.5 | 10下 | 85 | 35.9 | 53.2 | 89.1 | 69 | 1.29130434 |
| 20 | 20 | 61 | 9月5日 | 16:20 | 85 | 28577 | 544 | 3.22 | 3.20 | 33% | 38981.2 | 7下 | 93 | 39.8 | 55.2 | 94 | 69 | 1.36231884 |
| 21 | 21 | 61 | 9月5日 | 20:45 | 93 | 28645 | 549 | 3.24 | 3.22 | 43% | | 1下 | 135 | 37.3 | 52.5 | 89.8 | 68 | 1.32058823 |
| 22 | 1 | 62 | 8月30日 | 13:11 | 126 | 25663 | 548 | 3.23 | 3.22 | 20% | 20732.5 | 4上 | 132 | 37.5 | 53.5 | 91 | 68 | 1.33823529 |
| 23 | 2 | 62 | 8月30日 | 19:11 | 132 | 25744 | 543 | 3.25 | 3.15 | 30% | 20834.7 | 5下 | 131 | 41.3 | 59.7 | 101 | 81 | 1.2469135 |
| 24 | 3 | 62 | 8月31日 | 9:44 | 131 | 25810 | 555 | 3.26 | 3.25 | 48% | 20910.7 | 4上 | 30 | 27.6 | 39.5 | 67.1 | 66 | 1.01666666 |
| 25 | 4 | 62 | 8月31日 | 13:36 | 30 | 25867 | 555 | 3.25 | 3.25 | 43% | 20994.3 | 8上 | 138 | 30.4 | 43.5 | 73.9 | 57 | 1.29646122 |
| 26 | 5 | 62 | 8月31日 | 18:31 | 138 | 25935 | 551 | 3.25 | 3.23 | 39% | 21086.2 | 5下 | 122 | 36.9 | 53.3 | 90.2 | 68 | 1.32647058 |

图 7-6 电动公交车运行监控数据日报表

### 7.2.2 车辆续驶里程分析

**1. 平均续驶里程**

世博示范运行 184 d，120 辆电动公交车单次充电的平均行驶里程为 68 km，约为其理论续驶里程的 70% 左右。电动公交车日均行驶里程为 181 km，约为车辆单次充电行驶里程的 2.7 倍。

**2. 续驶里程影响因素**

由图 7-7 可见，电动公交车的月平均续驶里程有波动。5 月份单次充电平均续驶里程为 81 km，8 月份的一次充电续驶里程降至 59 km，为 6 个月中最低，显然与气温及空调耗能有直接关联。

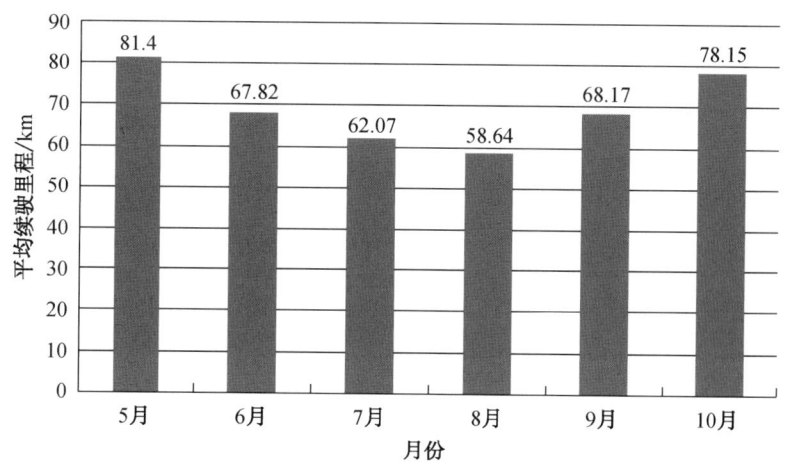

图 7-7 电动公交车 5~10 月月平均续驶里程波动

影响车辆续驶里程的外部因素主要包括环境温度、客流强度等。分别用"日平均气温"及"每车次日平均载客数"两参数来衡量电动公交车工作的外部温度及客流强度，分析其对车辆续驶里程的影响。由图 7-8 及图 7-9 可见,电动公交车日平均续驶里程与日平均气温和每车日平均载客数均存在较大相关性。

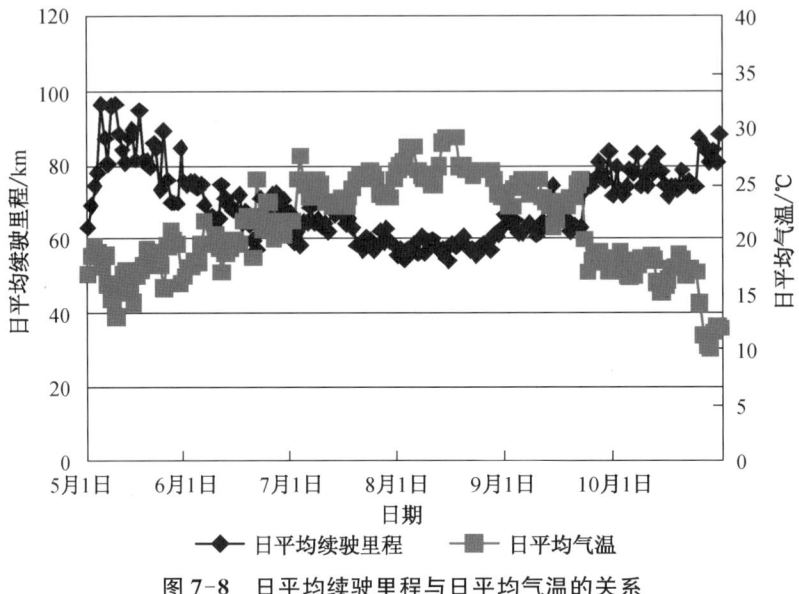

图 7-8　日平均续驶里程与日平均气温的关系

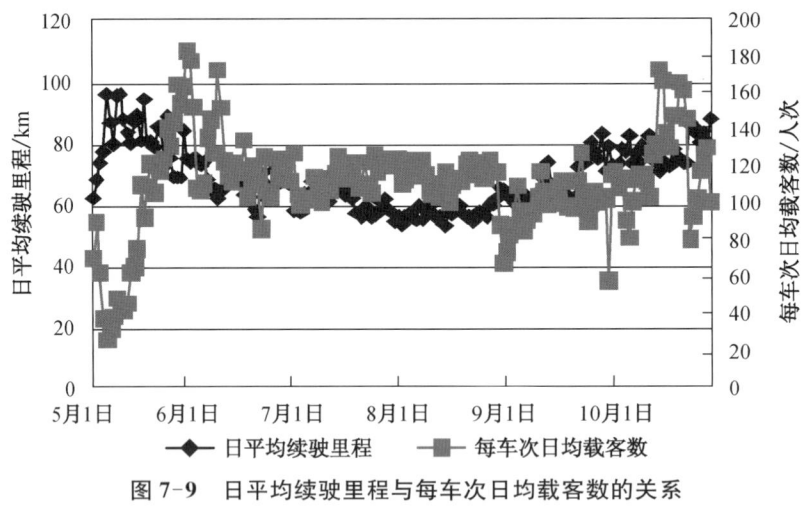

图 7-9　日平均续驶里程与每车次日均载客数的关系

当两个变量间存在线性关系时,可通过考察这两个变量的简单相关系数来研究其相关程度。但在研究多个变量之间的线性相关程度时,单纯使用任意两个变量之间的简单相关系数常具有虚假性。为了更准确地反映多变量之间的相关性,统计学中引入了偏相关系数。

利用统计学软件 SPSS(Statistical Product and Service Solutions)分别以"日平均气温"和"每车次日平均载客数"为控制变量,计算另一变量与车辆续驶里程的偏相关系数[27]。计算结果如表 7-9 所示。

表 7-9　　偏相关分析结果汇总表

| 控制变量 | | | 日平均气温 | 日平均续驶里程 |
|---|---|---|---|---|
| 每车次日均载客数<br>—无—[a] | 日平均气温 | 相关系数 | 1.000 | −0.901 |
| | | 显著性（双尾） | . | 0.000[c] |
| | | df[b] | 0 | 181 |
| | 日平均气温 | 相关系数 | | −0.880 |
| | | 显著性（双尾） | | 0.000 |
| | | df | | 184 |

| 控制变量 | | | 每车次日均载客数 | 日平均续驶里程 |
|---|---|---|---|---|
| 日平均气温<br>—无—[a] | 每车次日均<br>载客数 | 相关系数 | 1.000 | −0.475 |
| | | 显著性（双尾） | . | 0.000 |
| | | df | 0 | 181 |
| | 每车次日均<br>载客数 | 相关系数 | | −0.263 |
| | | 显著性（双尾） | | 0.000 |
| | | df | | 184 |

注：a. 单元格包含零阶（Pearson）相关；
　　b. df 是指自由度（degrees of freedom）；
　　c. 是指偏相关系数概率值小于 0.01。

如表 7-9 所示，将"日平均气温"作为控制变量时，"每车次日均载客数"与"日平均续驶里程"之间的相关系数为 0.475（$p<0.001$），表明这两变量之间较弱的线性相关关系。如果不考虑"日平均气温"的影响，则它们的相关系数为 0.263（$p<0.001$），线性相关性减弱。这表明，"每车次日均载客数"和"日平均续驶里程"的相关性，是同"日平均气温"共同作用的结果。

同理，当将"每车次日均载客数"作为控制变量时，"日平均气温"和"续驶里程"的相关系数为 0.901。若不考虑"每车次日均载客数"的影响，则它们的相关系数为 0.880，变化幅度不大。通过以上分析可知：电动公交车单次充电续驶里程与"日平均气温"和"每车次日均载客数"均线性负相关，但"日平均气温"的影响明显强于后者。

### 7.2.3　车辆可靠性分析

1. 故障频次分析

上海世博会 6 个月示范运营期间，120 辆纯电动公交车共发生各类故障 2 056 次，故障频率 5.14 次/万 km，如图 7-10 所示，但电动公交车故障频率呈稳步下降趋势。10 月的故障频率为 3.5 次/万 km，较运营初期下降了 73%。

电动公交车作为一种新型的交通工具，其运行可靠性仍较传统内燃机公交车辆有差距，随着车辆维护经验的积累，万公里故障次数将逐步下降。

2. 故障类型分析

电动公交车的故障主要有制动系统故障、档位故障、外观故障、电池及电池箱故障、

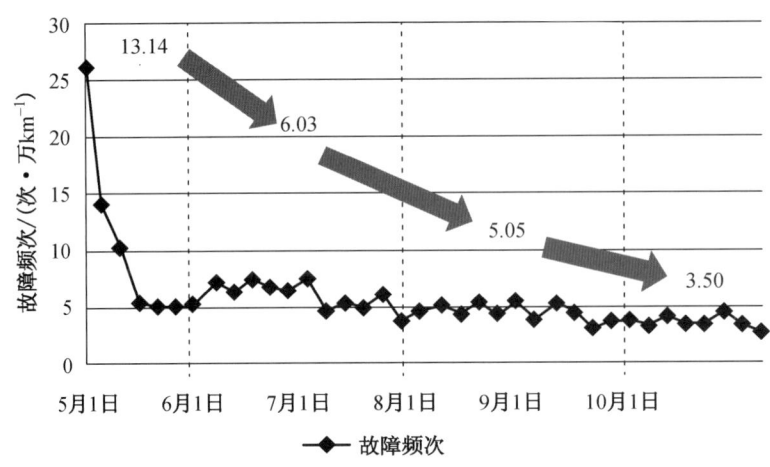

图 7-10　上海世博会示范运营期间电动公交车故障率变化趋势

(来源:纯电动客车运营及服务保障日报)

动力总成及整车控制系统故障等。其中,制动系统故障和档位故障主要包括车辆前、后轮制动过热,变速箱脱档,挂挡困难等故障,分别占故障总数的 5% 和 6% 左右;外观故障主要包括轮胎划伤、车体破损、车辆内部硬件损坏等方面,占故障总数的 26%;电池及电池箱故障主要包括电池箱变形、电池箱甩脱、电池不匹配、电池箱灯常亮、电池模块温度差异大等方面,占故障总量约 17%;动力总车及整车控制系统故障主要包括车辆控制器相关部件故障、高压开关跳闸、气囊调整杆断裂等其他车辆基本性能故障,占故障总量 45% 左右。

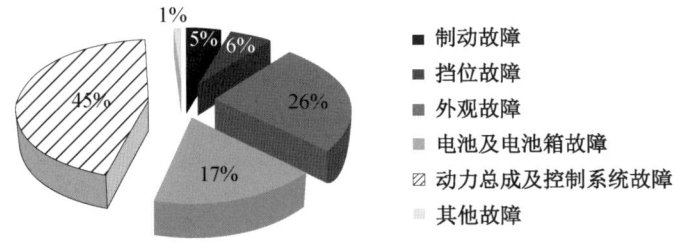

图 7-11　电动公交车故障类型分布图

由图 7-11 可知,电动公交车运行过程中,源自电池、整车控制系统的故障共占故障总数的 59%。电动公交车故障频率高于常规公交,其中车辆电池组及其动力控制系统的故障是造成电动公交车故障率高于传统内燃机公交车的原因。采用集中换电模式,电池由专业队伍进行保养、维护,能及时发现电池组的故障,对提高车辆运行的安全性有利。

### 7.2.4　运营成本分析

1. 运营成本构成

公交运营成本指公交为完成旅客运输所消耗的以货币形式表现的所有费用支出。上海世博会示范运营期间,园内电动公交车辆的百公里运营成本约为 2 086 元(表 7-10)。

表 7-10　　世博电动公交车运营成本分析

| | | | |
|---|---|---|---|
| 项目测算依据 | 车辆数 | 120 辆 | |
| | 车辆购置成本 | 207 万元 | |
| | 动力电池组数 | 232 组 | |
| | 电池组购置成本 | 60 万元 | |
| | 车辆购置补贴 | 中央财政补贴 50 万元 | |
| | 日均行驶里程 | 180 km | |
| 世博会期间公交运行常规成本/(元·100 km$^{-1}$) | 人工成本 | 504 | |
| | 车辆折旧 | 284 | 按纯电动车车价 157 万元、120 辆、8 年折旧测算 |
| | 能耗成本 | 143 | 世博会期间电动公交车平均电耗为 1.47 k·Wh/km |
| | 保险费及事故费 | 15 | 按世博会期间实际百公里成本计 |
| | 场地租赁费 | — | 世博会期间世博园区免费提供场地,无场地租赁费 |
| | 车队经费(不含人工、租赁费) | 41 | 按世博会期间实际百公里成本计 |
| | 财务费用 | 99 | 按企业实际承担车价 58 万元/辆、120 辆、电池费用 6 400 万元及电池服务费 2 300 万元,年利率 4.779% 计算 |
| | 保养修理费 | — | 世博会期间由申沃公司免费提供车辆修理服务,保障车辆运行,故无保养修理费用 |
| 新增成本费用/(元·100 km$^{-1}$) | 动力电池折旧 | 568 | 电池组折旧按每车 2 组、每组 60 万元、3 年折旧计算 |
| | 电池服务费 | 432 | 按巴士公交电池服务合同实际服务期间 8 个月分摊 |
| 运营成本合计/(元·100 km$^{-1}$) | | 2 086 | |

注:数据由上海巴士电车公司提供,数据收集期限为 2010 年 4 月 1 日—11 月 10 日,共计 224 d。

世博会示范运营期间,园内电动公交车辆运营成本构成如图 7-12 所示。动力电池折旧、电池服务费两项成本分别为 568 元/100 km 和 462 元/100 km,占到车辆运营成本的 27.2% 和 20.7%。

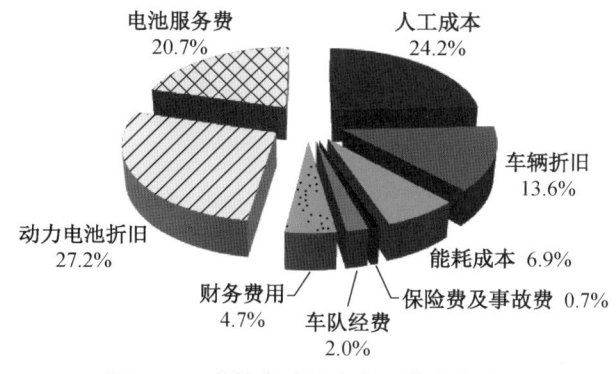

图 7-12　世博电动公交车运营成本构成

### 3. 运营成本对比分析

世博会示范运营期间,电动公交车的百公里运营成本为 2 086 元,约为常规公交车的 2 倍(图 7-13)[28]。

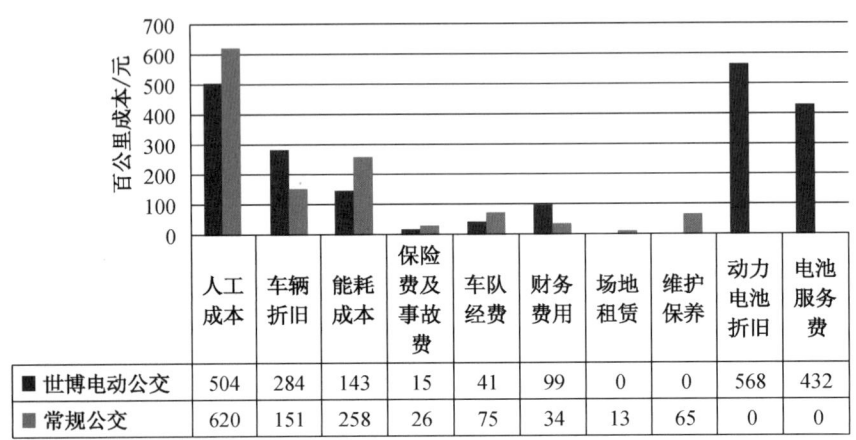

图 7-13 电动公交车与传统公交车运营成本对比

电动公交车运行的能耗成本为 143 元/100 km,约为常规内燃机车辆的 55.4%。造成电动公交车运营成本高于传统公交车的原因主要有两方面:

首先是电池组的配置规模和购置成本。为弥补电动公交车动力电池组"续驶里程短、充电时间长"的技术不足,在电池组快速更换的供能模式下,需要额外配置一定数量的备用电池组。为保准世博会示范运营可靠性,120 辆电动公交车共配置备用电池 112 组,动力电池组规模总计 232 组。因此,电动公交车行车组织需考虑动力电池组的合理配置规模。

其次是电池组的使用寿命。按现行电池技术条件,电动公交车动力电池组的循环寿命为 800~1 200 次充(放)电,以车日均行驶 190 km 计算,则电池的使用寿命仅为 3 年左右,而普通公交车的使用期限为 8 年。电池组的使用寿命较短,进一步加大了电动公交车辆的运营成本。

## 7.3 电池组充放电特征分析

### 7.3.1 电池组充电过程分析

#### 1. 电池组分箱充电

电动公交车动力电池组由若干不同单体电池配置的电池箱构成。电池快速更换供能模式下,被换下的电池组则送入充电站内电池组充电区进行充电。整车装备的动力电池组分箱进行充电。充电完成后,将各电池箱重新编组,为一辆电动公交车使用。

分箱充电模式下,每一组动力电池对应若干个功率匹配的单体充电机。这组充电机的集合被称为电池组充电单元。电池组充电单元是电动公交车充电站的基本工作单元,充电时每一个电池组充电单元对应一组车载动力电池。分箱充电模式下,车载动力电池组的充电由多台小功率充电机同时进行,这样将电池组电压切分为安全电压,并且可以兼顾动力电池组内单体电池的性能参数,对充电安全有利。同时,小功率充电机技术较为成熟,制造成本相对较低、可靠性较高,有利于车辆运行可靠性保障。

电池组充电单元由若干单体充电机构成,并与电池充电架连接。为保证充电安全,充电架还安装了烟雾报警通信线及充电站状态指示线(图 7-14)。电池组充电单元的配置容量与车载动力电池组的技术参数及编组方式相关。以世博园区所用的锰酸锂离子动力电池公交车为例,该车装备了 360 A·h,384 V 的动力电池组,分 10 个电池箱装备在车辆后部。车辆进入充电站后,通过电池组更换系统将动力电池组放置于电池组充电平台进行充电。充电机单体功率为 9 kW,电池组充电单元由 6~8 台单体充电机编组而成,为一组动力电池提供充电服务。

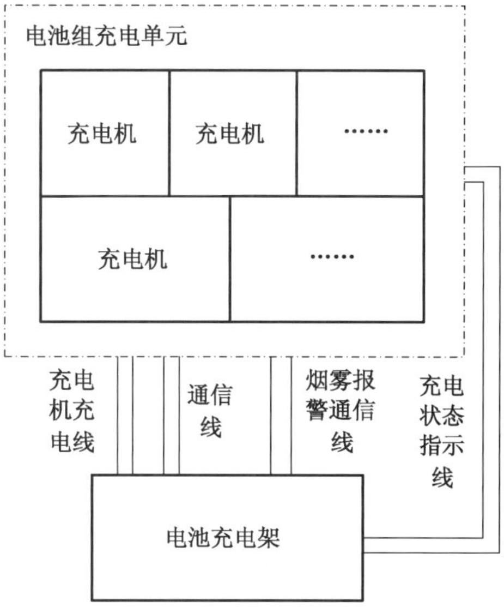

2. 电池组充电时间

图 7-14 电池组充电单元构成

电动公交车动力电池组充电过程中,电池组的 SOC 变化趋势、充电深度与充电时间的关系如图 7-15 及图 7-16 所示。

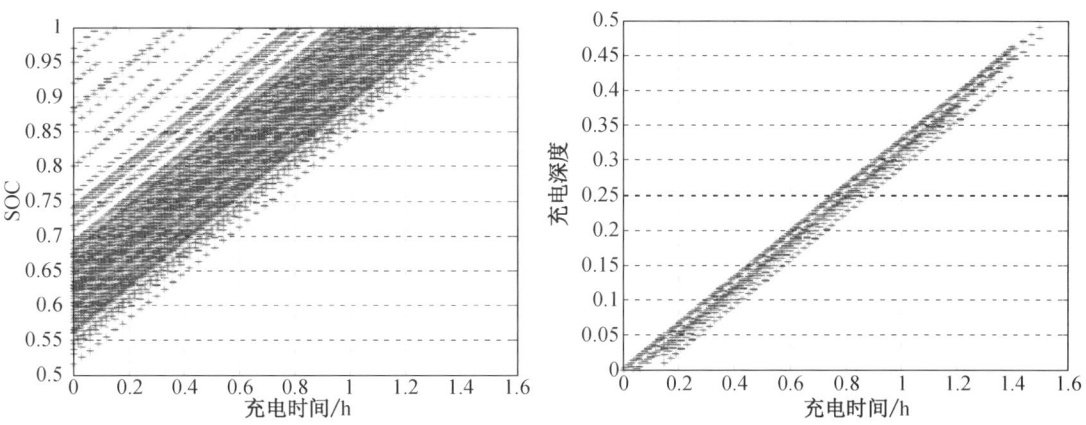

图 7-15 电池组充电过程 SOC 变化趋势图　　图 7-16 充电时间与充电深度分布散点图

在充电过程中,电池组 SOC 均呈线性增长趋势,且电池组 SOC 增长曲线基本平行。用充电深度来表示电池组充电过程中,充入的电量占其额定容量的百分比,则电池组充电过程中，充电深度与充电时间呈线性关系，回归方程为：

$$y = 0.3224x - 0.0006718 \quad R^2 = 0.9978 \tag{7-1}$$

式中　$x$——电池组充电时间，h；

　　　$y$——动力电池组的充电深度，%。

置信区间为 95%，残值平方和 $SSE=0.2215$，相关指数 $R^2=0.9978$，标准差 $RMSE=0.005607$（表 7-11）。

表 7-11　　　　　　　　　　　　　拟合优度表

| 线性拟合模型 | $F(x) = P1 * x + P2$ | |
|---|---|---|
| 相关系数（95%置信间） | $P1=0.3224$ | （0.322，0.3227） |
|  | $P2=0.0006718$ | （−0.0009204，−0.0004231） |
| 拟合优度 | $SSE=0.2215$ | R-square：0.9978 |
|  | Adjusted-square：0.9978 | $RMSE=0.005607$ |

车载动力电池组充电过程中，电池组的充电时间与充电深度呈近似线性关系，其斜率即为电池组的充电倍率。

### 7.3.2　电池组放电过程分析

1. 单体电池放电过程分析

测试对象为同一批次软包装聚合物磷酸铁锂电池（3.2 V，15 A·h）。测试仪器为多通道电池充放电测试仪。在测试过程中储能电池放置在 20 ℃恒温环境中，避免环境温度的波动对电池测试结果的干扰。

不同放电深度下，测试电池 SOC 的放电区间如表 7-12 所示。

表 7-12　　　　　　　　　　电池循环测试对应的放电深度

| 放电深度（DOD）/% | 荷电状态（SOC）/% | 放电深度（DOD）/% | 荷电状态（SOC）/% |
|---|---|---|---|
| 40 | 70~30 | 80 | 90~10 |
| 60 | 80~20 | 100 | 100~0 |

图 7-17 为测试单体电池在不同放电深度（Depth of Discharge，DOD）放电循环下，当容量损失达到 25% 时的累积转移总能量。从电池组使用寿命内累积转移能量角度来看，锂离子电池"深充深放"的能源利用模式优于"浅充浅放"模式。100% DOD 放电模式下锂离子电池比 40% DOD 放电模式下多释放 64.8% 的能量。

测试锂离子电池累积转移能量与容量衰退的关系如图 7-18 所示。电池老化现象对电池能量转移能力的影响随着放电深度的增加逐渐减小。在电池使用初期，"深充深放"与"浅充浅放"不同使用模式对于电池能量转移能力的影响较小。随着电池老化，"深充深放"模式在电池能量转移上要优于"浅充浅放"模式。

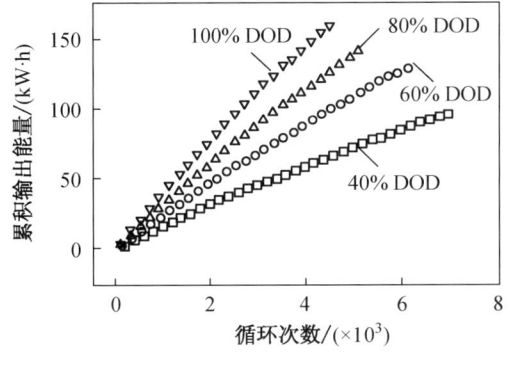

图 7-17 不同放电深度下锂离子
电池累积转移能量

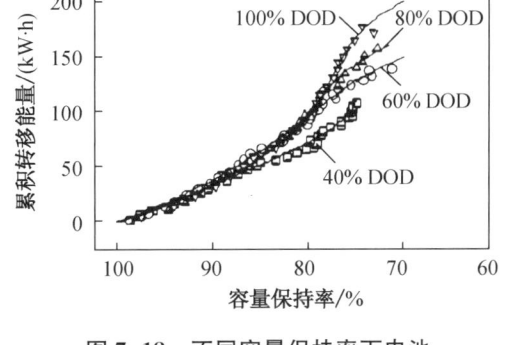

图 7-18 不同容量保持率下电池
的累积转移能量

测试电池在不同放电深度下,能量的输入/输出效率不同。图 7-19 显示了测试电池在实验条件下容量衰减至 75% 时的能量输入/输出效率变化情况。

随着测试电池累积释放能量的增加,电池的能量输入/输出效率将逐渐下降。40% DOD 放电条件使用时,测试电池不仅累积转移能量最少,而且输出/输入能量效率也最低。随着放电深度的增加,电池的累积转移能量和能量效率逐渐提高。

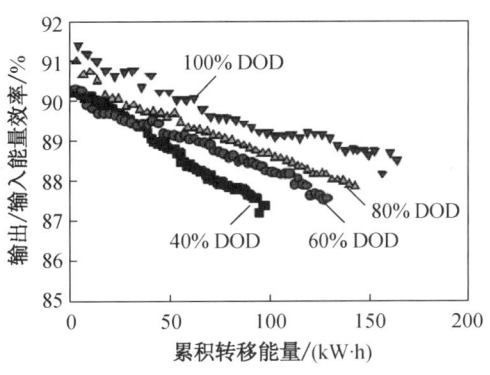

图 7-19 测试电池在不同 DOD 下的能量效率

2. 锂离子电池组放电过程分析

将 4 块 100 A·h 锂离子电池并联成组,108 组进行串联,安装在 BJD6100 型公交车上。采用先恒流后恒压充电方式,额定恒流 100 A,充电结束电流为 25 A,单电池最高限压为 4.30 V。电动公交车 40 km/h 等速平均电流为 70 A,放电率为 0.16 C。加速最大电流为 200 A,放电率为 0.5 C。

电动公交车动力电池组是由若干单体锂离子电池串并联而成。电池组装车使用时,由于各个单体电池温度、通风条件、充放电过程等差别的影响,在一定程度上增加了电池组电压、内阻及容量等参数的不一致性[29]。单体电池的不一致性是指同一规格、同一型号的电池,其电压、电阻、容量、自放电率等方面参数的差别。

在放电深度 80%~85% 时至放电结束这段时间内,取 3 块单体锂离子电池进行测试。单体锂离子电池的电压、电流随着放电过程的变化,初期保持良好的稳定性,随着放电过程的进行,电压差逐渐增大。当放电 35 min 后,单体电池的电压差迅速增加,最后由于部分单体电池电压偏低导致电池组放电停止。

由此可见,对于电动公交车锂离子动力电池组而言,单体电池的不一致性会影响电池组的循环寿命并带来安全隐患。电池组充电过程中,单体电池的不一致性会导致部分单体电池先于其他单体电池充满电。若基于电池组端电压电池监控系统不能及时地检测到单体电池的状态,仍按照比较大的电流充电,则会导致电池组的过充电,从而造成电池组电压超高、副反应产生、严重发热、锂离子沉积、内部短路并最终出现热失控等状况。同理,电池组放电过程中,在电池组放电后期,容量较低的电池电压衰减迅速,若不能及时发现并停止对电池继续放电,则将导致电池组电流过大、发热、甚至安全事故[30]。

对锂离子电池组而言,当电池组 DOD 达到 80%～85%至放电终止的这段时间内,单体电池电压不一致性的表现非常明显。因此,在电动公交车辆运行过程中,要将车载动力电池组的 DOD 控制在 80%以内,以防止电池组内单体电池不一致性的加剧。

### 7.3.3 电池组使用寿命分析

1. 锂离子电池失效机理

锂离子电池是指以锂离子嵌入化合物为正极材料的电池的总称。锂离子动力电池由正电极、负电极和电解质三部分构成。

正电极是锂离子动力蓄电池的核心,其正极材料通常由锂的活性化合物组成,包括层状结构的钴酸锂($LiCoO_2$)、尖晶石型结构的锰酸锂($LiMn_2O_4$)、常被称为"三元材料"的镍锰钴酸锂[$Li(Ni_{1/3}Mn_{1/3}Co_{1/3})O_2$]和橄榄石型结构的磷酸铁锂($LiFePO_4$)等。锂离子电池负电极在充放过程中实现锂离子的嵌入和脱出。电解质承担着通过电池内部在正负电极之间传输离子的作用。锂离子电池的电解质可以分为液体电解质(包括非水溶剂的电解质和离子液体电解质)和固体电解质(包括无机固体电解质和聚合物电解质)。研究主要集中在能够支持高电压的电解质、获得支持更高电压的新型正极材料,提高充电效率;研发不可燃型电解质和对电池内部短路能提供更好安全机制的电解质,提高安全性。

锂离子电池正负极材料都具有层状结构,在特定电压下锂离子能够嵌入或脱出这种层状结构。充电时,正极中的锂原子电离成锂离子和电子。锂离子在外加电场作用下,在电解液中由正极迁移到负极,还原成锂原子,插入到负极石墨的层状结构中。放电时,锂原子在负极表面电离成锂离子和电子,分别通过电解液和负载流向正极,在正极重新复合成锂原子然后插入到正极的层状结构中。

电池在多次充放电过程中,电池会逐渐老化而导致其寿命衰减。电池的使用是存储与充放电循环交替的过程,其寿命衰减来源于电池存储引起的日历寿命衰减及其运行使用时引起的循环寿命衰减。从性能角度评估电池寿命的衰减,表现为电池能量及功率能力的下降。通过电池终端参数测量,功率及能量衰减分别表现为电池内阻的增长和一定电流下电池容量的降低。

对于锂离子动力电池,其容量的衰减主要来自于电池组充放电过程中正负极以及电解质材料的物化结构性质的变化[31]。在电池材料的各种参数中,表面化学作用在正负极材料中扮演重要角色[32]。在电池的阴极侧,电极材料的相变及电极结构的老化对电池寿命衰减有明显影响[33]。对电池的阳极研究表明,电极与电解液接触面的变化而形成的固体电解液界面膜(Solid Electrolyte Interphase,SEI)是电池功率及容量衰减的主要原因[34]。

目前科研人员通过实验等手段对锂离子电池寿命衰减进行了分析,但未明确给出锂离子动力电池使用寿命预测的模型。但较普遍的共识是锂离子电池的日历寿命衰减与 SEI 膜厚度增长及循环锂离子的减少相关,而电极机械性压力及破裂导致的电极结构老化是循环寿命衰减的主要原因[35]。

2. 电池组寿命影响因素分析

电池寿命的外部影响因素又称为加速因素。对于锂离子动力电池组,影响其循环寿命的因素主要包括单体电池一致性、温度、充电倍率等。

电动公交车动力电池组内单体电池的不一致性会导致电池组实际可用容量的下降并影响电池组的循环寿命。电池组放电过程中,部分单体电池能量损耗迅速,温度上升快,造成电池间工作环境不一致。这将会在电池组使用过程中产生恶性循环,单体电池组不一致性加剧、部分单体电池加速衰减,最终影响整个电池组的循环寿命。

针对动力电池组存在单体电池的不一致性现象及后果,在对电动公交车电池组进行充电的过程中,要关注电池组内单体电池的电压分布情况,掌握电池组内单体电池不一致性的变化规律,并对极端参数的电池进行及时调整或更换,以防止电池组参数不一致性随使用时间而增大。这对电池组充电过程中的能源管理提出了较高的要求。

锂离子电池工作时的外部温度对循环寿命影响显著。图 7-20 为锂离子电池可用容量在不同环境温度下的衰减趋势,随着循环次数的增加而稳定衰减。环境温度越高,容量衰减越快:当环境温度在 20 ℃~30 ℃之间时,容量衰减增速较慢。而当环境温度继续升高,电池可用容量开始出现明显的加速衰减。当环境温度到达 50 ℃时,电池组仅循环 489 次,可用容量即衰减为额定容量的 80%(表 7-13)。

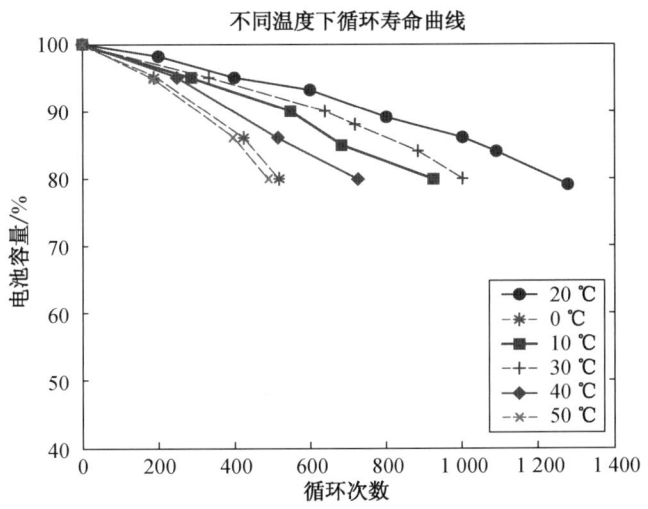

图 7-20 温度对锂电池循环寿命的影响[36]

表7-13　　　　　　　　　　　　电池组80%循环寿命统计

| 测试工况 | 循环次数 | 测试工况 | 循环次数 |
| --- | --- | --- | --- |
| 0 ℃ 100%DOD | 446 | 30 ℃ 100%DOD | 1 004 |
| 10 ℃ 100%DOD | 926 | 40 ℃ 100%DOD | 725 |
| 20 ℃ 100%DOD | 1 278 | 50 ℃ 100%DOD | 489 |

电动公交车锂离子动力电池组的充电过程本身就是放热的过程。充电过程中电池温度会持续增加，如果没有合适的热处理方式，电池产生的热量不能有效及时散去，电池温度会持续增加，从而影响电池组的循环寿命，并最终导致内部短路和热失控，产生异常高温或巨大的机械应力从而引发安全事故。

电池组充电倍率用"$nC$"表示，其数值等于1 h电池容量的$n$倍。研究表明，电池容量衰减随着电池充电倍率的增大而加快。与1.0 C的充电倍率相比，锂离子电池1.1 C和2.0 C充电倍率的循环寿命衰减快了约15%和40%。

对于锂离子电池，当充电电流增大时，正负电极极化现象也更明显：电池系统会偏离平衡状态，在外表现为对电池电压以及内阻的影响。电极的极化反应会影响锂离子的释放及吸附能力，从而致使电池的可用容量缩小。通过锂离子电池充电曲线（图7-21）[36]可以看出，充电倍率越低，电池所能充进的容量也就越高。当电池组以1 C的充电倍率进行充电时，充电容量可达到100%。当以大电流对电池进行快速充电时，虽然充电时间缩短，但高倍率充电会使电池很快到达截止电压，使电池无法实现全容量充电，且对电池内部结构会产生不利影响。这也就是鼓励纯电动车以慢充为主、快充为辅的主要原因。

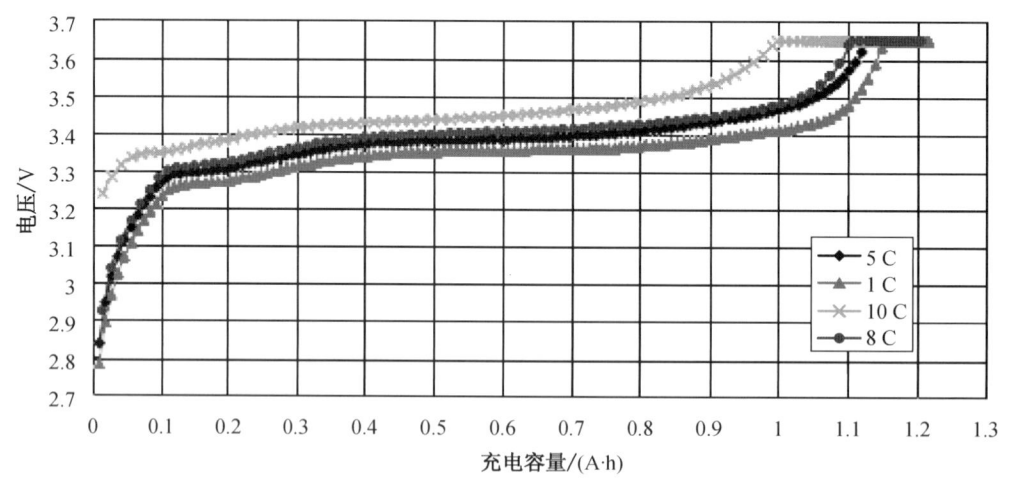

图7-21　锂离子电池不同倍率下的充电曲线

## 参考文献

[1] 上海巴士公交(集团)有限公司. 中国 2010 年上海世博会新能源车辆技术介绍[R]. 2010.

[2] 林程. 北理工电动客车及奥运电动客车研发介绍[J]. 商用汽车杂志, 2007, (12): 48-51.

[3] 申沃客车公司. 产品展示, 城市客车[EB/OL]. [2012-8-1]. http://www.sunwinbus.com/product.aspx?brand_sid=20100324868785731999.

[4] 祝占元. 电动汽车[M]. 郑州: 黄河水利出版社, 2007.

[5] 黎林. 纯电动汽车用锂电池管理系统的研究[D]. 北京: 北京交通大学, 2009.

[6] 杨军, 解品莹, 王久林. 化学电源测试原理与技术[M]. 北京: 化学工业出版社, 2006.

[7] 雷惊雷, 张占军, 等. 电动车、电动车用电源及其发展战略[J]. 电源技术, 2001, 1(25): 40-46.

[8] 胡信国. 动力电池进展[J]. 电池工业, 2007, 12(2): 113-118.

[9] Gang N., Ralph E. White, Branko N. Popov. A generalized cycle life model of rechargeable Li-ion batteries[J]. Electrochimica Acta, 2006, 51: 2012-2022.

[10] Kima G, Ahmad P, Robert S. A three-dimensional thermal abuse model for lithium-ion cells[J]. Journal of Power Sources, 2007, 170: 476-489.

[11] Spotnitza R, Franklin J. Abuse behavior of high-power lithium-ion cells[J]. Journal of Power Sources, 2003, 113: 81-100.

[12] GU W B, Wang C Y. Thermal-electrochemical modeling of battery systems[J]. Electrochem. Soc., 2000, 147(8): 2910-2922.

[13] Kawamura A, Yanagihara T. State of charge estimation of sealed lead-acid batteries used for electric vehicles[C]. Proceedings of the 29th Annual IEEE Power Electronics Specialists Conference. Fukuoka, 1998: 583-587.

[14] Bhatikar S, Mahajan R, Kipke K, et al. Neural network based battery modeling for hybrid electric vehicles[C]. Proceedings of the 2000 Future Car Congress. Arlington, 2000.

[15] Chan H. and Sutanto D. A new battery model for use with battery energy storage systems and electric vehicle power systems[C]. Proceedings of the 2000 IEEE Power Engineering Society Winter Meeting. Singapore, 2000: 470-475.

[16] Hajimiragha A, Cañizares C A, Fowler M W, et al. Optimal transition to plug-in hybrid electric vehicles in Ontario, Canada, considering the electricity-grid limitations[J]. IEEE Transactions on Industrial Electronics, 2010, 57(2): 690-701.

[17] Putrus G A. Suwanating Karl P, Johnston D, et al. Impact of electric vehicles on power distribution networks[J]. IEEE Vehicle Power and Propulsion Conference, Dearborn, USA, 2009: 827-832.

[18] Jee E, Kang W, Recker W. An activity-based assessment of the potential impact of plug-in hybrid electric vehicles on energy and emissions using 1-day travel data[J]. Transportation Research Part D, 2009 (14): 541-556.

[19] Qian K, Zhou C, Malcolm A, et al. Modeling of load demand due to EV battery charging in

distribution systems[J]. IEEE Transactions on Power System, 2011, 26(2): 802-810.

[20] 王辉. 电动汽车充电站规划与运营研究[D]. 杭州:浙江大学, 2013.

[21] Clemen-Nyns K, Haesen E, Driesen J. The impact of charging plug-in hybird electric vehicles on a residiential distribution grid[J]. IEEE Transactions on Power System, 2010, 25(1): 371-380.

[22] Wang J. A multi phase battery charger with pulse charging scheme[C]. Proceedings of Thirty-First Annual Conference of the IEEE Industrial Electronics Society. Piscataway, NJ: IEEE, 2005: 6-10.

[23] Kheraluwala M N, Gascoigne R W, Divan D M, et al. Performance characterization of a high-power dual active bridge[C]. IEEE Transactions on Industry Applications, 1992, 28(6): 1294-1301.

[24] 叶建红,陈小鸿. 纯电动汽车供能策略研究[J]. 同济大学学报(自然科学版),2011,39(10):1531-1536.

[25] Garish B, Shifter E. An approach for solving a class of transportation scheduling problems[J]. European Journal of Operations Research, 1978: 12-134.

[26] 王海星. 公交车辆区域调度理论与方法研究——以电动汽车为背景[D]. 北京:北京交通大学, 2007.

[27] 王惠文. 偏最小二乘回归方法及其运用[M]. 北京:国防工业出版社, 1999.

[28] 上海市科学技术委员会. 世博新能源汽车示范运行技术评估报告[R]. 2011.

[29] 陈守平,张军,方英民,等. 动力电池组特性分析与均衡管理[J]. 电池工业,2003,8(6):265-271.

[30] 徐玮. 基于单电池寿命模型的电池一致性研究[D]. 上海:同济大学, 2009.

[31] Smith K, Ahmad A P. Overview of NREL battery lifetime models & health management R&D for electric drive vehicles[C]. NREL, 2012.

[32] 闫建忠,张海林,薄茜,等. 长期存储对锂离子电池性能的影响[J]. 电池工业,2011,16(4):201-204.

[33] Spotnitz R. Simulation of capacity fade in lithium-ion batteries[J]. J. Power Sources, 2003, 113: 72-80.

[34] Christophersen J P, Ho C D, Motloch C G, et al. Effects of reference performance testing during aging using commercial lithium-ion cells[J]. The Electronical Society, 2006, 153: 1406-1416.

[35] Abraham D, Reynolds E, Schultz P, et al. Temperature dependence of capacity and impedance data from fresh and aged high-power lithium-ion cells[J]. The Electronical Society, 2006, 153: 1610-1616.

[36] 王雪非. 基于工况仿真的锂动力电池组寿命研究[D]. 哈尔滨:哈尔滨理工大学, 2011.

# 8 电动汽车分时租赁运行特征与效益评价

8.1 电动汽车分时租赁发展特征
8.2 电动汽车分时租赁运行特征
8.3 电动汽车分时租赁对汽车保有量的影响
8.4 电动汽车分时租赁对出行方式选择的影响
参考文献

分时租赁(俗称汽车共享)是以分钟或小时等为计价单位,利用移动互联网、全球定位等信息技术构建网络服务平台,为用户提供自助式车辆预定、车辆取还,是用结算为主要方式的小微型客车租赁服务,是传统小微型客车租赁在服务模式、技术、管理上的创新。分时租赁改善了用户体验,为城市出行提供了一种新的选择。在移动互联、电子支付、新能源车辆等技术支持下,汽车分时租赁发展迅速。

2017年8月国家交通运输部、住房和城乡建设部联合发布《关于促进小微型客车租赁健康发展的指导意见》(简称《指导意见》),指出分时租赁有助于减少个人购车意愿,一定程度上缓解城市私人小汽车保有量快速增长趋势以及对道路和停车资源的占用。各地交通运输部门应合理确定分时租赁在城市综合交通运输体系中的定位,研究并建立与公众出行需求、城市道路资源、停车资源等相适应的车辆投放机制,使其与城市公共交通、出租汽车等出行方式协调发展,形成多层次、差异化的城市交通出行体系。

作为一类新型交通出行方式,目前对车辆分时租赁运行特征的研究还比较缺乏,对其在城市综合交通体系中的功能定位以及社会效益尚无一致的评估方法,有限的量化指标大多引用欧洲、北美分时租赁项目的研究成果,缺乏针对中国分时租赁项目的数据支撑。为此,本章以国内规模最大的电动汽车分时租赁项目——EVCARD为例,基于电动汽车分时租赁的基本运行特征,评估其对于用户家庭车辆保有量和日常出行方式选择的影响,为合理确定电动汽车分时租赁在城市综合交通体系中的功能定位以及制订相应的发展策略提供量化依据。

## 8.1 电动汽车分时租赁发展特征

### 8.1.1 汽车分时租赁发展特征

早期的汽车分时租赁起源于20世纪40年代瑞士的"自驾车合作社",而现代意义上的分时租赁则是从20世纪80年代开始的,90年代中后期由欧洲传播到加拿大、美国和日本,随后又延伸到澳大利亚、巴西、以色列、马来西亚、新西兰、新加坡和韩国等国家[1]。根据服务模式不同,分时租赁存在不同类型:①定点取还模式,即需要在规定的租赁站取车和还车,又可再细分为同站取还和不同站取还,即基于站点的A借A还模式(取车点和还车点为同一站点),基于站点的A借X还模式(不要求将车辆还到取车站点,可异站点还车);②自由浮动模式:在指定的服务区域内,可在任意公共停车点取车、还车,只要是停放在合法车位。

从汽车租赁到分时租赁,其基本特征首先是计时单元细分和计费简化,即用车成本、能耗、保险、维修、清洁等均以时租计费体现;二是采用简化会员制,用户可通过各种方式事先认证身份和驾驶许可,使用时则非常便利,从早期的有源卡到近年的智能手机取车、结算;三是自助式服务,包括预约、取车、还车、停车、充电等。分时租赁系统需要具备驾驶者辨识与认证、车队管理、网络租车及付款、智能钥匙盒(Smart Key Box,

SKB)等功能。不同分时租赁模式的差别主要在于取还车的地点与规则。

根据相关统计，截至2014年10月，全球有33个国家、1 531个城市拥有分时租赁项目，总会员数约为480万，车辆数约10.4万。欧洲占据全球46%的会员数和56%的车辆数，北美的会员数和车辆数分别占34%和23%[2]。预计2020年有望达到5 000万会员、50万辆分时租赁车的规模，以平均每年逾70%的增速高速增长[3]。

分时租赁为在当时、当地不拥有汽车的群体，提供了较为便利的车辆使用。较传统的租车不同，分时租赁提供城市内短时、短途、多目的和更高频度的用车服务。这样的服务特征，使得采用电动汽车进行分时租赁不仅合适，而且有其独特的优势。分时租赁对整车生产企业也造成了直接影响：从过去仅面向终端消费者卖车，逐渐转向供车给共享出行运营商，或者加入交通出行服务领域。如戴姆勒奔驰支持的汽车共享公司Car2Go、宝马支持的汽车共享公司Drive Now、丰田的移动服务平台（Mobility Services Platform，MSPF）。

伦敦、法兰克福、柏林、米兰和赫尔辛基等许多欧洲大城市，对汽车共享服务的需求已经开始增长。这些城市的用户可以使用免费停车位，这能在很大程度上降低用车成本、提高便利性。Drive Now的客户群从2016年底的81.5万人增长到2017年6月底的95万人。伦敦Drive Now汽车共享业务的用户中，有超过三分之一的人已出售自己的汽车，只有20%的客户决定保留私人汽车。截至2017年8月，Car2Go的会员数已达270万人，他们可以在北美和西欧的8个国家以及中国使用总计13 900辆汽车[4]。

特别值得关注的是西班牙首都马德里。市议会鼓励马德里发展电动汽车，允许这些电动汽车在限制区内行驶、免费停放在所有地方，以降低运行成本和租赁价格。2015年11月，戴姆勒Car2Go在西班牙投入500辆共享电动汽车，2016年已有用户16.6万人，车辆单日租赁次数达到15次，是戴姆勒公司已运营的26座城市中最高的。2016年12月，PSA集团也在马德里推出电动汽车共享服务Emov，第一阶段投入运营500辆雪铁龙C-Zero纯电动汽车，营运半年用户已经增长到10万人。在马德里，1 000辆共享汽车服务了25万居民，服务发展越好，私家车的需求量将会越少[5]。

Car2Go、Emov等分时租赁公司均采用计时收费。用户租车采用按分钟付费，不同城市单价不同。Car2Go在柏林是24欧分/min、斯图加特是29欧分/min、阿姆斯特丹是31欧分/min，而在马德里是21欧分/min[5]。

### 8.1.2 汽车分时租赁用户特征

从消费者行为学的角度出发，选择汽车分时租赁的影响因素有家庭经济条件、费用、出行需求、个人特征以及出行特征等[6-7]。

1. 家庭经济条件

家庭收入影响人们的消费能力和用车行为。中等收入人群是汽车分时租赁乃至车辆共享的最大潜在需求方，该人群收入水平及支付能力介于使用私家车和乘坐公共交通之间,或尚未买车,或即使拥有私家车、对于使用成本如停车费等较为敏感。

除无车家庭以外,有车家庭也会有出行车辆数不能满足使用需求的情况,如北京、上海等城市有车家庭对第二辆车的需求增长较快,但由于汽车限购等需求管理政策特别是停车困难,通勤以外用车需要得不到满足的家庭会对分时租赁汽车产生需求。

具有驾驶能力的人群数量远大于车辆数。2015年,我国拥有汽车驾驶执照的人数为2.8亿人,而民用汽车的客车数量为1.4亿辆。据汽车市场统计,未打算考驾照者中有购车计划的比例不超过40%,驾驶经验在1年以下有用车需求的人数则高很多。在上海驾驶经验超过1年的家庭中,购置第2辆车的需求会越来越大。但由于私家车拥有与使用的成本,会倾向选择私家车的替代用车模式,因而对汽车分时租赁有更大的兴趣。

2. 拥车与用车成本

汽车成本是消费者用车需求是否能够得到满足的门槛。据调查,油价和停车费用是影响购车、用车的主要因素,分别占67.3%和45.9%(表8-1)。汽车成本也从侧面影响消费者选择汽车租赁及各种共享计划。私家车即使停在家里不用,通常折旧、保险等固定使用成本每年花费约1.5万元。对于以获得使用便利取代私人拥有的动机调查显示,38.3%的人是因为私家车成本过高而加入汽车租赁及各种共享计划。

表8-1　　　　　　　　　　影响人们购车计划的因素

| 交通拥堵 | 67.8% | 环保或健康因素 | 34.3% |
| --- | --- | --- | --- |
| 油价上涨 | 67.3% | 政府购车政策 | 27.5% |
| 停车费用过高 | 45.9% | | |

数据来源:2011年《中国青年报》社会调查中心在中国网和新浪网的调查。

以上海汽车市场为例,平均购车费超过15万元,尚不包括8万~9万元上海本地汽车牌照费用。分时租赁作为汽车拥有的替代模式,是在自驾车方便性和分时租赁经济性之间的取舍。在上海的调查显示,计划购车人群中有80%的人有兴趣参加各类汽车租赁与共享计划。

3. 用车需求

汽车使用频率表明出行者对小汽车交通模式的依赖程度。据2002年旧金山汽车共享组织调查数据显示,25.6%的会员每周订车1次,19.7%的会员每两周订车1次。有用车需要而不是频繁使用的人群是分时租赁的目标消费群。这些汽车使用频率低的人群几乎没有必要购车,分时租赁只要具备基本便利性就能够满足其用车需求(图8-1)[8]。

另外一个影响因素是居住地与就业地点的交通条件,包括轨道交通站点覆盖和方便程度。居住地步行至地铁站不到10 min的人群,更愿意采用分时租赁或其他车辆共享模式,说明分时租赁能成为公共交通的有益补充。

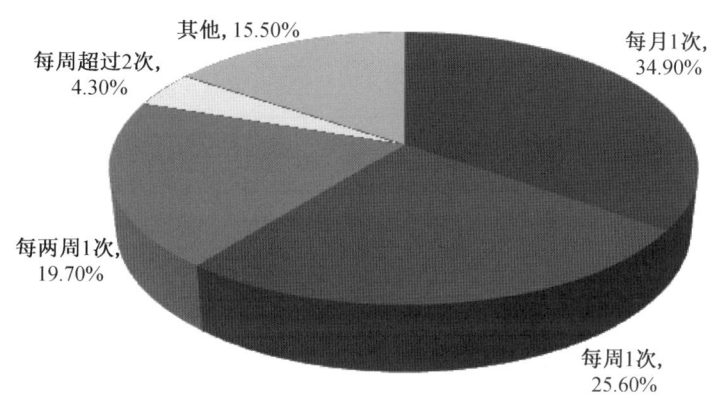

数据来源:美国旧金山城市汽车共享组织

图 8-1 共享汽车使用频率

4. 个人特征

汽车分时租赁等车辆共享模式缓解交通堵塞、减少石油使用和空气污染的目标设计,是对有环保意识的人群重要的吸引点。在北京的调查显示,超过 80% 的受访者表示愿意减少私家车的使用,以改善交通状况和大气质量。在上海进行的一次市民环保意识调查显示:有 5.4% 的私家车主因为环保原因放弃开私家车出行。个人环保意识与选择各类汽车共享计划正相关,环保意识很强的人,更愿意加入汽车共享。

对汽车分时租赁的接受度与年龄有一定关系。国外诸多研究表明汽车分时租赁的主要客户是 25～40 岁之间收入稳定、观念开放的青壮年,大多受过较高水平教育[9]。这个年龄段人群购物旅游、社交娱乐等个性化出行需求高,并且乐于接受和体验新事物。

综上所述,汽车分时租赁的消费者群体是:来自中等收入家庭、没有汽车或有计划购置第二辆车;对汽车使用成本较敏感;居住条件交通便利。用户特征为:环保意识强、具有较高教育水平且工作稳定的人群;出行特征则是依赖公交进行通勤,会经常性购物和不定期出行较多的人群。

## 8.2 电动汽车分时租赁运行特征

以下以 EVCARD 为例介绍电动汽车分时租赁的运行特征[10]。

### 8.2.1 EVCARD 基本概况与运行模式

1. 基于站点的 A 借 X 还模式

EVCARD 采用基于站点的 A 借 X 还模式,全部采用小微型电动能源汽车。2015 年 1 月 EVCARD 以 50 个站点、100 辆车的规模开始正式运营,截至 2016 年 8 月,EVCARD 在上海已有 1 132 个站点在运营,覆盖了上海市所有行政区(表 8-2),有 5 219 个停车位可供使用,累计在运营车辆 1 683 辆、总注册用户近 15 万人。至 2017 年,EVCARD 在上海已投放近 5 000 辆车、近 3 000 站点,在国内近 30 个城市提供服务。

表 8-2　　截至 2016 年 8 月 EVCARD 分区站点数

| 行政区划 | 黄浦区 | 徐汇区 | 长宁区 | 静安区 | 普陀区 | 虹口区 |
| --- | --- | --- | --- | --- | --- | --- |
| 站点数 | 12 | 18 | 18 | 27 | 14 | 5 |
| 行政区划 | 杨浦区 | 闵行区 | 宝山区 | 嘉定区 | 浦东新区 | 金山区 |
| 站点数 | 30 | 101 | 33 | 260 | 70 | 4 |
| 行政区划 | 松江区 | 青浦区 | 奉贤区 | 崇明区 | | |
| 站点数 | 194 | 55 | 223 | 120 | | |

2. 基于手机 APP 的使用与付费

EVCARD 主要通过手机 APP 预订、使用、归还车辆以及付费。预订成功后,预约系统可为用户保留车辆 15 min。用户使用会员卡或手机 APP 一键开车门,继而使用车辆。EVCARD 基于车辆使用时长收费,但不同车型收费价格有差异。2017 年提供 3 种纯电动车型:荣威 E50,续航里程 120 km,0.6 元/min;奇瑞 EQ,续航里程 150 km,0.6 元/min;华晨宝马之诺(ZINORO)1E,续航里程 150 km,1.2 元/min,如表 8-3 所示。

表 8-3　　EVCARD 三类车辆技术参数表和收费价格

| 车型 | 荣威 E50 | 奇瑞 EQ | 华晨宝马之诺 1E |
| --- | --- | --- | --- |
| 发动机 | 纯电动 71 马力 | 纯电动 57 马力 | 纯电动 170 马力 |
| 长×宽×高/mm | 3 569×1 551×1 540 | 3 564×1 620×1 527 | 4 503×1 798×1 564 |
| 车身结构 | 3 门 4 座两厢车 | 5 门 4 座两厢车 | 5 门 5 座 SUV |
| 最高车速/(km/h) | 130 | 100 | 130 |
| 电池类型与容量 | 磷酸铁锂,18 kW·h | 锂离子,22.3 kW·h | 磷酸铁锂,24 kW·h |
| 续航里程 | 120 km | 151 km | 150 km |
| 电池充电时间 | 慢充 6~8 h | 慢充 8~10 h | 快充 7.5 h,慢充 15 h |
| 租赁价格 | 0.6 元/min | 0.6 元/min | 1.2 元/min |

注:1 马力=735.499 W。

## 8.2.2　用户基本特征

EVCARD 用户通过注册会员并经审核通过后方可使用分时租赁车辆。能从用户注册信息中提取到的个人信息包括性别、年龄、费用支付规则、会员卡邮寄地址等。在性别组成上,EVCARD 用户以男性为主(73%~78%),但女性比例在不断提高。年龄组成上,系统将用户按年龄分为四组:18~24 岁,25~34 岁,35~44 岁,45 岁及以上。用户以 25~44 岁中青年群体为主,占 78%;45 岁及以上用户占 12%,25 岁以下用户占 10%(图 8-2)。

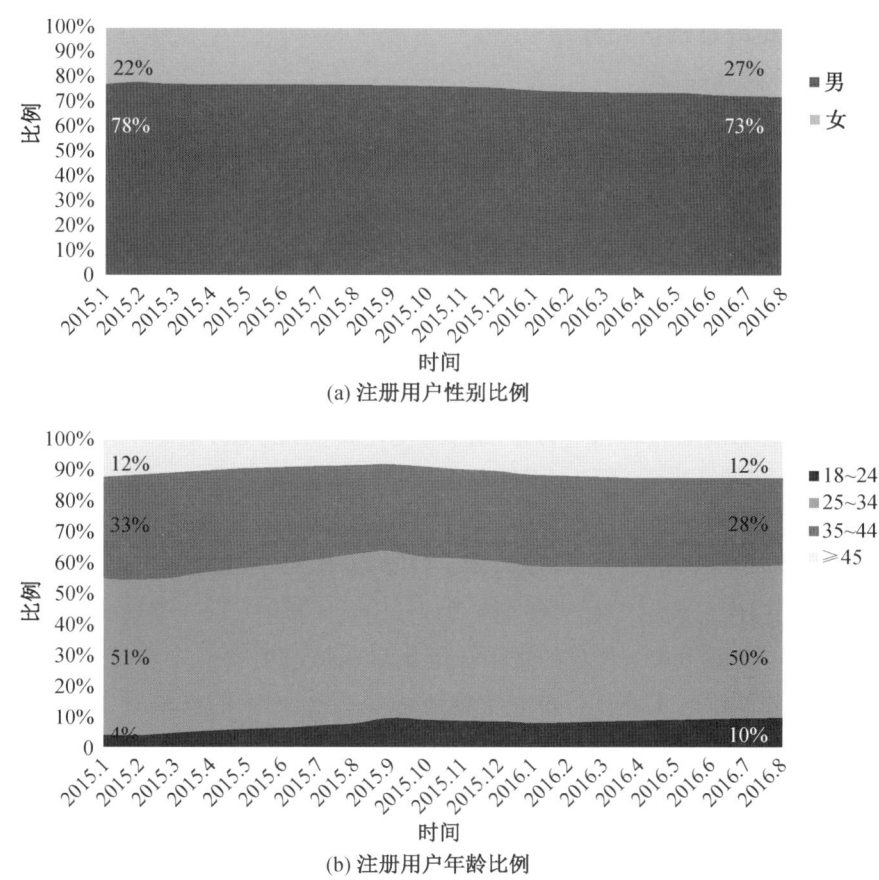

图 8-2 注册用户性别与年龄构成

根据 EVCARD 用户注册与初次使用时间的统计分析,得到用户由注册到第一次使用分时租赁的时间呈幂指数分布形状(图 8-3)。36%的用户在注册后 1 个月内开始使用,约 70%的用户在注册后 3 个月内使用,约 85%的用户在半年内使用,注册后 1 年内使用的占 97.5%,1 年以上的仅为 2.6%。

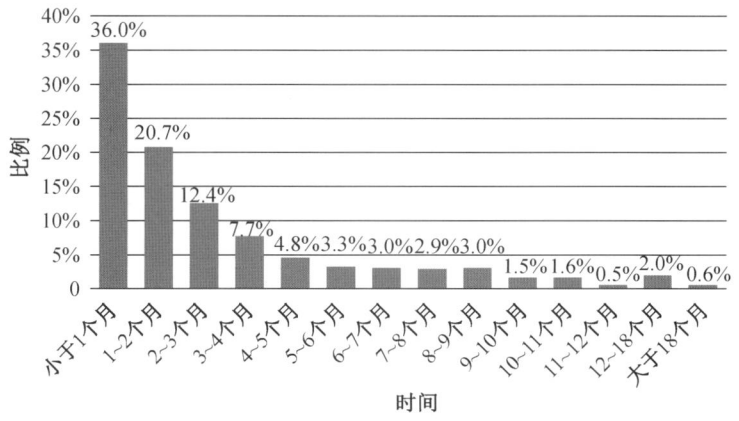

图 8-3 用户注册至首次使用的时长分布

### 8.2.3 分时租赁的出行时空分布

**1. 基本出行特征指标**

自2015年1月正式运营以来,EVCARD订单总量稳步增长,截至2016年8月,累计订单总量达到49万余次。在当月有实际用车行为的用户(在线用户)中,人均订单量维持在4~5次/(人·月),即在线用户平均每周使用1次左右,总体上服务于偶发性出行需求。车辆使用特征方面,每车平均每日使用次数为1.77次,车辆日均使用时长为2.57 h,均高于私家车的平均每车使用次数和使用时间。

**2. 出行时间分布特征**

基于2015年1月—2016年8月的EVCARD订单数据,分别以月、周、小时为时间统计单位,分析电动汽车分时租赁订单的时间变化特征,挖掘分时租赁用户出行的时间分布规律。从月变特征来看,EVCARD订单增长尚未出现明显的季节及节假日周期性变化,而是一直呈现增长趋势。由2015年1月的381单/月快速增长到2016年8月的88 378单/月。从周变特征来看,一周内周一订单最少,周六最多,比周一多出22%;工作日(周一—周五)的日均订单数显著少于周末(周六—周日)。订单量的周变特征显示EVCARD目前主要用于非工作日的娱乐休闲场景。从时变特征来看(订单实际取车时间分布,如图8-4所示),工作日订单时变特征基本一致,周末的订单时变特征也基本一致,但是工作日和周末差异明显。工作日存在两个订单高峰小时,分别出现在早上7:00—8:00和傍晚17:00—18:00,但高峰与低谷的差别不显著,最高在4%左右。周末订单在白天总体呈现均匀分布的情形,下午订单量略大于上午,但并未出现集中的用车高峰。

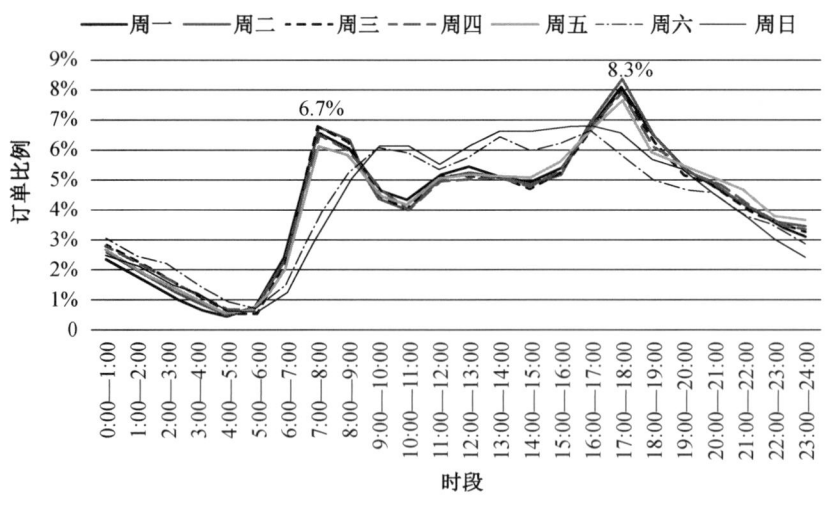

图8-4 订单量时变特征比例图

将EVCARD出发时辰分布与公共交通和出租车进行对比,如图8-5所示。可以发现,尽管EVCARD存在一定的早晚用车高峰,但与轨道交通和地面公交相比,其高峰低谷差要小得多。除早晚小高峰外，EVCARD 出发时辰分布总体上与出租车较为接近，初步体现出辅助公共交通的特征。

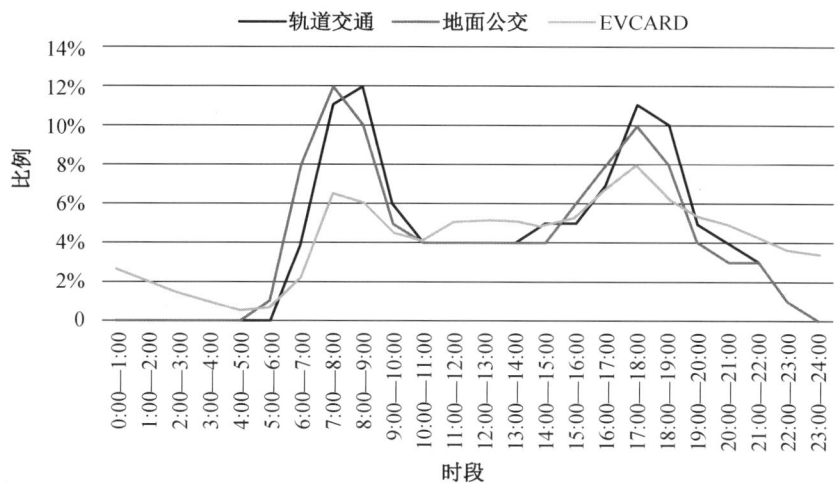

(a) EVCARD 与公共交通出发时辰分布比较

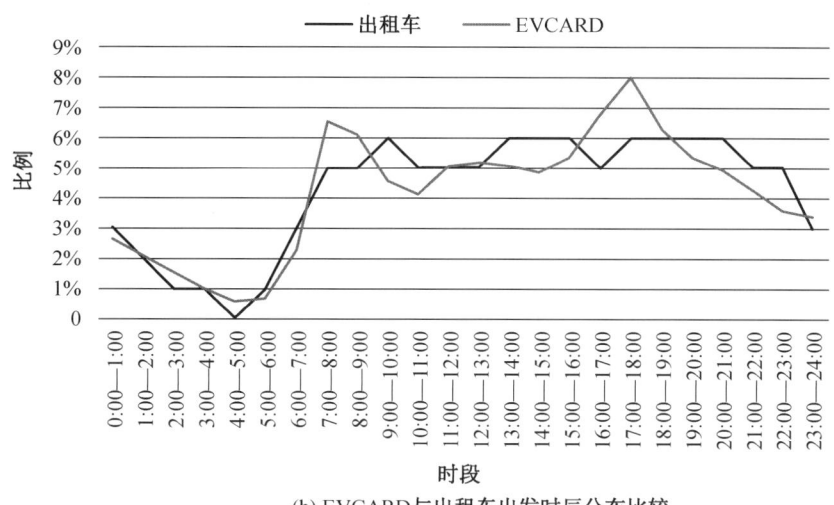

(b) EVCARD 与出租车出发时辰分布比较

**图 8-5　EVCARD 与公交及出租车出发时辰分布对比图**

3. 空间分布特征

将上海市 EVCARD 服务区域分为内环内（内-内）、内外环间（中-中）、外环外（外-外）三个空间区，得到订单量在三个区内部及区域之间的分布如图 8-6 所示。可以看到，EVCARD 订单主要分布在外环以外地区，与外环外相关的订单（包括取还车站点均在外环外和取还车站点有一个在外环外）占所有订单量的 93.4%。这与 EVCARD 由外环外向城区内部站点扩张模式一致。

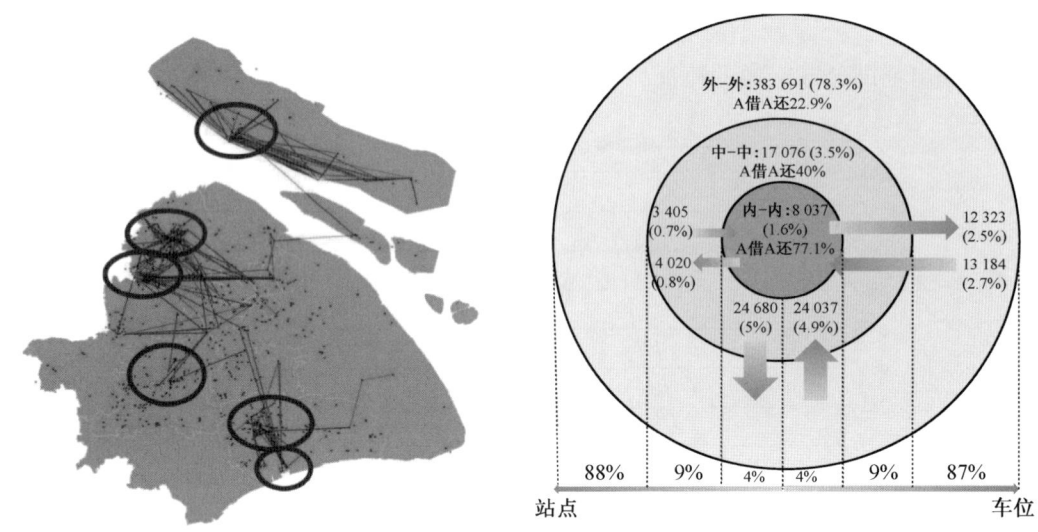

图 8-6 EVCARD 订单空间分布

依托高校、政府事业单位等站点,EVCARD 目前已在外环外形成四大用车高强区:崇明区政府事业单位积聚区,嘉定区政府事业单位积聚区,同济大学—嘉亭荟连绵区,奉贤区政府事业单位积聚区。

4. 时空间交叉分布特征

将出行订单数据进行时空交叉分析,研究上海市核心区(内环内)、外围区(内外环间)、郊区(外环外)在全天 24 h 内出行时间的分布规律,如图 8-7 所示。可以发现,在三个交通地带中,仅在郊区内部出行呈现早晚高峰出行特征。城市核心区内部、城市外围区内部出行时间多集中在下午和晚上,并未出现典型的早晚双高峰分布。

(a) 区域内部出行的出发时间分布

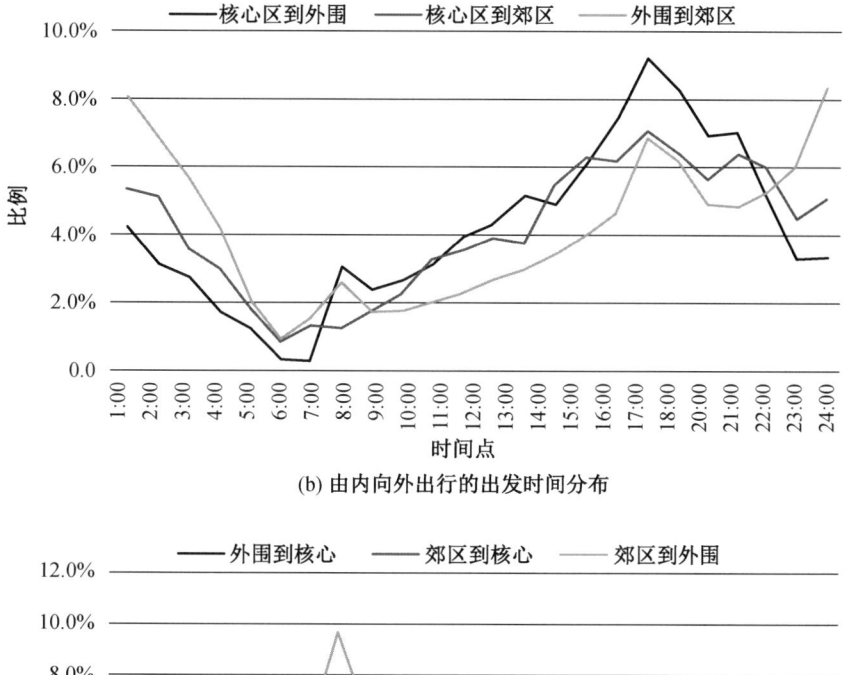

(b) 由内向外出行的出发时间分布

(c) 由外向内出行的出发时间分布

图 8-7 三类地带空间的分时租赁出发时间分布

在由内到外的出城方向交通出行中,夜间出行比例较高(夜间 12 h 占全天比重平均达到 49%,最高达 59%)。入城方向的交通出行,早高峰比例高(7:00—10:00 三小时占比最高达 21%,平均为 18%)。这与居民出行规律基本吻合。进一步分析可知,虽然时空分布上出现了进城高峰和出城高峰,但这些高峰持续时间较短,集聚效应并不特别显著。相较于其他出行方式,EVCARD 用户全天用车比较均匀。

5. 订单量分布的影响要素

统计内环内、内外环间、外环外 EVCARD 站点密度、站点覆盖率(以站点为圆心,以 500 m 为半径,覆盖 EVCARD 会员的比率)、轨道站点密度及人均订单数,如表 8-4 所示。

表 8-4　　　　　　　　　　　不同区域人均订单量与相关要素

| 区域 | EVCARD 站点密度 /(个·km$^{-2}$) | EVCARD 站点覆盖率 (500 m 半径) | 人均订单数 /(次·人$^{-1}$) | 轨道交通站点密度 /(个·km$^{-2}$) |
|---|---|---|---|---|
| 内环内 | 0.46 | 34% | 3.5 | 0.77 |
| 内外环间 | 0.22 | 19% | 3.6 | 0.23 |
| 外环外 | 0.16 | 40% | 13.8 | 0.014 |

可以看到，分时租赁站点密度从城市核心区内到外围地区逐步递减；站点覆盖率外环外最高，其次是内环内，内外环间最低；轨道站点密度由内至外也逐步递减。反映到人均订单分布上，外环外人均订单最高，为内环内及内外环间的 4 倍；内环内与内外环间的人均订单基本接近。

为了分析影响人均订单量的关键要素，分别绘制 EVCARD 站点密度、EVCARD 站点覆盖率、轨道交通站点密度与人均订单的相互关系，如图 8-8 所示。可以看到，相对于 EVCARD 站点密度，站点覆盖率与人均订单的正相关性更强，表现出几乎同步的发展趋势。同时，轨道站密度与人均订单量呈显著负相关性，这也解释了内环内地区虽然 EVCARD 站点密度高，但是人均订单数低。

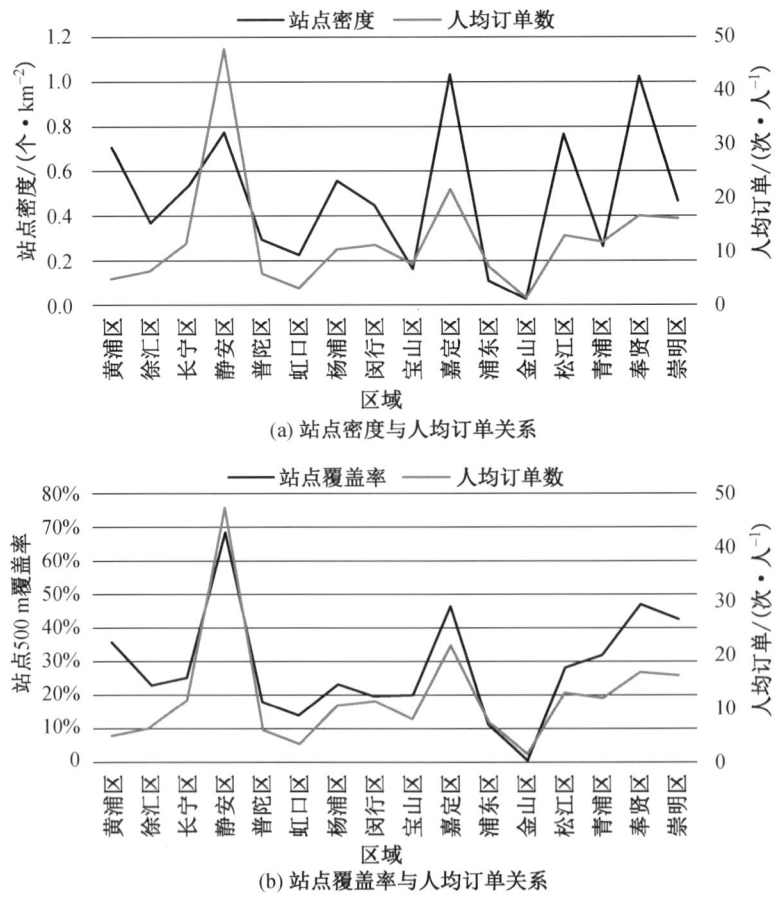

(a) 站点密度与人均订单关系

(b) 站点覆盖率与人均订单关系

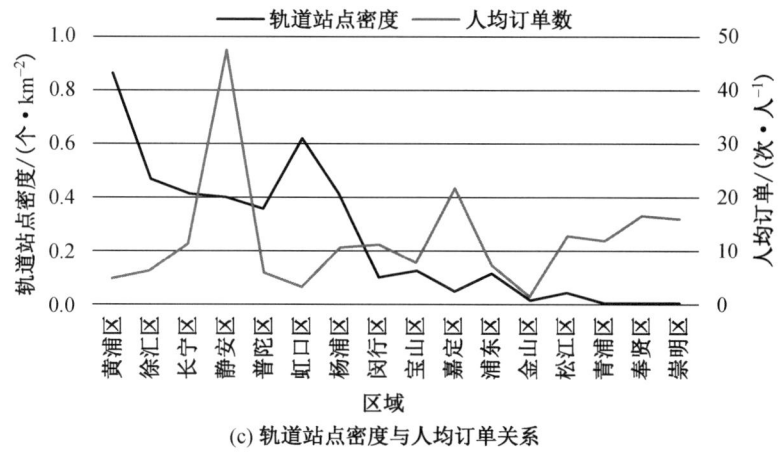

(c) 轨道站点密度与人均订单关系

**图 8-8 EVCARD 站点密度、站点覆盖率及轨道站点密度与人均订单关系**

轨道站点密度与 EVCARD 人均订单量负相关,这一点与国外相关研究结论有显著差异。国外相关研究普遍认为分时租赁在轨道交通等公共交通越发达的区域,其使用率越高;越在城市核心区(公共交通一般越发达),分时租赁的使用率越高。这可能与小汽车总体保有水平及空间分布差异有关。国外通常只在城市核心区域有较为便利的公共交通服务,小汽车保有水平通常较外围地区低。当居民出行选择公共交通而放弃小汽车时,分时租赁就成为一种辅助和补充的方式,满足不驾车和无车人群的使用需求;而国内情况则不同,并未达到家庭车辆拥有水平的饱和,城市核心区域公共交通相当便利而外围地区公共交通不发达,分时租赁成为机动化出行重要的补充方式,反映在人均订单上,则是外围地区高于核心区。

进一步将站点覆盖率与人均订单数进行二次函数回归拟合,如图 8-9 所示,其相关系数达到了 0.81。可以预计,提高 EVCARD 站点覆盖率可为用户提供更加高效便捷的借还车服务,从而吸引更多用户用车,提高 EVCARD 的使用效率。

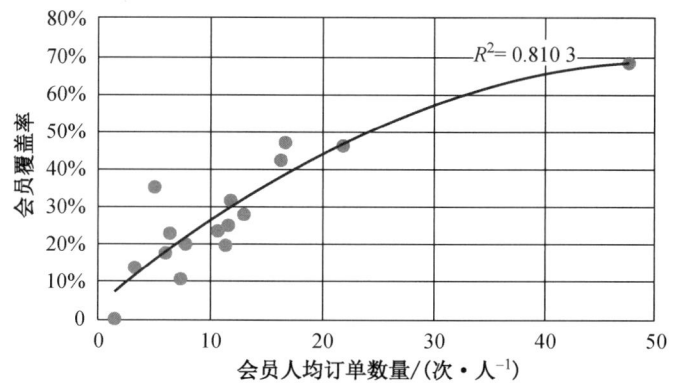

**图 8-9 EVCARD 站点 500 m 覆盖率与人均订单关系**

## 8.3 电动汽车分时租赁对汽车保有量的影响

### 8.3.1 研究方法

**1. 计算方法**

分时租赁对城市交通结构的影响是多维度、多过程、交叉式的。国内外已有研究表明,分时租赁一方面有助于削减家庭小汽车保有量,另一方面又可能引发新的小汽车出行需求。当采用低油耗或新能源汽车开展分时租赁时,还将对交通系统能耗与排放产生显著影响,如图 8-10 所示[9]。

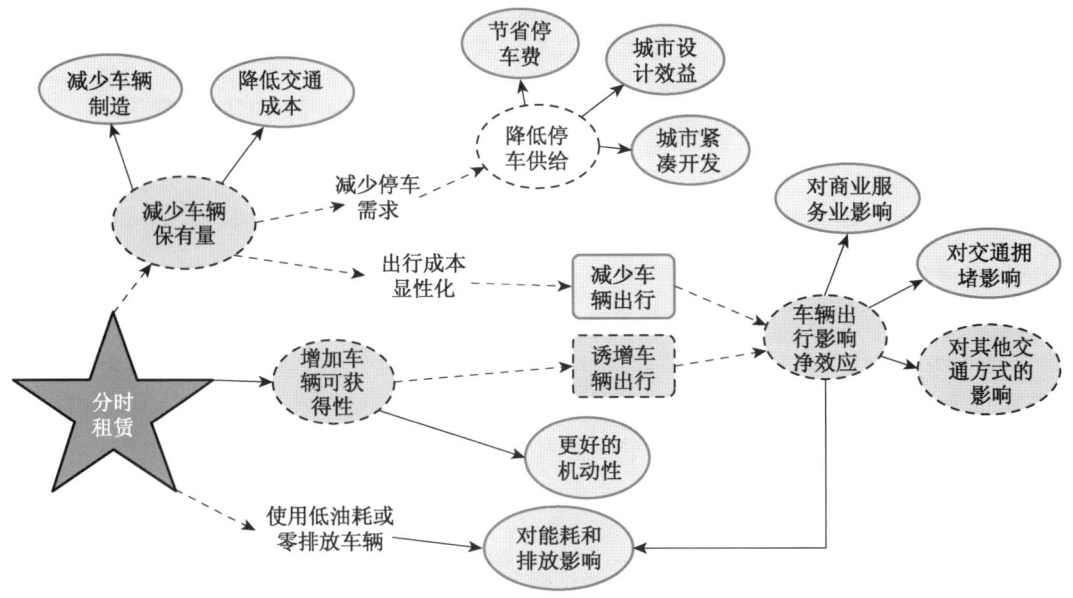

图 8-10 分时租赁影响关系链

本节主要讨论分时租赁对家庭小汽车保有量的影响,分别考虑分时租赁对家庭小汽车存量、小汽车增量的作用,探索有多少用户因为电动汽车分时租赁而出售了家庭原有车辆、放弃购买新的车辆或延迟购买新的车辆。采用每一辆分时租赁车辆替代的私家车辆数这一指标评估分时租赁对家庭小汽车保有量的影响,该指标可按式(8-1)测算:

$$每辆分时租赁车代替私家车 = \frac{出售车辆数 + 放弃购买车辆数}{活跃会员数(调查样本)} \times \frac{总活跃会员数}{分时租赁车辆数}$$

(8-1)

**2. 数据采集**

为了评估分时租赁对家庭小汽车保有行为的影响,针对上海市 EVCARD 会员进行问卷调查。调查内容主要包括四个部分:第一部分为用户基本信息(年龄、性别、职业、居住地、工作地、家庭规模等);第二部分为用户最近一次利用 EVCARD 出行的信息(出行目的、出行起终点、前往 EVCARD 站点的接驳方式等);第三部分为用户加入 EVCARD 前后使用日常交通工具的变化情况(区分通勤出行和非通勤出行);第四部分为加入 EVCARD 前后家庭小汽车出售、购买及购买意愿的变化情况。

问卷调查于 2017 年 4 月至 5 月进行,采用了基于 EVCARD 微信公众号推送调查问卷、邮件定向发送问卷以及对部分卖车用户进行深访等多种调查形式。最终微信公众号推送有效问卷 12 894 份,邮件定向发送有效问卷 2 203 份问卷,卖车用户深访 57 人。

3. 总体分析

调查的 12 894 个 EVCARD 用户中,活跃用户(每月使用 1 次及以上)11 158 人。11 158 个活跃用户中,家庭有车 4 931 人(占 44%),家庭无车 6 227 人(占 56%)。11 158 个活跃用户中,因为 EVCARD 卖车 28 人,因为 EVCARD 放弃买车 3 771 人,因为 EVCARD 延迟买车 1 719 人。研究针对卖车、放弃买车和延迟买车这三类用户群体进行深入分析,刻画用户基本特征,揭示行为改变机理。

### 8.3.2 卖车用户分析

1. 卖车用户基本画像

因为 EVCARD 而出售家庭既有车辆的用户,共有 28 位。这些用户平均年龄为 36.6 岁,平均驾龄为 10.3 年,平均家庭规模为 3.6 人,平均家庭小汽车保有量(卖车前)为 1.7 辆,大多为 EVCARD 高频用户(近 60% 每周使用 1 次及以上),大多居住在外环外(86%),使用 EVCARD 的主要目的是用于上班(35%)和业务(35%),如图 8-11 所示。

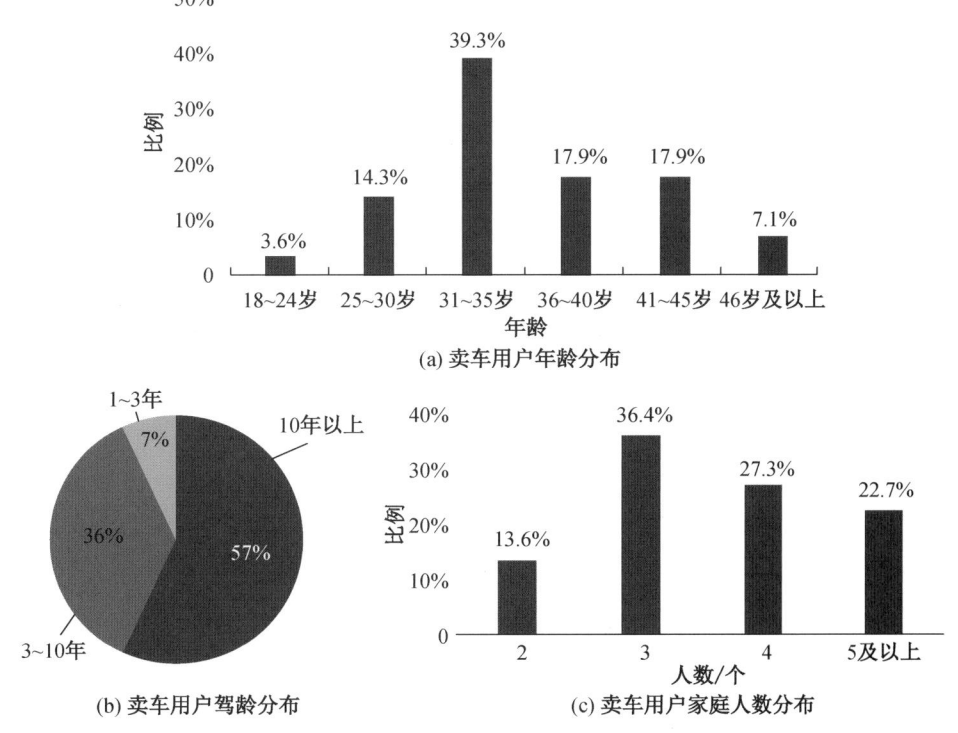

图 8-11 卖车用户基本画像

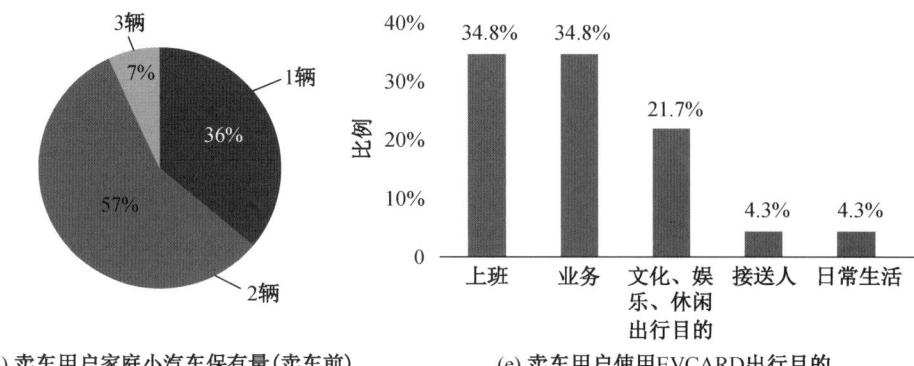

(d) 卖车用户家庭小汽车保有量(卖车前)　　(e) 卖车用户使用EVCARD出行目的

图 8-11　卖车用户基本画像特征

2. 被出售车辆的基本画像

被出售的车辆绝大部分为非上海牌照车(64%)和沪C牌照车(29%),平均车龄8.7年,有一半以上为小排量(1.6 L及以下)车,车辆年平均行驶里程为1.16万 km,如图8-12所示。沪C牌照车仅允许在上海外环以外地区行驶,不能进入中心城;非上海牌照车辆则在通行时间段受限制,早高峰 7:00—10:00、晚高峰 15:00—20:00 不能进入上海中心城内快速路行驶。

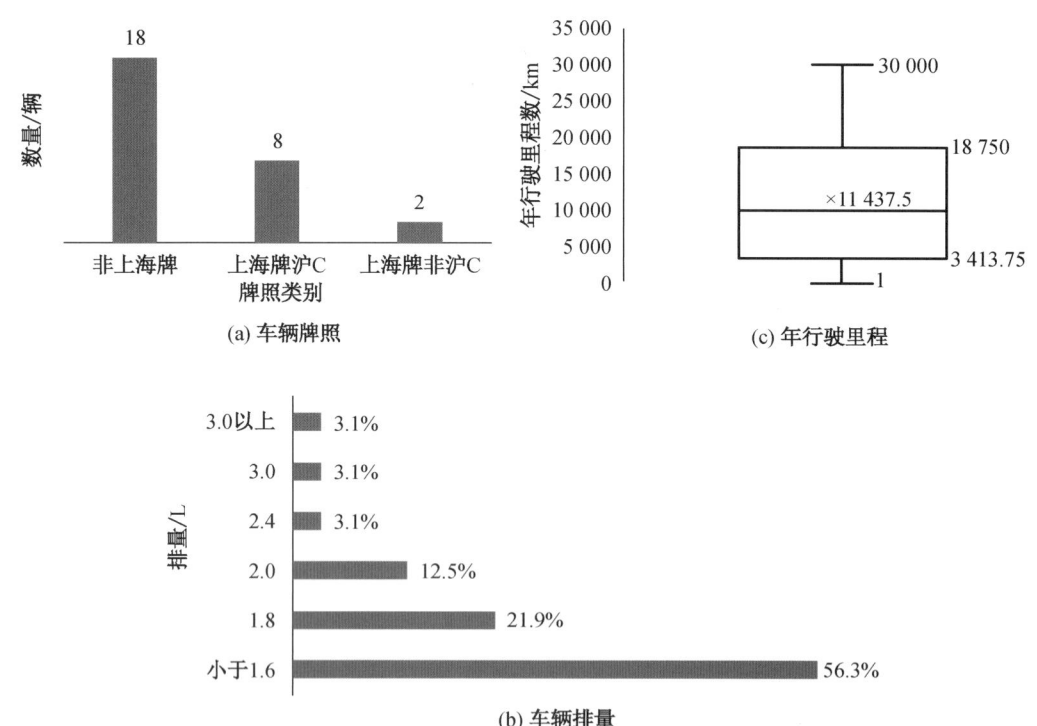

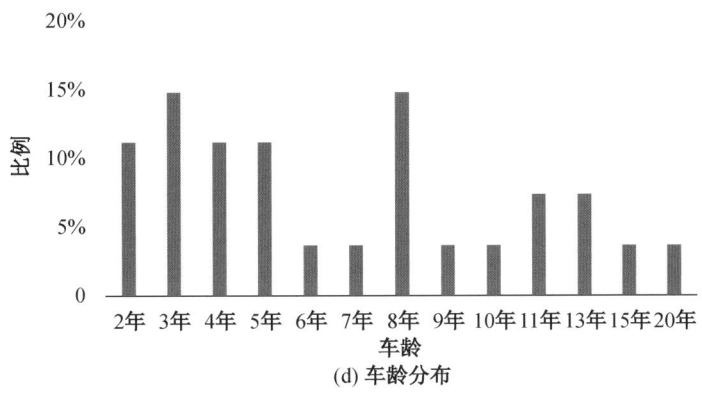

(d) 车龄分布

**图 8-12　被出售车辆的基本画像特征**

3. 卖车动机

近 60% 的用户注册后 3 个月内卖车，75% 的用户注册后半年内卖车(图 8-13)。卖车时间与加入分时租赁会员的时间间隔很短。进一步对卖车用户进行面对面访谈，可以了解到因为车子老旧、维护保养费用高、不允许进入上海市区(沪 C 牌照车)、高峰期不能上高架(非上海牌照车)、用车需求下降等原因，大多数用户在加入 EVCARD 项目前已有卖车打算。加入 EVCARD 后，由于分时租赁提供的小汽车出行服务满足了其用车需求(图 8-14)，从而加速了这些用户卖车由动机向实际行动转变。

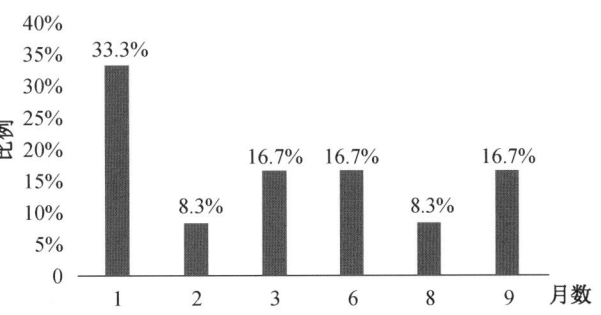

**图 8-13　从注册到卖车的时间分布**

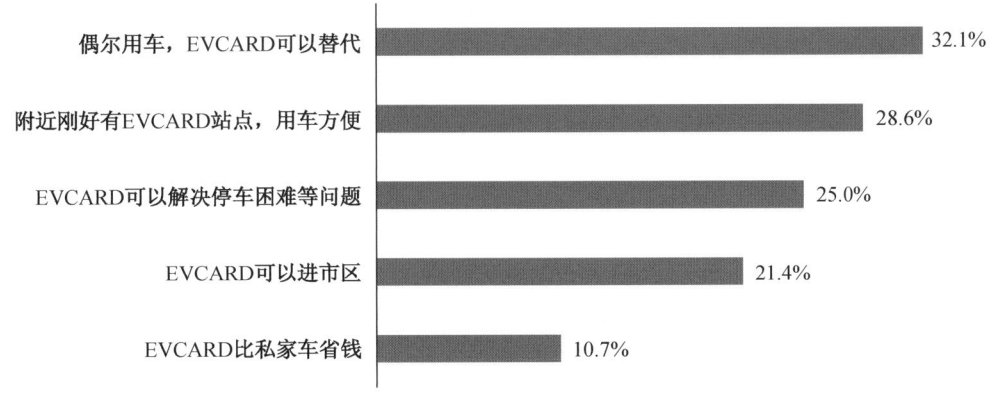

**图 8-14　有了 EVCARD 而卖车的主要原因**

因为有了分时租赁服务而卖车的主要原因包括：①偶尔用车，分时租赁可以替代原来的私家车；②附近刚好有分时租赁的站点，用车方便，满足使用需要；③分时租赁可以解决停车难等问题；④分时租赁车辆可以进市区；⑤分时租赁比私家车更省钱。

### 8.3.3 放弃买车用户分析

因为 EVCARD 而放弃买车的用户有 3 771 人，占调查活跃用户的 33.8%。这些用户中 70.3% 的家庭没有车，有 1 辆车的家庭占 26.3%，有 2 辆车及以上的家庭占 3.3%。用户平均年龄、驾龄等基本特征如表 8-5 所示。放弃买车的用户对目前 EVCARD 服务比较满意，认为 EVCARD 可以满足其用车需求。

表 8-5　　　　　　　　　　因为分时租赁而放弃买车的用户画像

| 放弃买车用户画像特征 | 家庭无车用户 | 家庭有车用户 |
| --- | --- | --- |
| 平均年龄/岁 | 30.5 | 33.9 |
| 平均驾龄/年 | 3.6 | 6.3 |
| 平均家庭规模/人 | 3.0 | 3.6 |
| 平均家庭小汽车保有量/辆 | — | 1.1 |
| 居住在外环外的比例 | 64.5% | 64.2% |
| 每周使用 EVCARD3 次以上比例 | 21% | 20% |
| 使用 EVCARD 主要出行目的 | 休闲:47%；通勤:22% | 休闲:26%；通勤:44% |

### 8.3.4 延迟买车用户分析

对于那些坚持要买车的用户，约 35% 认为因为 EVCARD 可以延迟购买小汽车。这些延迟买车的用户中，77% 的家庭没车，18.8% 的家庭拥有 1 辆车，4.1% 的家庭拥有 2 辆及以上车辆。用户平均年龄、驾龄等基本特征如表 8-6 所示。

表 8-6　　　　　　　　　　因为分时租赁而延迟买车的用户画像

| 放弃买车用户画像特征 | 家庭无车用户 | 家庭有车用户 |
| --- | --- | --- |
| 平均年龄/岁 | 28.8 | 28.6 |
| 平均驾龄/年 | 2.4 | 4.7 |
| 平均家庭规模/人 | 2.8 | 3.5 |
| 平均家庭小汽车保有量/辆 | — | 1.2 |
| 居住在外环外的比例 | 60.9% | 60.3% |
| 每周使用 EVCARD3 次以上比例 | 19% | 15% |
| 使用 EVCARD 主要出行目的 | 休闲:48%；通勤:27% | 休闲:31%；通勤:41% |

尽管有了EVCARD分时租赁服务仍要坚持买车的原因，主要包括：EVCARD服务不够好、私家车是家庭必需品、上海牌照是稀缺资源等，如图8-15所示。

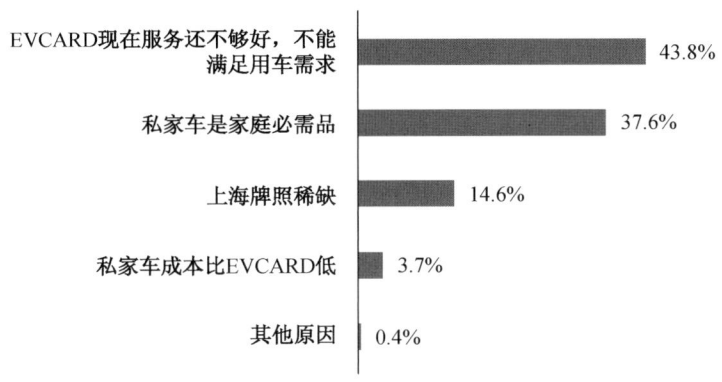

图8-15 有了EVCARD仍然坚持买车的原因

### 8.3.5 对家庭小汽车保有量的综合影响

基于分时租赁汽车用户对于私家车的态度、行为分析，利用式(8-1)计算得到目前EVCARD车辆替代家庭私人小汽车的结果，并与北美、欧洲的情况作对比，如表8-7所示[11-13]。

表8-7 因为分时租赁而放弃买车的用户画像

| 区域 | 中国 | 北美 | | | | | 欧洲 | |
|---|---|---|---|---|---|---|---|---|
| 城市 | 上海 | 卡尔加里 | 圣地亚哥 | 西雅图 | 温哥华 | 华盛顿 | 伦敦 | 巴黎 |
| 分时租赁项目 | EVCARD | Car2Go | | | | | Drivenow | Autolib&Mobizen |
| 调查样本 | 11 158 | 1 246 | 643 | 2 463 | 863 | 952 | 1 834 | 1 169 |
| 卖车用户比例 | 0.25% | 2% | 2% | 3% | 2% | 5% | 6% | — |
| 抑制购买用户比例 | 33.8% | 9% | 10% | 9% | 10% | 7% | 30% | — |
| 每辆共享汽车减少小汽车的存量 | 0.04 | 2 | 1 | 3 | 2 | 3 | — | — |
| 每辆共享汽车抑制小汽车的增量 | 5.66 | 9 | 6 | 7 | 7 | 4 | — | — |
| 每辆共享汽车代替小汽车数 | 5.70 | 11 | 7 | 10 | 9 | 7 | — | 3~7 |

可以看到，上海电动汽车分时租赁项目EVCARD已经显现出对机动车保有的替代效应，包括卖车、放弃买车、延迟买车等，大致1辆EVCARD车辆可以替代5~6辆车。与欧美国家相比，中国分时租赁对家庭小汽车的替代效应主要表现在对车辆购买的抑

制作用,即对增量的调控。存量替代效应目前还很小,显著低于欧美国家水平。

## 8.4 电动汽车分时租赁对出行方式选择的影响

### 8.4.1 研究方法

电动汽车分时租赁作为一类新的出行方式,加入到既有的城市客运出行体系,势必会对原有的交通出行模式产生影响。目前由于电动汽车分时租赁整体规模较小,这种影响尚不显著,但有必要分析其可能的影响趋势。为此,仍然以上海EVCARD电动汽车分时租赁项目为例,分析EVCARD用户加入分时租赁前后出行方式的变化,揭示分时租赁对用户出行方式选择的影响,基本分析框架如图8-16所示。

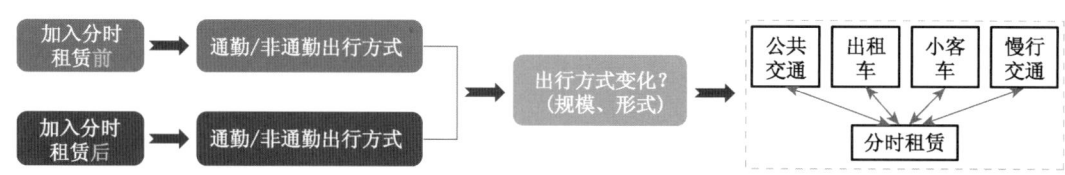

图 8-16 分时租赁对出行方式影响的基本分析框架

相关分析数据仍来源于对EVCARD会员的调查。总体上,加入分时租赁后,约有23%的用户出行模式发生了转变(与EVCARD相关联的转变),包括与EVCARD接驳出行和由原方式转向EVCARD出行,如图8-17、图8-18所示。就不同方式向EVCARD转移的比例看,出租车(含网约车)转移至EVCARD的比例最高,其次是公交和电(助)动车。

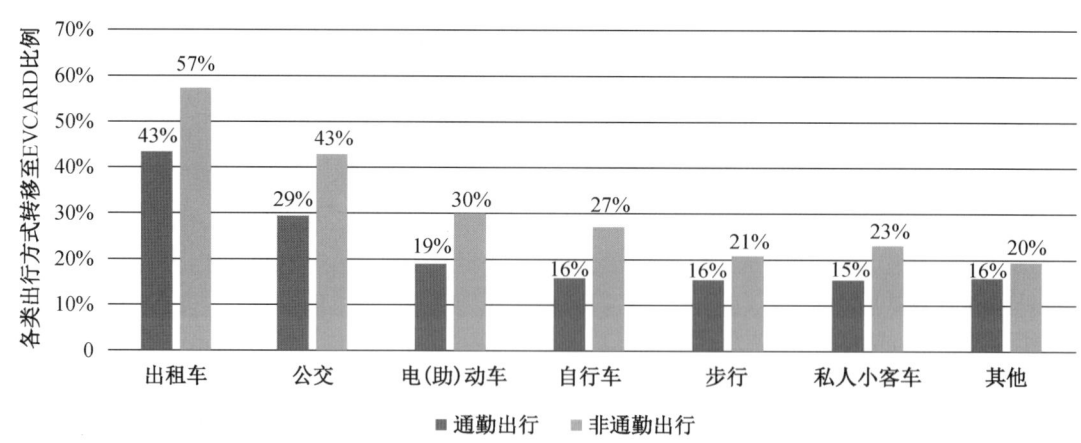

图 8-17 分时租赁对出行方式的转移影响

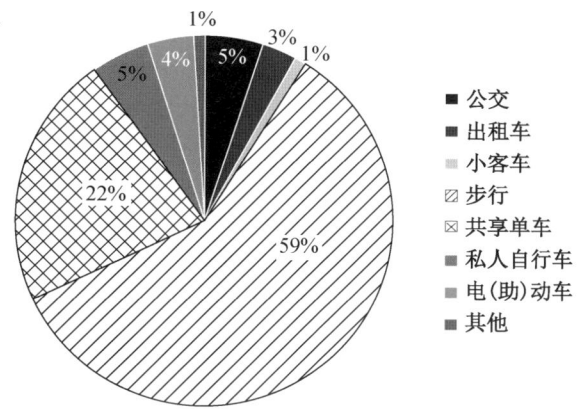

图 8-18 分时租赁对出行方式的接驳影响
（各交通方式接驳 EVCARD 比例）

### 8.4.2 对不同交通方式的影响

**1. 对公共交通出行的影响**

EVCARD 与公共交通之间既有替代关系，也有相互接驳关系。无论是替代还是接驳，都呈现出相似的出行特征（图 8-19）：①主要面向非通勤出行；②主要在城市外围地区（或与外围地区相关）出行；③出行距离长，平均距离超过了 20 km；④结伴出行比例高，平均合乘人数为 1.7 人左右。这些出行场景正是电动汽车分时租赁的适宜场景。

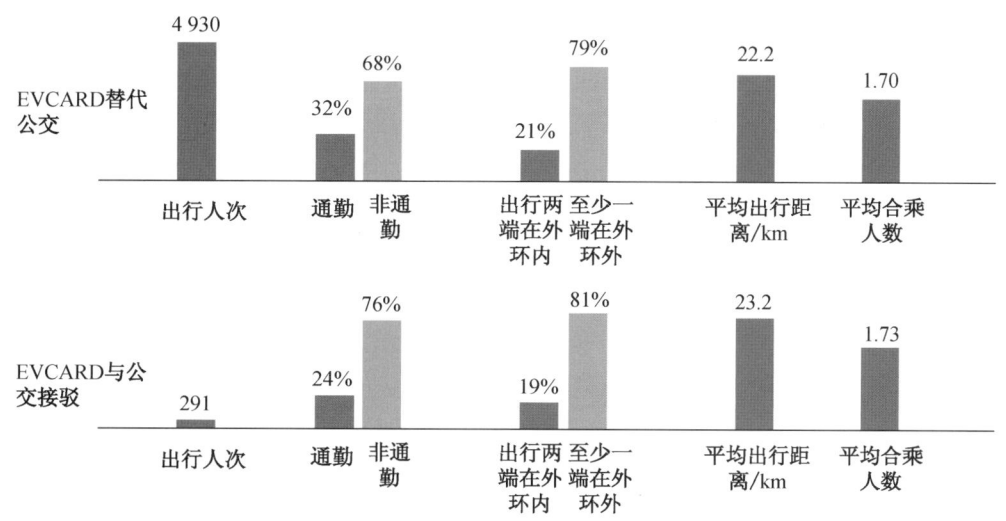

图 8-19 分时租赁对公共交通出行的影响

**2. 对出租车出行的影响**

EVCARD 与出租车交通之间也存在类似的替代与接驳双重关系，也同样呈现出如下特征（图 8-20）：①主要面向非通勤出行；②主要在城市外围地区（或与外围地区相关）出行；③出行距离长，替代出租车的平均出行距离为 18 km，与出租车接驳的平均出行距离达到近 31 km；④结伴出行比例高，平均合乘人数为 1.8 人左右。这些出行场景也是电动汽车分时租赁的适宜场景。

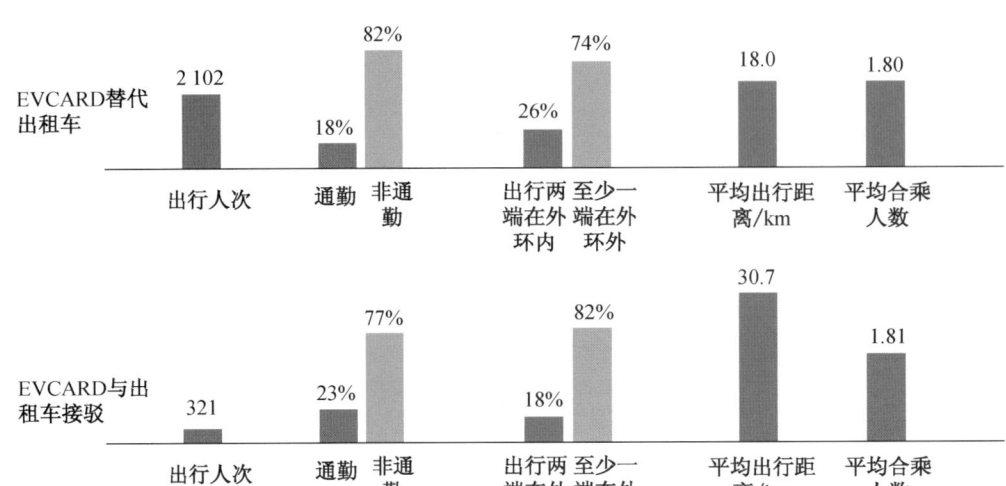

图 8-20　分时租赁对出租车出行的影响

**3. 对私家车出行的影响**

EVCARD 与私家车交通之间也有替代与接驳双重关系。对于接驳来说，主要是由于沪 C 牌照的私家车辆不能进入市区（外环内），通过在市区周边换乘 EVCARD 进入市区。总体上 EVCARD 对私家车的影响也呈现出四个特征（图 8-21）：①主要面向非通勤出行，但在替代私家车出行中有较高比例（33%）用于通勤；②主要在城市外围地区（或与外围地区相关）出行；③出行距离长，替代私家车的平均出行距离为 19 km，与私家车接驳的平均出行距离超过了 32 km；④结伴出行比例高，平均合乘人数为 1.7 人左右。这些出行场景也同样是电动汽车分时租赁的适宜场景。

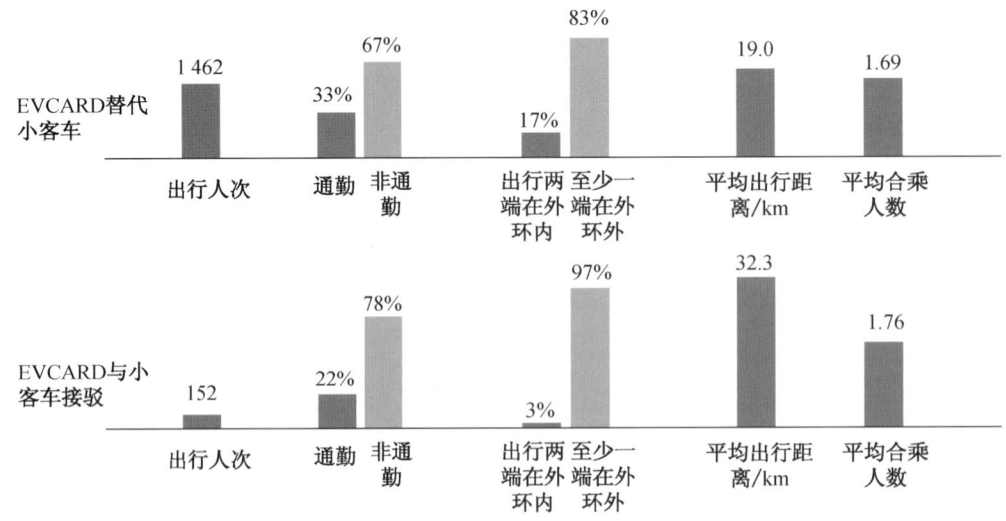

图 8-21　分时租赁对私家车出行的影响

4. 对自行车出行的影响

EVCARD与自行车交通之间同样呈现出替代与接驳双重关系,但与上文讨论的公共交通、出租车及私家车不同,EVCARD与自行车交通的接驳关系显著强于替代关系。对于EVCARD替代自行车的出行,主要是面向长距离的自行车出行(平均出行距离超过了8 km)。同时,无论替代还是接驳,都主要面向非通勤以及城市外围的出行场景。

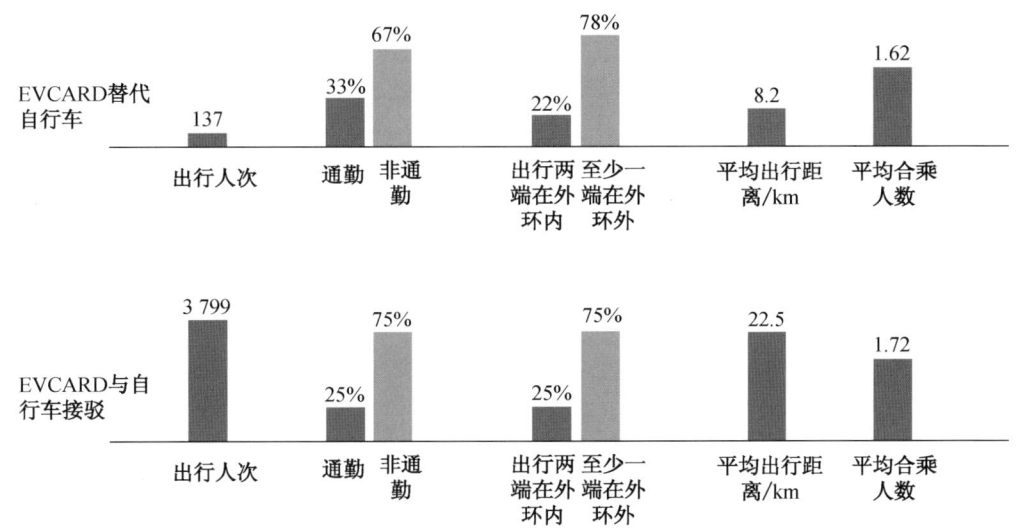

图 8-22 分时租赁对自行车出行的影响

综上可以看到:上海电动汽车分时租赁对用户出行行为产生了明显的影响,表现在方式转移和方式接驳两个方面。方式转移方面,原本采用出租车、公共交通、私家车、自行车等出行中,分别有43%~57%、29%~43%、15%~23%、16%~27%的比例转移到分时租赁;方式接驳方面,EVCARD站点两端出行(起点至取车点,还车点至终点)中,带动了59%的步行、31%的非机动车、5%的公交、3%的出租车等相关方式的出行。进一步探索分时租赁与其他交通方式的转移与接驳关系可知,无论是转移还是接驳,都呈现出相似的出行特征:①主要面向非通勤出行(大都在70%以上);②主要在城市外围地区(或与外围地区相关)出行(大都在75%以上);③出行距离长,转移出行的平均距离在18~22 km(自行车为8 km左右),接驳出行的平均距离在22~32 km;④结伴出行比例高,平均合乘人数为1.6~1.8人。这些出行场景正是电动汽车分时租赁的适宜场景。因此,可以认为目前电动汽车分时租赁与既有城市交通方式形成了较好的互补协作关系,丰富了城市居民(尤其是城市外围地区居民)的出行选择。

# 参考文献

[1] Francesco Ciari, Nadine Schuessler, Kay W. Axhausen. Estimation of carsharing demand using

an activity-based microsimulation approach: model discussion and some results[J]. International Journal of Sustainable Transportation, 2013, 7(1): 70-84.

[2] Shaheen S, Cohen A Innovative mobility carsharing outlook: carsharing market overview, analysis and trends[R]. Berkeley: University of California, 2016.

[3] Roland Berger. Sharing the future-Perspectives on the Chinese car sharing market[R]. 2014.

[4] 搜狐网. 汽车共享正全球蔓延宝马戴姆勒或合并汽车共享业务[EB/OL]. [2017-08-21]. http://www.sohu.com/a/166235776_123428.

[5] 网易汽车. 西班牙电动共享汽车发展逐渐成型冲击私家车需求[EB/OL]. [2017-08-15]. http://auto.163.com/17/0815/07/CRS4BNIS000884MM.html.

[6] 汪鸣泉. 基于消费者选择意愿的汽车共享推广政策研究[D]. 上海: 同济大学, 2011.

[7] 黄肇义. 悉尼市小汽车共享用户及其行为特征[J]. 交通与运输, 2017, 33(05): 56-58.

[8] Robert Cervero and Yu-Hsin Tsai. San Francisco city car share: travel-demand trends and second-year impacts[R]. Working Paper 2003-05, 2003.

[9] Millard-Ball A, Murray G, Ter S, et al. Car-sharing: Where and How it Succeeds. Transit Cooperative research Program (TCRP) Report 108. Transportation Research Board. Washington, DC, USA, 2005.

[10] 同济大学, 上海国际汽车城(集团)有限公司. 电动汽车分时租赁运行特征与效益评价研究[R]. 2016-2017.

[11] Elliot Martin, Susan Shaheen. Impacts of car2go on Vehicle Ownership, Modal Shift, Vehicle Miles Traveled, and Greenhouse Gas Emissions: An Analysis of Five North American Cities[R]. 2016.

[12] Scott Le Vine, John Polak. The impact of free-floating carsharing on car ownership: Early-stage findings from London[J]. Transport Policy, 2017(In Press).

[13] 6t-bureau de recherché. One-way carsharing: which alternative to private cars? [R]. 2014.

# 9 零排放交通系统概念设计与案例

9.1 零排放交通系统概念设计框架
9.2 零排放交通系统规划设计要素分析
9.3 崇明岛零排放交通系统规划方案研究
9.4 本章小结
参考文献

纯电动汽车和插电式混合动力汽车是将来一段时期新能源汽车政策推广应用的主要车型。与传统燃油汽车不同,电能(或部分电能)驱动的新能源汽车在燃料供应、技术性能、运行服务等方面存在显著差异,这也给面向传统燃油车辆的交通系统规划设计提出了新的要求。为适应并推动新能源汽车在现有交通体系中的应用,需要从规划层面系统梳理新能源车辆交通设计的相关要素,针对用户需求与车辆出行特征、能源供给、交通运行与运营管理、政策扶持、效益评估等关键问题,总结已有的规划与应用实践,提炼各要素的规划设计任务与策略,从而为新能源车辆交通系统规划设计提供方法与技术支撑。

## 9.1 零排放交通系统概念设计框架

将一种新的交通工具引入现有交通系统,从交通规划与设计的角度来看,首先需要分析这类交通工具及其用户的出行特征与需求,继而在基础设施规划建设、交通运行与运营服务管理等方面给予必要的技术支持。同时,还要全面评估新型交通工具应用所能带来的经济、能源、环境等效益和相应的成本,为制定各类激励、补贴政策提供依据。图9-1从新能源车辆用户使用需求与出行特征、车辆供能与维修保养设施、交通运行与运营服务管理、运行成本与效益评估、政策扶持与组织保障等五个方面,整合交通规划设计技术与新能源车辆技术,建立了新能源车辆交通系统规划设计框架。

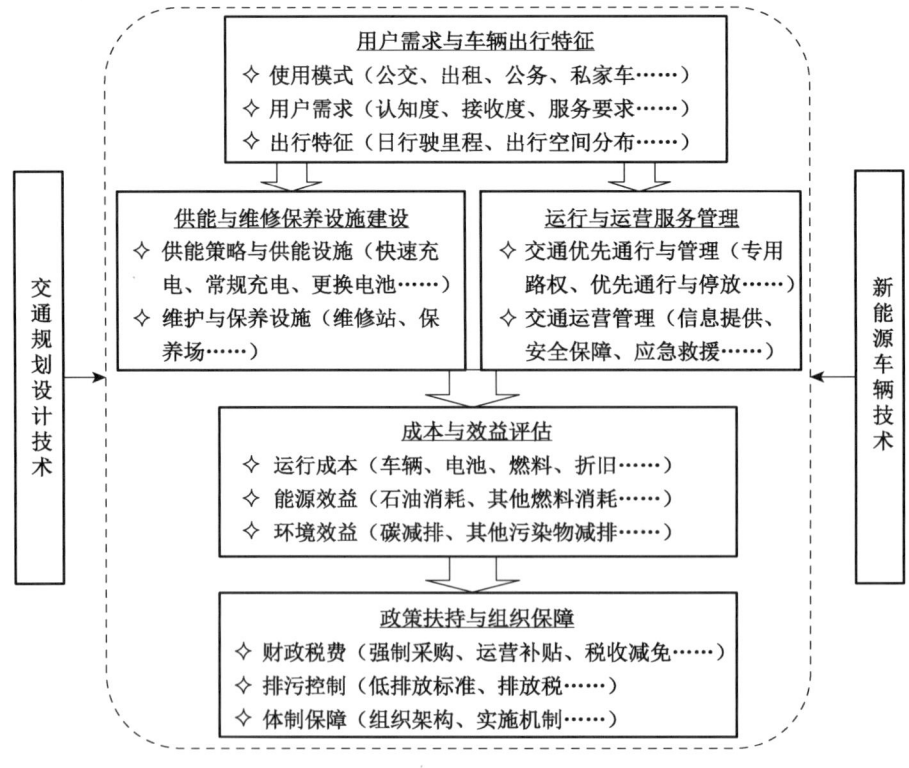

图9-1 新能源车辆交通规划设计架构图

## 9.2 零排放交通系统规划设计要素分析

根据图 9-1 所示的系统规划架构,供能设施建设以及成本效益评估在本书第 4 章、第 5 章已有论述。以下对用户需求与车辆出行特征、运行与运营管理、政策扶持与组织保障三类规划设计要素进行分析,提出各要素的规划设计任务与策略。

### 9.2.1 用户需求与车辆出行特征

考虑电动汽车等新能源车辆技术特征,新能源汽车可应用于城市公交(表 9-1)、出租、分时租赁、公务、市政、私家车等多个领域。不同的车辆使用模式,其对应的交通出行特征如出行频次、出行距离、出行空间分布等,以及用户使用需求存在一定差异,总结如表 9-2 所示。

表 9-1 典型纯电动大客车技术特征

| 车型 | 座位数/个 | 续驶里程/km | 百公里耗电/(kW·h) | 应用城市 |
|---|---|---|---|---|
| 上汽申沃客车(世博用车) | 31 | 120 | 103 | 上海世博越江公交 |
| 京华客车(奥运用车) | — | 110~120 | 120 | 北京公交 84 路 |
| 安凯纯电动客车 | 47 | ≥150 | 116 | 上海公交 825 路 |
| 万向纯电动客车 | 33~38 | ≥120 | 80 | 杭州公交 Y9 路 |
| 青年纯电动客车 12 m | 35(92) | 60(站点充电) | 66.7 | 金华、义乌 BRT |
| 青年纯电动客车 12 m | 58(150) | 56(站点充电) | 85.4 | 金华 BRT |
| 比亚迪 K9,12 m | 32(82) | 350 | — | 深圳公交 |
| 宇通纯电动客车,12 m | 26~44(84) | >250 | 不开空调 75,开空调 106 | 上海公交 |

数据来源:根据相关调研整理。

表 9-2 新能源车辆使用模式、出行特征与需求

| 典型使用模式 | 车辆出行特征 | 基本使用需求 |
|---|---|---|
| 公交车 | 固定线路、固定班次,车辆日行驶里程与线路长度、运营班次有关 | 车辆运行可靠、安全,车辆续驶里程与运营计划匹配 |
| 市政/邮政车 | 相对固定的线路与区域,车辆行驶里程适中,多在 100 km/d 以下 | 车辆续驶里程至少满足一次(单程)出行要求 |
| 单位班车 | | |
| 场地用车 | 固定区域,车辆日行驶里程与场地活动安排有关 | 车辆运行舒适、安全 |
| 出租车 | 车辆在城区活动单驾驶范围大,日行驶里程长,达 300~400 km/d | 车辆运行速度高,续驶里程可满足日出行要求,有确定充电位置。需建设完备的供能与维护保养设施,并提供紧急救援服务 |
| 公务车 | 驾驶路径不确定,车辆日行驶里程适中,多在 100 km/d 以下 | |
| 私人用车 | | |
| 租赁车 | 自由式线路,停放固定站点 | |
| | 固定线路,连接重要集散点,车辆日行驶里程与租赁强度有关 | 车辆运行可靠、安全;提供紧急救援服务 |

新能源车辆交通系统规划设计，正是基于对各类使用模式的车辆出行特征分析，提出相应的供能设施与维修保养设施布局、提供必要的交通运行与运营管理服务，并辅以相应的政策支持与组织保障，从而满足各类用户的基本使用需求。因此，车辆使用特征与出行需求调研分析，是新能源车辆交通系统规划设计的基础。其中，供能模式与充电桩、充电站设施布局规划以及相应的政策制定，是新能源系统规划的特殊内容，也是其关键内容。

### 9.2.2 运行与运营管理

为推动新能源车辆示范应用，可在交通系统运行管理方面采取各种可能的优先措施，提高新能源车辆的使用吸引力。目前应用较为广泛的新能源车辆优先措施包括：高占有率（High-Occupancy Vehicle，HOV）车道通行，专用路权与停车，减免养路费、过桥费、道路通行费、停车费等。

由于现有的新能源车辆技术性能尚未完善，在车辆运行（营）过程中，提供必要的车况特别是剩余能量信息与救援服务，也是消除用户担忧的重要手段。例如：为用户提供远程即时信息服务，包括车辆实时状态、安全警示、充电提醒、维修提醒、服务网络提示等；建立快速响应机制，提供应急服务车辆。国内外新能源车辆推广应用实践中都强调了服务保障的必要性，典型措施总结如表9-3所示[1]。

表9-3　　新能源车辆运行（营）管理服务措施

| 车辆使用模式 | 运行（营）管理服务 |
|---|---|
| 法国拉罗谢尔市分时租赁 | 车辆安装GPS定位系统和远程管理系统，如果驶出了规定的区域，将会自动警告和断电，保证车辆安全 |
| 日本丰田市分时租赁 | 通过互联网实现车辆调度、会员预约、自动计费、远程监控、充电管理等多种管理功能 |
| 美国加州私用租赁 | 宝马公司对车辆使用情况进行跟踪和数据记录。车辆行驶到6个月时，或行驶里程达到4 800 km时，须进行定期检查 |
| 中国杭州市私用租赁 | 用户有偿反馈信息，建立日常使用情况数据库，及时收集和接收反馈信息，倾听用户的意见和建议。向用户提供定期检测、随时上门、应急救援等免费服务 |

### 9.2.3 政策扶持与组织保障

新能源车辆在经济成本、使用便利性等方面还不能与传统燃油车相抗衡。因此，在新能源车推广应用初期，必要的政策扶持对于培育用户需求、维持车辆正常运营具有不可替代的作用。世界各国在推广新能源汽车使用方面采取了多元化的政策扶持手段，包括对传统燃油车辆实施高排放标准，加大新能源车辆技术研发投入、政府采购、购车补贴，加快充电站等基础设施建设与充电标准制定，新能源车辆优先通行与停放等。总结美国、日本、法国等国家新能源车辆推广扶持政策，如表9-4所示。

表 9-4　美国、日本、法国新能源汽车扶持政策

| 国家 | 政策类别 | 政策措施 |
|---|---|---|
| 美国 | 排放法规 | 实施严格的车辆排放标准和法规,刺激市场对电动汽车的需求 |
| | 技术研发 | 设立 250 亿美元基金,以低息贷款方式支持厂商对节能和新能源汽车的研发和生产 |
| | 强制销售 | 规定低排放及零排放车市场总销售量必须达到一定比例(加州为 10% 以上) |
| | 政府采购 | 到 2012 年,政府车辆采购中一半为新能源车;2015 年开始,联邦政府将仅采购纯电动、混合动力或其他新能源汽车作为政府用车 |
| | 购车补贴 | 购买充电式混合动力车,可享受 2 500 美元的基本税收抵扣。充电达到 4 kW·h 以上,每增加 1 kW·h,额外享受 417 美元抵扣 |
| | 设施建设 | 投入 4 亿美元支持充电站等基础设施建设 |
| | 优惠使用 | 发放高占有率车道使用许可,免费停车 |
| 日本 | 排放法规 | 实施严格的车辆排放标准和法规,刺激市场对电动汽车的需求 |
| | 技术研发 | 建立开发高性能电动汽车动力蓄电池产业联盟。2009 年后投入 210 亿日元开发高性能电动汽车动力蓄电池。在 2020 年前,将日本电动车一次充电的续驶里程增加 3 倍以上 |
| | 标准制定 | 成立电动汽车充电协会,统一日本国内充电方式标准,并努力使之成为国际标准 |
| | 购车补贴 | 2009 年起推行"绿色税制"计划;购买新能源车免除购置税,并减免 50% 使用税 |
| 法国 | 技术研发 | 2008 年宣布未来 4 年投入 4 亿欧元用于技术研发 |
| | 政府采购 | 通过法律强制要求大型企事业单位承担节能减排责任 |
| | 强制销售 | 经销商每卖出 5 辆传统汽车,必须卖出 1 辆新能源车 |
| | 购车补贴 | 2008 年推行"新车置换金"计划;新能源车享受 200~1 000 欧元补贴,反之则缴纳 2 600 欧元购置税。购买超级环保车给予 5 000 欧元补贴 |
| | 优惠使用 | 通过电池租赁,降低电动汽车拥有成本。设置专用停车位,免费停车、充电 |

结合国外新能源汽车政策扶持措施,我国在推广新能源车辆应用时,可采用"双 P(Push & Pull)战略"[5]:对传统燃油车辆实施高标准排放要求(Push);对新能源车辆实施多种激励措施(Pull),综合车辆生产企业、消费者、基础设施建设与运营方、商业推广机构等制定全方位组合激励政策(表 9-5)。

表 9-5　新能源汽车推广的"双 P"扶持政策

| 双 P 战略 | | 组合政策 |
|---|---|---|
| Push | 严格排放标准 | (1) 在特定的路段、道路和区域限制高排量车辆行驶;<br>(2) 鼓励报废能耗大的旧车,并给予一定的现金奖励 |
| Pull | 车辆生产企业 | (1) 在土地使用、税收、新能源车辆研发和销售等方面制定优惠政策;<br>(2) 建立开放性金融信贷政策体系 |
| | 消费者 | (1) 车辆购买:①公共服务领域、政府公务用车等引导性采购;②国家和地方购车补贴;③低息贷款/分期付款优惠;④减免购置税、登记费、牌照费等;<br>(2) 车辆使用:①减免养路费、过桥费、道路通行费、停车费、蓄电池租赁费;②夜间充电优惠等;<br>(3) 舆论导向:加大宣传力度;<br>(4) 电池补贴:①建立电池租赁系统;②加强对废旧电池的回收和利用 |

(续表)

| 双P战略 | | 组合政策 |
|---|---|---|
| Pull | 运营方 | (1) 鼓励合资组建示范运营公司，发挥各方优势；<br>(2) 在颁发营运牌证、车辆上路、运营线路/区域等方面给予准入；<br>(3) 减免营业税、所得税、购置税等相关税费；<br>(4) 将经营中造成的亏损给予相应的财政补贴 |
| | 基础设施建设方 | (1) 在土地申报、审批程序上开通"绿色通道"；<br>(2) 在项目建设及使用土地过程中给予直接财政补贴；<br>(3) 发放电力接入许可 |

## 9.3 崇明岛零排放交通系统规划方案研究

基于新能源车辆交通系统规划设计框架与相关要素分析，以上海崇明国际生态岛交通系统规划方案研究为例，提出崇明岛规划设计新能源车辆交通系统的思路与初步构想，制订崇明岛新能源公共交通系统规划方案[6]。

### 9.3.1 崇明岛交通概况

1. 基本概况

崇明岛（图9-2）位于长江入海口，是世界最大的河口冲积岛，也是中国仅次于台湾岛、海南岛的第三大岛屿。全岛三面环江，一面临海，南与上海浦东新区、宝山区及江苏省太仓市隔水相望，北与江苏省海门市、启东市一衣带水。全岛陆域面积1 267 km²，东西长80 km，南北宽13～18 km，岛中心距上海市中心直线距离约44 km，通过长江桥隧和轮渡与上海市区联系。岛上地势平坦，无山岗丘陵，水土洁净，空气清新，生态环境优良。

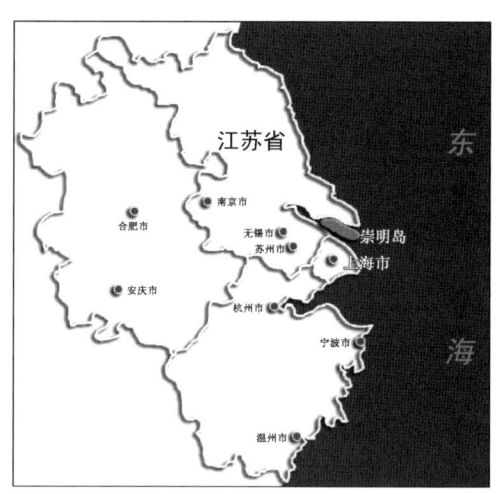

图9-2 崇明岛区位图

截至2016年末，崇明岛户籍人口为59.7万人，其中非农业人口为24.2万人，城市化水平为40.5%。1986—2016年间，岛内常住人口由75万人降至61.3万人，总量呈负增长趋势[7]。

2. 居民出行特征

岛内常住人口与人均出行次数呈下降趋势，如表9-6所示。居民出行以慢行交通（步行＋非机动车）为主，占73%；其次为个体机动化交通（包括出租车、摩托车、小客车），占17%；公共交通（包括公交车、轨道和大客车）占10%，如图9-3所示[2-4]。

表9-6　崇明岛居民出行率

| 指标 | 1995年 | 2004年 | 2014年 |
|---|---|---|---|
| 常住人口/万人 | — | 69 | 61.3 |
| 人均出行次数/(次·d$^{-1}$) | 1.83 | 1.74 | 1.80 |

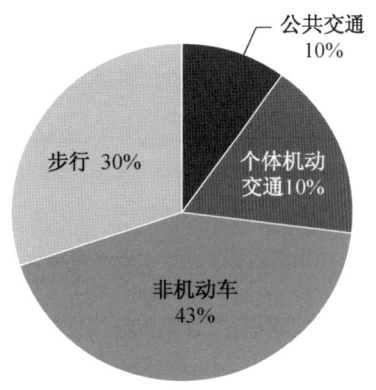

图9-3　居民交通出行结构

3. 车辆出行特征

近年来岛内交通机动化呈现快速增长态势,小汽车保有量不断增加。近10年间汽车保有量从2004年的2万辆发展到了2014年的6.3万辆,年均增长率达12.4%。

2014年,崇明注册机动车保有量达到9万辆,其中各类摩托车2.2万辆,各类汽车6.3万辆。实际在岛使用的小客车有6.3万辆,其中上海牌照(不含沪C)1.8万辆,沪C牌照2.9万辆,外地牌照1.6万辆。地区每千人机动车拥有率为116辆,千人小客车拥有率为81辆,仍有较大增长空间。

根据上海市综合交通调查以及小样本补充调查,岛内公交车、出租车、私人小客车以及摩托车的基本出行特征如下:

1) 公交车

截至2015年底,崇明共有公交车483辆。其中,12.5 m长的公交车辆最多,达到146辆;其次为8.9 m长的公交车,有137辆;12 m和8.2 m两种车型的公交车最少,分别仅8辆和3辆。崇明岛公交车辆日均行驶里程较长,日均行驶公里大于200 km的车辆达到了116辆。

2) 出租车

崇明区域内出租汽车由上海崇明亚通出租汽车有限公司运营。现有营运出租车237辆,其中包含143辆双燃料车辆。车辆平均运营里程约300 km/d,日平均车次约20次,空驶率超过60%。目前,岛内设有南门、堡镇、陈家镇等出租车营运站点。

3) 私人小客车

约20%的小客车日出行里程小于50 km,86%的小客车日出行里程小于100 km,约14%的小客车日出行里程在100~150 km范围内。

4) 摩托车

平均每车次出行距离为10~15 km,每日出行2~4次,日出行里程为20~60 km。

4. 进出岛交通特征

崇明长江隧桥开通(2009年10月31日)前,日进出岛客流约4.3万人次,车流约

0.5万车次。2014年上海长江隧道日均交通量达41 580 PCU(Passenger Car Unit,标准车当量数),较2010年上涨66.3%,如图9-4所示。

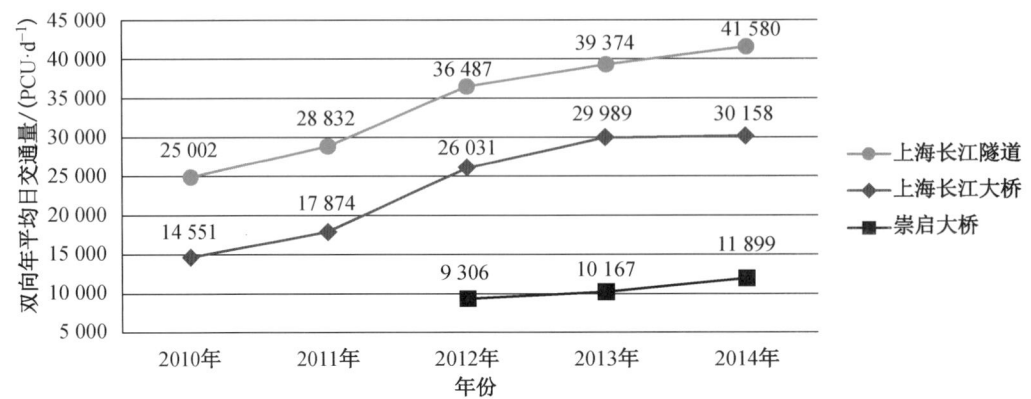

图9-4 崇明长江隧桥流量变化图

由于缺少轨道交通等快速大运量公共交通系统,崇明对外交通出行方式以小客车为主,所占比例为52.8%。公共交通方式(公交及轮渡)在对外出行中所占比例较小,仅为30.4%,公交的吸引力相对不足。崇明岛与市区方向的公共交通出行中,地面公交占到77.9%的比例,约为轮渡出行的3.5倍。

5. 旅游交通特征

崇明生态岛随着建设不断深化和休闲旅游功能提升,旅游收入和游客量均显著增长,过去十年旅游收入增长5倍,旅游人次增长7倍,2015年游客量达到467万人次,旅游收入达10亿元。崇明现有东平森林公园、东滩湿地公园、明珠湖公园、西沙湿地公园等众多景点(图9-5)。客流主要集中于节假日期间,现状各景点旅客出行方式仍以私家车为主,景区周边道路交通压力较大,出行方式比较单一,选择公共交通的比例较小,缺乏多元化手段与定制交通服务(图9-6)。

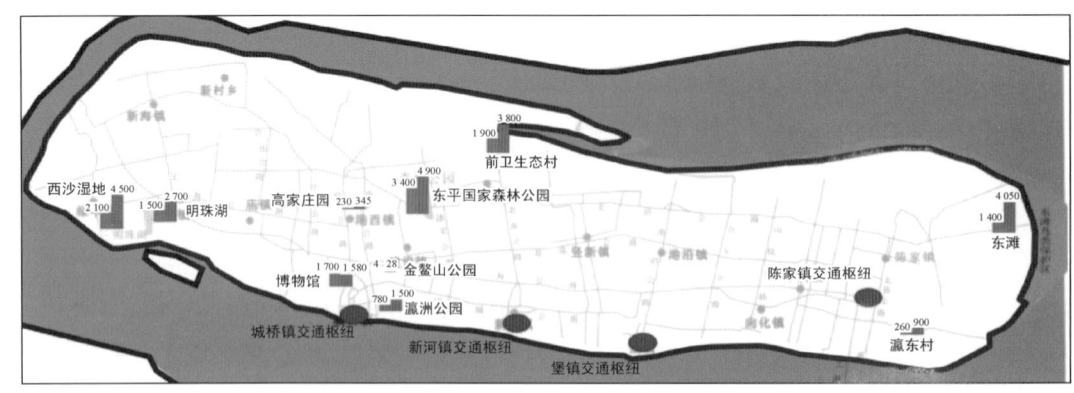

注:图中左柱为崇明越江桥隧道开通前游客量;右柱为开通后游客量。

图9-5 崇明岛景点游客量分布图

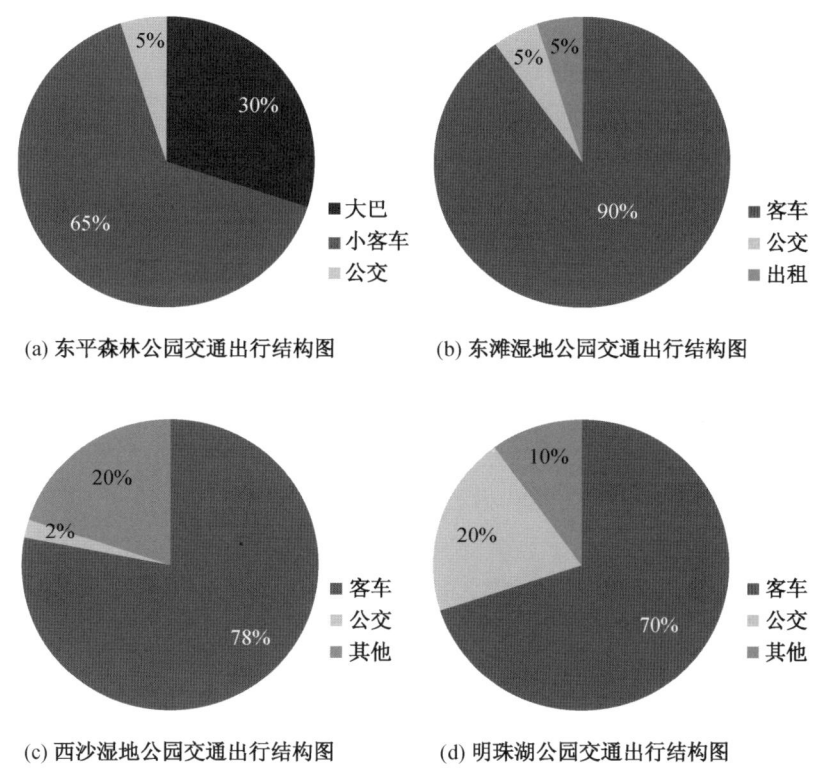

图 9-6 主要景点交通出行比例

6. 交通运行状况

目前岛内机动车拥有水平相对较低,交通运行状况良好,无显著交通拥堵情况,车速平稳。部分典型道路交通运行特征指标如表 9-7 所示。

表 9-7　　　　　　　　岛内典型道路交通运行特征

| 道路名称 | | 高峰时段交通量/(PCU·h$^{-1}$) | 车速/(km·h$^{-1}$) | |
|---|---|---|---|---|
| | | | 限速 | 实测行程车速 |
| 东西向道路 | 北沿公路 | 140 | — | 60 |
| | 草港公路 | 112 | 50 | — |
| | 陈海公路 | 790 | 80 | 77.5 |
| | 团城公路 | 670 | — | — |
| 南北向道路 | 北陈公路 | 161 | — | — |
| | 向化公路 | 186 | — | — |
| | 港沿公路 | 164 | 60 | — |
| | 北新公路 | 175 | — | — |
| | 蟠龙公路 | 225 | 60 | 47 |

7. 交通发展趋势

结合崇明岛新一轮城市总体规划及综合交通专项规划,要到2040年把崇明建设成为更具绿色竞争力、更富人居魅力的国际生态示范岛。规划至2040年,崇明总体常住人口为80万人,服务人口为20万人,就业岗位约43万个,常住人口的岗位比为0.54。至2020年常住人口与现状变化较小,约75万人,服务人口为5万人,岗位38万个。

随着崇明社会经济发展和交通供应水平的提高,居民出行需求会较现状有一定程度增加。2020年和2040年崇明岛居民出行总量预期可分别达到130万人次/d和200万人次/d。从崇明近年来的车辆发展来看,小汽车年均增长率超过13%,且一直是机动车中的主要类型,目前比例接近60%,还在呈上升趋势发展。摩托车保有量2017年呈现持续减少的态势。2020年达到12万辆左右,千人拥有率为150辆/千人左右;预计2040年崇明小汽车拥有量为22万~28万辆,千人拥有率达到220~280辆。小汽车保有量持续增长,大量私家车进入家庭将给城市交通系统带来很大的压力。

同时,随着包括轨道交通、中运量公交等在内的公共交通设施的发展,远期崇明岛公共交通出行比重将大大增加。预期2020年崇明岛公共交通出行比重将上升到14%,2040年增加至24%。

### 9.3.2 崇明岛零排放交通系统概念设计

1. 崇明岛推广应用新能源车辆的优势

上海市新能源车辆示范应用规划将崇明岛、国际汽车城、虹桥枢纽、临港新城确定为世博后上海新能源汽车推广应用的四个示范区。新能源车辆集中推广应用契合崇明生态岛发展定位与长远目标,相对独立的区位、蓬勃发展的休闲旅游业为开展多模式新能源车辆示范运行提供了政策、地缘优势与依托条件。

2010年初上海市政府以白皮书形式向全世界颁布《崇明生态岛建设纲要》,随后将崇明岛确定为上海三大低碳示范区之一。上海2040城市总体规划提出上海城市发展愿景是追求卓越的全球城市,一座创新之城、生态之城、人文之城。崇明新一轮总体规划也提出到2040年,将崇明建设成为一座活力迸发的智慧创新岛,一座魅力独特的风景旅游岛,一座示范节能的绿色智造岛,一座悠闲乐活的健康人居岛,一座绿色高效的新型农业岛。这些得天独厚的政策环境无疑是崇明岛开展新能源汽车示范运行的先天保障与客观要求。

另外,崇明岛具有相对独立的地理条件。岛内居民出行在空间分布上较集中,出行距离也较适中。目前岛内约90%的小客车日出行距离不超过100 km,这为当前一次充电续驶里程在100~150 km的纯电动汽车推广应用提供了现实可能。同时,由于相对独立,还可在崇明岛策划多种灵活的车辆使用模式,如固定区域的出租车、租赁车等。岛内相对富足的土地资源为充电站、维修保养站等配套设施建设奠定了基础;地势平坦、铺面良好、车流畅通的道路设施也为新能源车辆安全运行提供了条件。

上海长江隧桥建成通车后，崇明岛的旅游业得到极大发展。2015年游客量达到467万人次，平均1.28万人次/d。但崇明岛自身的旅游资源并不算丰富，当前仍以低端的大众观光模式为主，旅游内涵较单调，对经济发展的带动作用有限，距发挥旅游业在崇明经济发展中支柱产业的目标还有很大差距。若能结合旅游开展新能源车辆合乘、租赁等多模式示范应用，让游客体验租乘、租驾新能源汽车的乐趣，塑造"交通—科技—旅游"相结合的新型旅游发展方式，则既可为新能源车辆的市场化推广积累经验，又能丰富崇明岛自身有限的旅游资源，提升旅游品质，促进旅游经济发展。

依托示范推广，在崇明岛形成新能源汽车"科技研发—技术试验—市场培育—用户体验"产业平台，可为崇明低碳经济发展注入新的活力。

作为上海可持续发展的战略空间，崇明岛历来将生态保护和环境建设放在突出位置，这在某种程度上也"牺牲"了当地的经济发展。崇明岛目前人均GDP仅为全市平均值的1/4，岛内人口一直呈负增长，每年新增就业岗位数持续减少，人才大量流失，居民出行活动强度也呈下降趋势。崇明成为上海17个区中唯一依赖市级财政转移支付的市辖区。如何改变目前崇明经济发展现状，在生态岛建设指引下，结合低碳示范区和国家可持续发展试验区建设寻求新的经济增长点，是上海市和崇明地方政府无法回避且亟须解决的一项重要任务。

因此，可通过在崇明岛开展新能源车辆集中展示与示范应用，在公交、出租、旅游租赁、私人交通等多领域探索车辆推广经验，引入国际国内汽车厂商、科研机构、车辆运营与策划组织入驻，逐步将崇明岛打造成融新能源汽车研发、技术试验、产品检测、示范运行、市场培育、用户体验、科普教育等为一体的产业平台。利用国际生态岛建设机遇提升平台规模与影响力，吸引高端人才，扩大就业，从而可达到带动崇明经济快速发展的目标。该平台建设将给崇明岛低碳产业发展注入新的活力，同时也将成为上海在新能源汽车示范应用方面领先国内其他城市的重要标志。

2. 崇明岛新能源车辆推广思路

实施路径上，按照国家新能源汽车实施战略，先易后难，先少后多，在公用车（公共交通、出租车、政府公务车、市政车、企事业班车等）、租赁车（面向旅游、会展与商务交通等）、私家车（集团定向采购、私人使用、个人购买与使用等）领域逐步推广。

实施时序上，与上海市新能源汽车（公用车、私人用车）实施规划同步，条件满足时可适度超前。

3. 崇明岛新能源车辆系统概念设计

基于崇明岛特殊的地理区位条件与交通出行条件，新能源车辆系统设计的总体构想为：岛内机动化出行全部采用新能源汽车，岛外燃油车辆不得直接入岛，而是经由岛内若干个综合交通枢纽"转换门"，换乘岛内新能源交通方式或慢行交通方式入岛。对于过境交通，要求其在岛内不停留。各类型交通方式新能源车辆系统设计思路如图9-7所示。

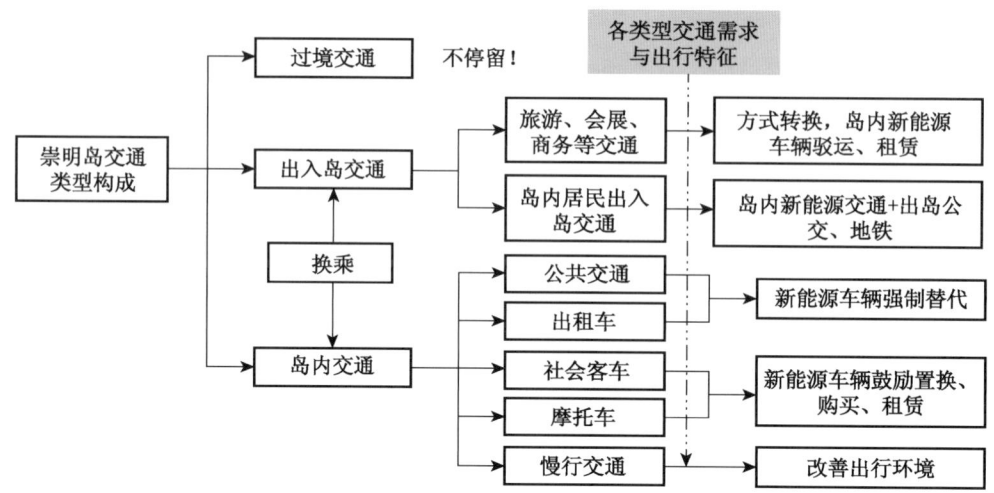

图 9-7 崇明岛新能源车辆交通系统概念设计

### 9.3.3 崇明岛零排放交通系统实施方案

基于上述新能源车辆交通系统概念设计,结合崇明岛总体规划、路网与交通规划,以及自身的地理条件、交通现状,可考虑将新能源车辆应用于公共交通、出租车交通、租赁交通(旅游租赁、合用租赁、私用租赁等)、私人交通等方式,提出各类方式新能源车辆的运行线路、车辆配备、供能安排、运营架构,以及节能减排效益评估等。以下以公共交通系统为例,说明新能源公共交通系统实施方案与条件。

**1. 运行线路**

在岛内公交线路中,优先考虑运营线路较短、客流量较低的公交线路进行示范,积累经验后再推广到其他线路。选择通过城桥镇、陈家镇、堡镇、新河镇的公交线路进行新能源车辆替换,便于整体规划充电设施。

如图 9-8 所示,在图中的 12 条短里程、小客流线路中,挑选编号①～⑦的公交线路作为示范线路,分别为城桥环专线、南同专线、新江专线、堡新线、堡四线、陈中线、陈白线,客

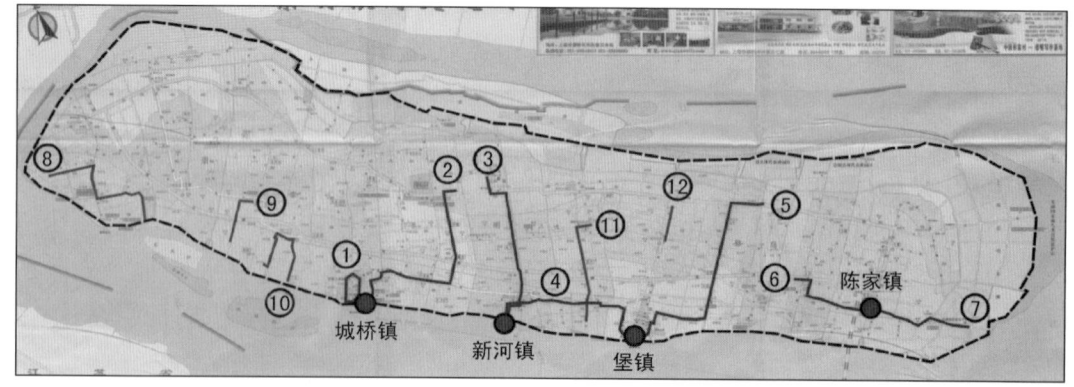

图 9-8　12 条短里程、小客流公交线路分布图

流总量为 4 107 人次/d,共配车 19 辆,每日安排 287 个班次,总线路长度为 100.09 km,平均每条线路长度为 14.3 km,平均每车日行驶里程为 187 km,具体运营安排如表 9-8 所示。

表 9-8　　　　　　　　　　　7 条示范线路运营概况

| 序号 | 线路名称 | 线路走向 | 客流量/(人次·d$^{-1}$) | 配车/辆 | 全日计划班次 | 线路长度/km | 日行驶里程/km |
|---|---|---|---|---|---|---|---|
| ① | 城桥环专线 | 南门汽车站—南门汽车站 | 456 | 2 | 78 | 5.20 | 203 |
| ② | 南同专线 | 崇明机场—南门汽车站 | 1271 | 4 | 62 | 18.95 | 294 |
| ③ | 新江专线 | 新河汽车站—长江农场 | 1574 | 6 | 82 | 15.50 | 212 |
| ④ | 堡新线 | 堡镇汽车站—三烈公路新东路 | 20 | 1 | 10 | 13.54 | 135 |
| ⑤ | 堡四线 | 堡镇汽车站—北四滧 | 526 | 4 | 34 | 17.02 | 145 |
| ⑥ | 陈中线 | 陈家镇—北滧路 | 52 | 1 | 8 | 14.00 | 112 |
| ⑦ | 陈白线 | 团结沙水闸—陈家镇 | 207 | 1 | 13 | 15.88 | 206 |
| 合计 | | | 4 106 | 19 | 287 | 100.09 | 187(平均) |

2. 车辆配备

以纯电动大巴为主要示范车型,车辆性能参数参照世博纯电动大巴,续驶里程取 80 km,采取每车配备两组电池的方案,具体安排如表 9-9 所示,纯电动大巴配备 19 辆,相应的电池组配备 38 组。

表 9-9　　　　　　　　　　　7 条示范线路车辆配备安排

| 序号 | 线路名称 | 配车/辆 | 全日计划班次 | 发车间隔/min | 往返里程/km | 日行驶里程/km | 往返时间/h | 电池组/组 | 电池组更换间隔时间/h |
|---|---|---|---|---|---|---|---|---|---|
| ① | 城桥环专线 | 2 | 78 | 19 | 10.4 | 203 | 1 | 4 | 7.8 |
| ② | 南同专线 | 4 | 62 | 27 | 37.9 | 294 | 2.2 | 8 | 4.3 |
| ③ | 新江专线 | 6 | 82 | 21 | 31 | 212 | 1.7 | 12 | 5.2 |
| ④ | 堡新线 | 1 | 10 | 180 | 27.08 | 135 | 3 | 2 | 9.5 |
| ⑤ | 堡四线 | 4 | 34 | 45 | 34.04 | 145 | 2.6 | 8 | 5.2 |
| ⑥ | 陈中线 | 1 | 8 | 240 | 28 | 112 | 4 | 2 | 12 |
| ⑦ | 陈白线 | 1 | 13 | 134 | 31.76 | 206 | 2.2 | 2 | 6.4 |
| 合　计 | | 19 | 287 | — | 200.18 | — | | 38 | |

3. 供能安排

纯电动大巴实际续驶里程(按 80 km 考虑)不能满足公交车辆一天运营里程要求,运营中每辆车需更换 1～2 次电池组,根据车辆发车间隔、往返里程以及往返时间,合理安排电池组的更换间隔时间,如表 9-9 所示。

在城桥镇、陈家镇、堡镇、新河镇建充电设施,如图 9-9 所示,采取夜间慢充的供能模式。

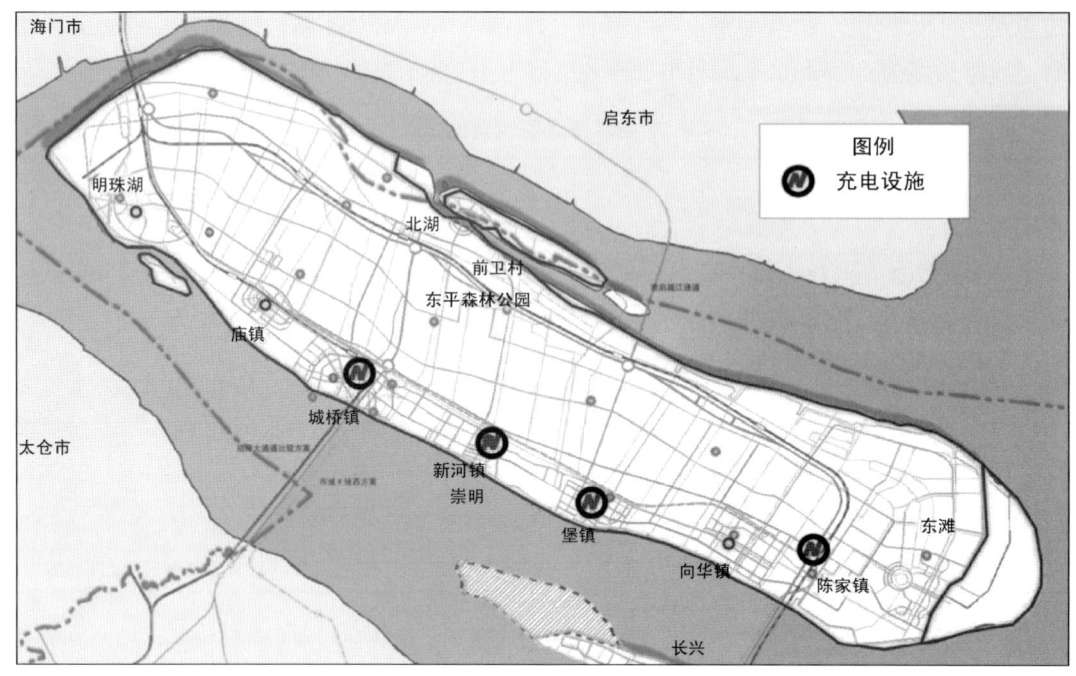

图 9-9 常规公交充电设施分布图

4. 运营架构

以崇明公交公司为实施主体,负责公交线路的运营组织,其他多方参与协作。总体运营架构如下(图 9-10):

(1) 车辆:购置或向整车厂租赁车辆;为改进车辆技术收集必要的运行数据;同时整车厂还负责车辆的维修和保养。

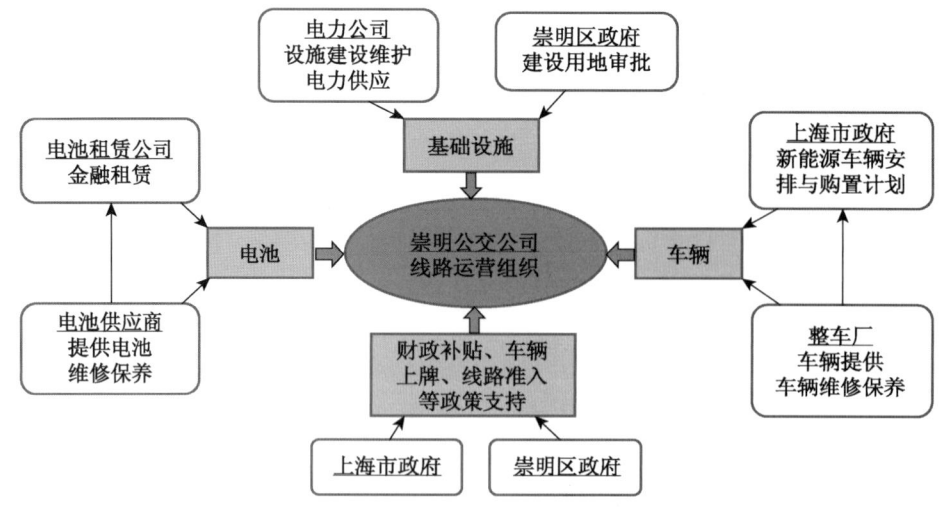

图 9-10 新能源公交运营架构

(2) 电池：可直接由电池供应商提供，也可引进"金融租赁"业务，由金融租赁公司向电池供应商买下电池，租给公交公司使用。电池供应商则负责电池的维修和保养。

(3) 基础设施：充电站与公交停车保养厂结合设置，由公交公司或电力公司负责充电设施的建设、维护及电力供应。

(4) 政策：市区二级政府提供相应财政补贴、车辆上牌以及线路准入等政策方面的支持。

5. 节能减排效益评估

计算7条常规公交线路替换后的一年节能减排效益，如表9-10所示。19辆纯电动公交车，年行驶里程约129万km，节省柴油27.9万L。

电动汽车全生命周期内的二氧化碳排放较柴油车高，但仍可能具有环境效益。因为电厂的二氧化碳排放一直存在，由电动汽车用电导致的二氧化碳排放绝对增量并没有表中计算值那么高；同时，电动汽车的二氧化碳排放固定在发电厂，有利于集中实施多种碳处理措施。

表9-10 新能源公交系统节能减排效益

| 车型 | 车辆数/辆 | 百公里基础能耗 | 节油/万L | 行驶中二氧化碳减排/t | 燃油生产二氧化碳减排/t | 从电网取电/万度 | 发电二氧化碳排放量/t | 全生命周期二氧化碳减排/t |
|---|---|---|---|---|---|---|---|---|
| 纯电动大巴 | 19 | 120 kW·h | 27.9 | 642.3 | 222.0 | 155.4 | 1 393.7 | −529.3 |
| 柴油大巴 | 19 | 21.57 L | 0.0 | 0.0 | 0.0 | 0.0 | 0.0 | 0.0 |

### 9.3.4 崇明岛电动汽车分时租赁

目前，崇明已经实施了新能源分时租赁项目——EVCARD，并成为EVCARD在外围郊区四个高强度集中用车区之一（图9-11）。未来应重点结合公共活动中心、公共交通枢纽、旅游景点、旅游集散中心等进一步扩容租赁网点和车辆规模。计划到2022年，将电动汽车分时租赁投放运营车辆增加到500辆以上，实现岛内旅游景点、交通枢纽、大型居住区、政府机关以及学校医院等公共区域的全覆盖，使得电动汽车分时租赁成为崇明岛小汽车交通组织的主要模式。

图9-11 EVCARD分时租赁车位日均用车强度分布

## 9.4 本章小结

由于在燃料供应、技术性能、运行服务等方面与传统燃油车辆存在显著差异,将新能源汽车纳入现有交通体系,还须经过新能源车辆交通系统专项规划设计,着重分析用户使用需求与出行特征、车辆供能与维修保养设施、交通运行与运营服务管理、政策扶持与组织保障以及运行成本与效益评估等要素。用户使用需求与出行特征是新能源车辆交通系统规划设计的基础,需要结合当地实际情况深入分析。车辆供能设施的规模、空间布局需要根据能源供给策略确定。运行与运营服务管理有助于提高车辆运行的可靠性,是消除用户驾车"后患"的重要手段。政策扶持与组织保障对于新能源车辆市场化应用初期具有重要引导作用,可采用对传统燃油车辆实施高标准排放要求(Push)以及对新能源车辆实施多种激励措施(Pull)的"双P"战略。成本与效益评估是平衡资金约束与节能减排目标的评价手段,也是各类财政补贴制定的依据。

以上海崇明生态岛为例,基于崇明岛特殊的地理区位与交通条件分析,提出基于"转换门"的新能源车辆交通设计总体构想,即岛外燃油车辆不得直接入岛,而是经由岛内若干个综合交通枢纽"转换门",换乘岛内新能源交通方式或慢行交通方式入岛。以公共交通系统为例,从运行线路、车辆配备、供能安排、运营架构以及节能减排效益评估等方面阐述了新能源公共交通系统策划方案。同时,应统筹兼顾游客、居民的个人机动化出行需求和生态岛低碳发展要求,大力发展电动汽车分时租赁系统,提供覆盖全域的电动汽车分时租赁服务,使其成为崇明岛小汽车交通组织的主要模式。

## 参考文献

[1] 国家电网公司电动汽车考察团.法国和意大利电动汽车考察报告[J].电力需求侧管理,2008,10(1):1-4.

[2] 陈柳钦.新能源汽车产业发展的政策支持[J].全球科技经济瞭望,2010,25(5):15-24.

[3] 付翔,王宇宁,胡斌祥.国外电动汽车产业促进政策研究[J].上海汽车,2007,2:7-10.

[4] 刘军民,施明顺,李哲.加快新能源汽车产业发展的财政扶持政策[J].中国科技投资,2010,05:18-20.

[5] 贾俊国.世界部分国家扶持电动汽车政策[J].国家电网.2007,4:44-45.

[6] 同济大学.崇明岛零排放新能源车辆交通系统研究[R].2010.

[7] 上海市崇明区统计局.崇明统计年鉴[M].上海:崇明区统计局,2017.

[8] 上海市第五次综合交通调查联席会议办公室.上海市第五次综合交通调查成果报告[R].上海:上海市城乡建设和交通发展研究院,2015.

[9] 上海市交通港航发展研究中心,上海市浦东新区规划设计研究院,上海城市交通设计院有限公司.崇明综合交通规划(2016—2040)[R].2016.

# 附录 A  关于机动车的排放因子

国家环境保护部机动车监控中心：关于本次公布的"在用机动车综合排放因子"是综合排放因子，是经过大量资料调研、对中国典型城市实际道路行驶工况测量以及考虑在正常使用下的机动车劣化情况，经实验室模拟调整后获得。具体相关汽车的排放因子如表 A-1 至表 A-5 所示。

表 A-1　新车排放符合国 I 以前排放标准的在用汽车综合排放因子　单位：g/(km·辆)

| 排放因子 | 在用汽车 ||||||||||||||||
|---|---|---|---|---|---|---|---|---|---|---|---|---|---|---|---|---|
| | 轻型汽车 ||||||| 中型汽车 ||||| 重型汽车 |||||
| | 汽油车 |||| 柴油车 | 燃气车 || 汽油车 | 柴油车 | 公交车 || 燃气车 || 汽油车 | 柴油车 | 公交车 || 燃气车 ||
| | 微型车 | 轿车 | 其他车 | 出租车 | | LPG | NG | | | 汽油 | 柴油 | LPG | NG | | | 汽油 | 柴油 | LPG | NG |
| CO | 10.5 | 20.1 | 19.6 | 34 | 1.5 | 20.1 | — | 53 | 2 | 53 | 2 | 53 | 9.1 | 106 | 5 | 106 | 5 | 100 | 20 |
| NO$_x$ | 1 | 1.1 | 1.8 | 1.8 | 1.5 | 1.1 | — | 6 | 4 | 6 | 4 | 6 | 5.8 | 21 | 10 | 21 | 10 | 21 | 21 |
| PM | — | — | — | — | 0.3 | — | — | — | 0.6 | — | 0.6 | — | — | — | 2 | — | 2 | — | — |
| HC$_{排气}$ | 1.5 | 1.7 | 2.7 | 4.8 | 0.4 | 1.7 | — | 6.5 | 1.5 | 6.5 | 1.5 | 6.5 | 2 | 13 | 3 | 13 | 3 | 13 | 4 |

表 A-2　新车排放符合国 I 排放标准的在用汽车综合排放因子　单位：g/(km·辆)

| 排放因子 | 在用汽车 ||||||||||||||||
|---|---|---|---|---|---|---|---|---|---|---|---|---|---|---|---|---|
| | 轻型汽车 ||||||| 中型汽车 ||||| 重型汽车 |||||
| | 汽油车 |||| 柴油车 | 燃气车 || 汽油车 | 柴油车 | 公交车 || 燃气车 || 汽油车 | 柴油车 | 公交车 || 燃气车 ||
| | 微型车 | 轿车 | 其他车 | 出租车 | | LPG | NG | | | 汽油 | 柴油 | LPG | NG | | | 汽油 | 柴油 | LPG | NG |
| CO | 1.4 | 2.1 | 2.4 | 2.5 | 0.9 | 2.1 | 1.8 | 53 | 1.8 | 53 | 1.8 | 50 | 8 | 106 | 4.4 | 106 | 4.4 | 100 | 20 |
| NO$_x$ | 0.4 | 0.5 | 0.4 | 0.6 | 1.1 | 0.5 | 0.6 | 6 | 3.5 | 6 | 3.5 | 5 | 5 | 21 | 8.8 | 21 | 8.8 | 21 | 21 |
| PM | — | — | — | — | 0.2 | — | — | — | 0.6 | — | 0.6 | — | — | — | 1 | — | 1 | — | — |
| HC$_{排气}$ | 0.1 | 0.2 | 0.1 | 0.2 | 0.3 | 0.2 | 0.2 | 6.5 | 1.4 | 6.5 | 1.4 | 6 | 2 | 13 | 2.7 | 13 | 2.7 | 13 | 4 |

表 A-3　　新车排放符合国 II 排放标准的在用汽车综合排放因子　单位：g/(km·辆)

| 排放因子 | 在用汽车 | | | | | | | | | | | | | | | | | |
|---|---|---|---|---|---|---|---|---|---|---|---|---|---|---|---|---|---|---|
| | 轻型汽车 | | | | | | | 中型汽车 | | | | | | 重型汽车 | | | | |
| | 汽油车 | | | | 柴油车 | 燃气车 | | 汽油车 | 柴油车 | 公交车 | | 燃气车 | | 汽油车 | 柴油车 | 公交车 | | 燃气车 | |
| | 微型车 | 轿车 | 其他车 | 出租车 | | LPG | NG | | | 汽油 | 柴油 | LPG | NG | | | 汽油 | 柴油 | LPG | NG |
| CO | 0.9 | 1.5 | 1.7 | 2.0 | 0.6 | 1.2 | 1 | 2.2 | 1.7 | 2.2 | 1.7 | 45 | 7 | 9.5 | 4.0 | 9.5 | 4.0 | 90 | 15 |
| $NO_x$ | 0.2 | 0.2 | 0.2 | 0.3 | 0.8 | 0.2 | 0.3 | 0.3 | 3.1 | 0.3 | 3.1 | 4 | 4 | 1.3 | 7.7 | 1.3 | 7.7 | 18 | 18 |
| PM | — | — | — | — | 0.07 | — | — | — | 0.13 | — | 0.13 | — | — | — | 0.4 | — | 0.4 | — | — |
| HC排气 | 0.1 | 0.1 | 0.1 | 0.1 | 0.3 | 0.1 | 0.1 | 0.3 | 1.3 | 0.3 | 1.3 | 5 | 1.5 | 1.2 | 2.5 | 1.2 | 2.5 | 13 | 4 |

表 A-4　　新车排放符合国 III 排放标准的在用汽车综合排放因子　单位：g/(km·辆)

| 排放因子 | 在用汽车 | | | | | | | | | | | | | | | | | |
|---|---|---|---|---|---|---|---|---|---|---|---|---|---|---|---|---|---|---|
| | 轻型汽车 | | | | | | | 中型汽车 | | | | | | 重型汽车 | | | | |
| | 汽油车 | | | | 柴油车 | 燃气车 | | 汽油车 | 柴油车 | 公交车 | | 燃气车 | | 汽油车 | 柴油车 | 公交车 | | 燃气车 | |
| | 微型车 | 轿车 | 其他车 | 出租车 | | LPG | NG | | | 汽油 | 柴油 | LPG | NG | | | 汽油 | 柴油 | LPG | NG |
| CO | 0.3 | 0.5 | 0.5 | 0.6 | 0.4 | 0.4 | — | 1.1 | 1.2 | 1.1 | 1.2 | 27.5 | 4.9 | 4.8 | 2.8 | 4.8 | 2.8 | 45 | 10.5 |
| $NO_x$ | 0.1 | 0.1 | 0.1 | 0.2 | 0.6 | 0.1 | — | 0.2 | 2.2 | 0.2 | 2.2 | 2 | 2.8 | 0.7 | 5.4 | 0.7 | 5.4 | 9 | 12.6 |
| PM | — | — | — | — | 0.05 | — | — | — | 0.09 | — | 0.1 | — | — | — | 0.3 | — | 0.3 | — | — |
| HC排气 | 0.07 | 0.07 | 0.07 | 0.07 | 0.2 | 0.1 | — | 0.2 | 0.9 | 0.2 | 0.9 | 2.5 | 1 | 0.6 | 1.8 | 0.6 | 1.8 | 6.5 | 2.8 |

表 A-5　　新车排放符合国 IV 排放标准的在用汽车综合排放因子　单位：g/(km·辆)

| 排放因子 | 在用汽车 | | | | | | | | | | | | | | | | | |
|---|---|---|---|---|---|---|---|---|---|---|---|---|---|---|---|---|---|---|
| | 轻型汽车 | | | | | | | 中型汽车 | | | | | | 重型汽车 | | | | |
| | 汽油车 | | | | 柴油车 | 燃气车 | | 汽油车 | 柴油车 | 公交车 | | 燃气车 | | 汽油车 | 柴油车 | 公交车 | | 燃气车 | |
| | 微型车 | 轿车 | 其他车 | 出租车 | | LPG | NG | | | 汽油 | 柴油 | LPG | NG | | | 汽油 | 柴油 | LPG | NG |
| CO | 0.12 | 0.2 | 0.22 | 0.26 | 0.31 | 0.16 | — | 0.92 | 0.87 | 0.92 | 0.87 | 22.9 | 3.56 | 3.96 | 2 | 3.96 | 2 | 37.5 | 7.62 |
| $NO_x$ | 0.05 | 0.05 | 0.05 | 0.08 | 0.29 | 0.05 | — | 0.12 | 1.55 | 0.12 | 1.55 | 1.67 | 1.97 | 0.54 | 3.8 | 0.54 | 3.8 | 7.5 | 8.88 |
| PM | — | — | — | — | 0.03 | — | — | — | 0.02 | — | 0.02 | — | — | — | 0.06 | — | 0.06 | — | — |
| HC排气 | 0.04 | 0.04 | 0.04 | 0.04 | 0.11 | 0.04 | — | 0.13 | 0.63 | 0.13 | 0.63 | 2.08 | 0.74 | 0.5 | 1.23 | 0.5 | 1.23 | 5.41 | 1.96 |